公路工程材料试验检测监理规范化手册

GongLu GongCheng CaiLiao ShiYan JianCe JianLi GuiFanHua ShouCe

江苏华宁工程咨询监理有限公司
主编 宣国良 主审 熊广忠

人民交通出版社
China Communications Press

内 容 提 要

公路工程材料试验检测监理是监理工作最基础也是最重要的工作内容之一。本书依据最新颁布建筑材料国家标准、部颁标准与有关试验方法标准，按照新的《公路工程施工监理规范》和《公路工程施工监理招标文件范本》的要求编写，内容涵盖了试验检测监理的工作内容、监理工作流程、监理工作要点，并以汇总表的形式对上述内容进行总结，符合目前公路工程建设监理实际，对规范监理检测工作具有重要意义。本书内容翔实，具有很强的实用性与可操作性。

本书可作为公路工程试验检测人员及现场监理人员的常备工具书，也可作为试验检测人员及现场监理人员的培训教材。

图书在版编目（CIP）数据

公路工程材料试验检测监理规范化手册/宣国良主编. —北京：人民交通出版社，2011.3
ISBN 978-7-114-08930-5

Ⅰ.①公… Ⅱ.①宣… Ⅲ.①道路工程-工程材料-检测-规范-手册 Ⅳ.①U414-65

中国版本图书馆 CIP 数据核字(2011)第 032556 号

书　　名：公路工程材料试验检测监理规范化手册
著 作 者：宣国良
责任编辑：高　培
出版发行：人民交通出版社
地　　址：(100011) 北京市朝阳区安定门外外馆斜街 3 号
网　　址：http://www.ccpress.com.cn
销售电话：(010) 59757969，59757973
总 经 销：人民交通出版社发行部
经　　销：各地新华书店
印　　刷：北京鑫正大印刷有限公司
开　　本：787×1092　1/16
印　　张：15.75
字　　数：350 千
版　　次：2011 年 3 月　第 1 版
印　　次：2011 年 3 月　第 1 次印刷
书　　号：ISBN 978-7-114-08930-5
定　　价：34.00 元

《公路工程材料试验检测监理规范化手册》

编　委　会

主　任： 李晋三

主　编： 宣国良

编　委： 魏家根　许立山　汪中洲　朱征平
韩志勇　郭兴伦　顾金水　娄忠应
黄贤君

主　审： 熊广忠

前 言

建筑材料是公路工程建设的物质基础,在工程建设投资中占有很大的比重。因此,施工单位如何加强建筑材料的质量管理和试验检测,监理单位如何加强建筑材料的试验检测监理,对保证公路工程的质量至关重要。材料性能的好坏是通过试验检测结果来反映的,这就要求试验检测的数据必须具有真实性、可靠性。材料质量是由材料性能的检测数据是否符合相关规范对材料的技术要求来评定的。对于公路工程中使用的混合料,除了原材料质量应符合规范的技术要求外,配合比的设计和试验检测同样至关重要。因此,要做好公路工程材料的试验检测监理工作,就必须了解常用材料的基本特性知识;熟悉常用材料试验检测的方法、混合料配合比的设计和试验检测;掌握施工规范对材料的技术要求。本手册结合江苏华宁交通工程咨询监理公司20年的监理实践经验进行编写,为试验检测监理人员提供了重要参考。

随着我国公路工程建设的飞速发展和新型建筑材料的不断涌现,公路建设的设计标准和施工规范不断更新,试验检测方法不断改进,工程监理的理念也在不断发展。本手册比较系统地介绍了当前公路工程建设中所用材料的新标准、新规范、新方法,具有下述特点。

内容先进。本书按照最新的《公路工程施工监理规范》和《公路工程施工监理招标文件范本》的要求编写,这为读者提供了大量的新知识,有助于读者了解我国材料检测技术与监理工作发展的新情况。

知识全面。本书在常规材料的基础上,列入了桥梁伸缩装置、支座及锚夹具和土工合成材料的检测内容,使得手册内容更加全面。

实用性强。本书阐述了公路工程中所用材料的有关试验检测监理的内容、工作流程、监理要点,并以汇总表的形式归纳,使读者能清楚了解试验检测监理需要做哪些工作,具有较强的实用性,便于读者使用。

可操作性强。本书内容详尽,监理依据、步骤、要求清楚,便于操作。

由于编者的水平和经验有限,加之时间仓促,书中不免会存在某些不妥或错误之处,希望广大读者批评指正。

宣国良

2010 年 10 月于南京

目 录

第一章 公路工程材料试验检测总论

第一节 试验检测监理的意义、依据与任务

一、试验检测监理的意义

公路工程要承受各种动、静荷载,并承受各种自然条件下的温度和湿度的变化,风、雨、水及空气中各种有害气体的长期侵蚀。为了保证工程质量,建筑材料就显得至关重要。在公路工程建设中,建筑材料费用占总造价很大的比重,低者30% ~50%,高者70% ~80%。公路工程由于工程材料耗量巨大,各种材料来源复杂(特别是地材),监理工程师为确保工程质量,其首要任务就是要先确保材料质量。《建设工程质量管理条例》在监理职责中明确规定:未经监理工程师签字,建筑材料、建筑构配件和设备不得在工程上使用或者安装,施工单位不得进行下一道工序的施工。未经监理工程师签字,建设单位不拨付工程款,不进行竣工验收。

试验检测是评价公路工程质量缺陷和鉴定工程事故的手段。通过试验检测可以为质量缺陷或事故判定提供实测数据,以便准确判别质量缺陷和事故性质、范围和程度,合理评价事故损失,明确事故责任,从中总结经验教训。

材料的试验检测是公路建设工程质量监理与质量评定工作的重要手段。客观、准确、及时的试验检测数据,是工程实践的真实记录,是监理和评定工程质量的科学依据,需要加强公路工程试验检测工作,充分发挥其在质量监理、评定中的重要作用。认真做好公路工程材料的试验检测工作,对保证公路工程施工质量,使所建工程具有设计要求的安全性、可靠性和耐久性都具有十分重要的意义。

根据《公路工程施工监理规范》(JTG G10—2006)与《公路工程施工监理招标文件范本》对监理单位(机构)的职责要求,监理工程师对施工单位申报的原材料、混合料独立抽样进行平行试验;对混合料,可在施工单位标准试验的基础上进行试验验证,必要时做标准试验;同时监理工程师应对施工单位申请使用的商品混凝土或商品混合料的配合比进行审查,并进行试验验证。分项工程开工前应检查施工单位的自检人员配备是否齐全、是否具备相应的上岗资格,并对施工单位的试验室设备、数量等是否满足合同要求进行审查;参与对采用新技术、新材料、新设备的工程的试验工程结果的审批;对施工单位外购或定做用于工程的构、配件的产品合格证明及自检材料,按20%进行抽检;对施工过程中使用的水泥、钢材、沥青、石灰、粉煤灰、砂砾、碎石等主要原材料及各种混合料进行抽检,对材料或工程质量有怀疑时,做进一步判定;参与质量缺陷的处理检查;参与中间交工验收及质量评定。所有工程中间交工,未经监理工程

师验收，建设单位不得支付工程款，而监理工程师的检验是最关键的环节。

根据《公路工程施工监理规范》（JTG G10—2006）要求，监理应配备试验室设备，总监办应建立中心试验室，按合同要求配备常规的试验检测设备；驻地办试验室应按合同要求配备现场抽检常用的试验设备；根据交通主管部门的要求，监理单位应有相应的试验检测资质。

新的《公路工程施工监理招标文件范本》规定，招标过程已不再强调监理单位要有相应的试验检测资质，建设单位可将试验检测拿出来单独招标，但这并不影响监理单位自身在试验检测方面的职责。

二、工程材料试验检测监理的依据

根据《公路工程施工监理规范》（JTG G10—2006），工程材料试验检测监理的主要依据有：

（1）国家和地方法律、法规。

（2）国家、行业和地方有关标准、规范、规程。

（3）监理合同。

（4）施工合同。

（5）工程前期有关文件。

（6）工程设计文件和图纸。

（7）工程实施过程中有关的函件。

当所用材料的技术要求在技术合同规范和国家标准及规程条款中无明确规定时，可参考其他国家或国际标准和规程，但需经总监理工程师或总监代表批准。

目前，常用的国外技术标准主要有以下几种：

（1）AASHTO——美国各州公路和运输工作者协会标准。

（2）ASTM——美国材料试验标准。

（3）JIS——日本工业标准。

（4）BS——英国标准。

（5）AS——澳大利亚标准。

三、工程材料试验检测监理的任务

1. 审核工地试验室

监理工程师应审核施工单位工地试验室的人员、设备和试验检测能力是否满足合同要求，管理制度是否健全。

施工单位应负责管理工地试验室，且定期进行测试，以确保其操作符合规范要求；试验设备应保持清洁，所有试验装置都应保持良好状态；监理工程师应检查和核实施工单位的试验设备，施工单位对此应提供方便。对有关试验设施、设备、物品或测试人员和测试程序等的不足之处，监理工程师都有权书面通知施工单位限期改正。

2. 审批工程原材料与混合料

（1）监理工程师应审查施工单位申报的原材料，对原材料应独立取样进行平行试验。

每个工程所用的材料、成品或半成品都应由施工单位选择的材料商提供，施工单位应提前

通知监理工程师对材料来源进行检查和测试。当材料商提供的材料质量达不到规范要求时，施工单位应随时提供其他料源的材料，直到监理工程师认定合格为止。

对业主供应的材料，应检查材料的产品合格证书。业主和承包商双方一起验收的质量检查报告，必要时应重新取样检测。不合格的材料不得进场。

当地材料的来源可以在施工图中标明。为使材料达到规范的要求，施工单位应负责确定材料所需的加工工序、加工设备的种类和数量并进行质量管理。不能仅以样品来确定整个料场的质量状况，监理工程师应对质量变化情况进行考察。

对选定的料场，监理工程师应督促施工单位加强管理，要求施工单位遵守各级政府有关环保的法律和法规，采取必要的措施，防止溪水、湖泊、池塘和水库被污泥、燃料油、沥青、化学品及其他有害材料所污染，防止尘埃和废气对大气的污染。因此，施工机械不得在水域边缘作业；废料应有专门的堆放场地；冲洗集料的废水应进行过滤沉淀处理，然后再流入河流湖泊；砂砾料场、采石场边坡和取土坑在施工期间和完工后应妥善处理等。

(2)监理工程师应审查施工单位申报的混合料试验资料，对混合料可在施工单位标准试验的基础上进行试验验证，必要时做标准试验，并在合同规定的期限内予以批复。

监理工程师应对施工单位申请使用的商品混凝土或商品混合料配合比进行审查，并进行试验验证。

3. 抽检

监理工程师应按规定重点对施工过程中使用的水泥、钢材、沥青、石灰、粉煤灰、砂砾、碎石等主要原材料及各种混合料进行抽检，抽检频率应不低于施工单位自检频率的20%，其余材料不应低于10%；对已完工程实体质量的抽检频率应不低于施工单位自检频率的20%。

4. 检验进场设备、材料及软件

监理工程师应审查进场的设备、材料是否符合合同要求，是否具有产品检验合格证、质量检验单和出厂合格证；进口设备、材料还应提交商检部门的检验合格证书；进场的计算机平台软件应具有软件拷贝、说明书和最终用户的授权文件。

经监理工程师检验不合格的设备、材料、软件，必须清退出场，不得在工程中使用。

5. 验收构、配件或设备

对施工单位外购或定做用于永久工程的构、配件或设备，监理工程师应要求施工单位提交产品合格证和自检报告。需要采用常规仪器设备进行检测的，监理工程师应按不低于施工单位自检频率的20%进行抽检，合格后方可准予使用。

6. 厂检

对施工现场不具备检测条件或无法进行现场检测的主要材料、设备，监理工程师应到生产厂家监督检测。监督检测频率不得低于15%，当设备数量少于等于3台件时宜逐台检测。

第二节　试验检测监理的工作内容

试验检测监理工作的主要内容包括以下几个方面：

(1)标准试验。在工程开工前，为确定工程材料的最佳组合(如含水率、级配、配合比等)，建立施工质量控制和检验标准所进行的试验。标准试验包括:击实试验、集料级配试验、混合料配合比试验和强度试验等。施工单位提供的标准试验必须在试验监理人员在场的情况下进行。监理工程师认为必要时做标准试验。标准试验结果应由总监代表或总监理工程师批准。

(2)验证试验。监理试验室应对施工单位提交的混合料标准试验和申请使用的商品混凝土或商品混合料配合比进行审查,并进行试验验证。

(3)平行试验。凡用于工程的一切材料(土、碎石、片石、块石、矿粉、沥青、水泥、钢材、木材、土工织物,以及半成品如塑料排水板、PVC 管等),均应在监理人员在场的情况下由施工单位试验人员取样进行试验,监理工程师对原材料应独立取样进行平行试验,不合格材料不得进场使用。

(4)抽样试验。抽样可分为任意抽样和随机抽样。在施工过程中,施工单位按规定的频率对工程试验检测,合格后上报监理工程师。监理试验人员应按规定的抽检频率进行任意抽样检查。随机抽样是在工程竣工或部分工程交工验收时进行。对每个已完成的分项工程、分部工程、单位工程,按照《公路工程质量检验评定标准》(JTG F80/1—2004)规定的内在质量的实测项目,采用随机抽样的方法进行试验检测,其结果作为评定该项工程验收是否合格的主要依据之一。

(5)审核施工单位工地试验室的资质和试验人员的资质情况,检查施工单位工地试验室的仪器设备和试验人员是否满足工程需要。

(6)监督并指导施工单位试验室按试验标准和施工规范进行规定项目、规定频率的试验。

第三节　材料试验检测的监理程序

为了加强工程建设的质量管理,施工单位必须建立完善的自检质量保证体系,建立施工单位工地试验室。监理单位应根据合同建立中心试验室。各种材料的监理试验程序如下。

一、原材料试验的监理程序

施工单位试验室按规定对拟进的原材料进行自检,合格后用材料报验单向试验监理工程师报验。试验监理工程师根据需要对其进行抽样检查,合格后予以认可。不合格者不得用于指定的工程部位,同时要求施工单位将其清理出施工现场。对于基本合格材料(如粗集料含泥量偏高等情况),试验监理工程师要提出处理意见,施工单位经过处理合格,专业监理工程师认可后方可使用,否则不得使用。

原材料试验检测监理的工作流程见图 1-1。

二、混合料的级配和配合比试验的监理程序

施工单位必须采用质量合格的原材料进行混合料级配和配合比试验。混合料配合比必须按标准试验方法进行,合格后报试验监理工程师。经试验监理工程师验证试验合格后,报总监代表或总监理工程师审定,经批准后方可使用。由于配合比试验时间较长,为了不使试验工作耽误施工单位的施工计划,施工单位应提前进行配合比试验工作,以便监理工程师有合理的时间做验证试验。

混合料的级配和配合比试验检测监理的工作流程见图 1-2。

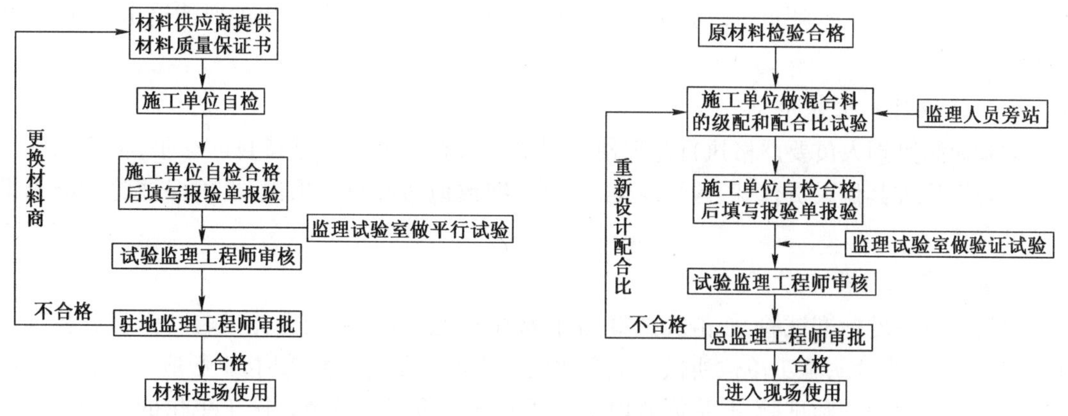

图 1-1　原材料试验检测监理的工作流程　　图 1-2　混合料的级配和配合比试验检测监理的工作流程

三、“成品”或“半成品”的试验检测监理程序

施工单位必须持有生产厂家的产品合格证书及试验报告，报试验监理工程师批准认可。必要时，监理人员还应对生产厂家的生产设备、生产工艺及产品的合格率进行现场调查了解，或由施工单位提供样品进行试验以决定是否同意采购。

“成品”或“半成品”试验检测监理的工作流程见图 1-3。

总之，工程建设所用的材料，必须经试验监理工程师批准认可后方可使用。

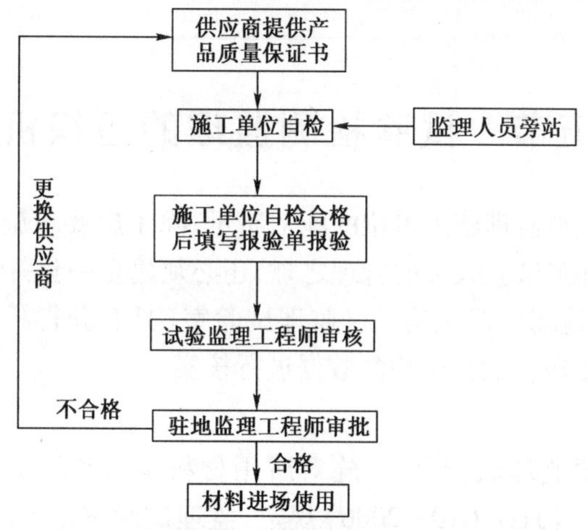

图 1-3　“成品”或“半成品”试验检测监理的工作流程

第四节　试验检测监理的工作要点

1. 责任心和质量意识

试验检测监理人员必须具有高度的工作责任心和高度的工程质量意识，要认真监督施工单位试验人员的自检工作。一旦发现施工单位试验人员有不按试验规程或检测标准取样试

验，或试验频率不足，以及修改试验数据等违规行为，必须抓住证据，立即向试验监理工程师、总监代表或总监理工程师报告。必须严肃认真处理此类事件，性质严重的要清退出场，决不姑息迁就。

2. 严格执行抽检频率

试验检测监理人员要严格执行监理抽检频率。试验检测工作坚持自己动手，杜绝由施工单位试验人员或其他人员代替、帮忙现象。认真、细致地做好每一项试验，确保试验检测结果准确可靠。

3. 进行标准试验

对施工单位的标准试验，如击实试验、集料级配试验、混合料配合比试验和强度试验等进行复核性试验，当证明施工单位所做的配合比设计不能满足合同要求时，一般应要求施工单位重新进行配合比设计和试验，并指派监理工程师和试验检测人员旁站施工单位的设计和试验过程。如结果仍无改进时，可由监理试验室做平行的标准试验。

4. 坚持监理程序

试验检测工作必须坚持监理程序，先自检后抽检。实践证明，坚持试验检测监理程序是质量监理的有效手段。

5. 试验检测监理人员应具有良好的专业知识和熟练的试验技能

试验检测监理人员应熟悉所监理工程的工程类型、材料来源、施工机械的组合及工程设计的有关基础资料。试验检测监理人员应持有上岗证书，熟悉有关的试验规程及有关试验的仪器设备和使用方法，能够准确配制和标定试验用的试剂，掌握试验方法和规范，并具有熟练的试验技能。

第五节　试验检测监理的组织机构

监理工程师为了有效地监理施工单位的施工质量，除了应要求施工单位建立自检质量保证体系，增强质量意识，加强试验人员的管理之外，还必须建立一套科学的、行之有效的质量检测系统，一个独立的试验检测组织机构——监理试验室（具有获得相应资质的试验检测人员和试验仪器设备），对施工单位的试验检测数据进行核实。

1. 监理试验室

公路工程建设应设置监理试验室，实施对所用材料质量和施工质量的试验检测。根据《公路工程施工监理规范》（JTG G10—2006）规定，监理试验室以不同监理层次分工负责、讲求实效、节约资源的原则，按照总监办中心试验室以试验为主、驻地试验室以现场抽查检测和试件制备为主配备试验检测设备。

监理试验室设备配备应按监理合同要求，原则上总监办中心试验室应按《公路水运工程监理企业资质管理规定》（交通部令 2004 年第 5 号）附件二——“公路水运工程监理企业基本试验检测能力或仪器设备配备标准”中对公路工程甲级监理企业的要求配备试验检测设备；驻地试验室应按公路工程丙级监理企业的要求配备试验检测设备。

试验是监理工作最重要的手段。监理试验可只包括土工、水泥及水泥混凝土、钢筋原材及

焊接、沥青及沥青混凝土、路面基层材料等常规试验项目。对于钢绞线、锚具、防水材料、伸缩缝、支座等一些特殊材料,可由建设单位单独委托有资质的第三方试验。建设单位可以将监理试验全部或部分委托有资质的第三方承担。此时总监办不再履行对其指导、检查、督促和协调职责。具体承担形式由建设单位和监理单位在合同中约定。

2. 中心试验室的设置

总监办监理中心试验室的一般设置如图1-4所示。

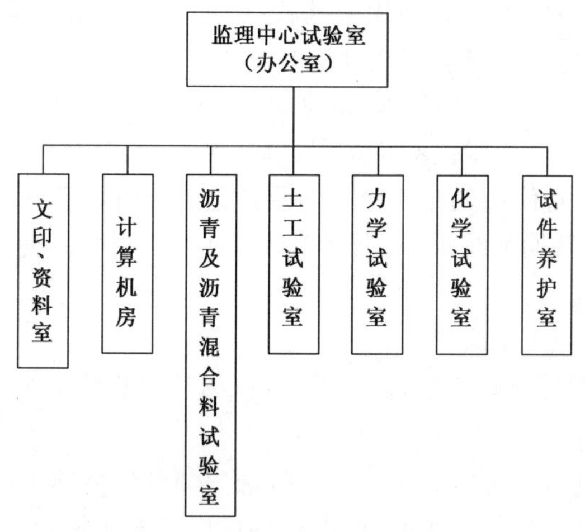

图1-4 监理中心试验室的一般设置

第六节 各级监理人员在试验检测工作中的职责

监理工程师是监理机构中具有交通运输部核准的公路工程监理工程师或专业监理工程师资格人员的统称。监理人员是监理工程师和监理机构中相关专业技术人员的统称。各级监理人员在公路工程试验检测中都具有一定的职责,现分述如下。

1. 总监理工程师

总监理工程师是具有交通运输部公路工程监理工程师资格,经项目建设单位同意,在监理机构中负责项目工程全部监理工作的总负责人。总监理工程师在试验检测工作中的职责主要是审批重要工程材料(如沥青)及混合料(如沥青混凝土)的配合比。

2. 驻地监理工程师

驻地监理工程师是具有交通运输部公路工程监理工程师资格,经总监理工程师授权,负责项目部分工程监理工作的驻地监理负责人。驻地监理工程师在试验检测工作中的职责主要是审批一般工程的混合料配合比。

3. 试验监理工程师

试验监理工程师应具有交通运输部颁发的公路工程试验检测工程师证书。

试验监理工程师在总监理工程师或驻地监理工程师的领导下,负责试验监理工作的具体实施,试验监理工程师必须与其他专业监理工程师紧密配合,协调工作,其职责如下。

(1)按监理合同要求,建立总监办中心试验室或驻地办试验室。

(2)熟悉合同条款、规范、设计图纸和试验规程,监督工地试验室,具体规定各类试验的监理规章、记录等,督促施工单位提供足够的设备和人员以保证按合同的要求控制材料和工地试验。

(3)参与编制监理计划(规划)和/或监理细则。

(4)审核施工单位的工地试验室;定期检查工地试验设备,检查各类拌和机的调试和运转,检查自采材料的加工方法以及各种材料的材质和规格是否满足设计要求,并对施工单位报送的“原材料定购审批表”和“原材料使用审批表”进行审查,提出处理意见。

(5)主管和负责总监办中心试验室或驻地办试验室的试验工作,对试验检测数据负责;负责安排检查、指导试验监理员的各项工作,认真填写监理日志及检查试验监理员的监理日志。

(6)保证施工单位按规范要求的频率进行试验,对工地试验室内试验均进行旁站;施工过程中,按规定的抽检频率,对使用的主要原材料及各种混合料和已完工程实体质量进行抽检。

(7)审查和评价试验及检测结果,根据规范认可或否定材料的使用。

(8)参与编写监理月报。

(9)参与编制项目监理竣工文件。

(10)完成总监理工程师或驻地监理工程师委派的其他监理工作。

4. 试验员

公路工程试验员应具有省级及以上交通主管部门颁发的公路工程试验检测上岗证书。试验员在监理服务工作中的岗位可分为两种,即现场试验员和工地试验室试验员。前者针对施工方开展工作,后者在监理工地试验室工作。实际上,现场监理机构中,这两种岗位可以由同一个试验员担任,但是,按照公路工程试验管理规定,现场取样人员和试验室操作人员不能是同一个人员,这是要严格遵守的。试验员的职责是:

(1)进场后,认真查阅图纸,了解本工程涉及的材料、试验项目,做到心中有数。

(2)认真阅读监理细则中涉及材料、试验内容、抽检频率和要求、施工进度安排等,掌握本工程的标准试验、验证试验项目。

(3)对施工单位申报的主要原材料、混合料试验所需要的材料,进行现场或产地的见证取样。取样材料的产地、品种、规格,必须与施工实际使用的完全一致,取样方法按规定要求,必须随机取样,不能有特殊性,取样数量应多于检测实际需要,取样有规定要求的(如钢筋的标识)必须满足要求。

取样后,试验员应负责亲自送至检测机构,并在委托检测书面文件上签字确认,若因故不能亲自前往,必须对取样加以封闭包装,同时签字确认。

(4)对混合料配合比试验,按见证取样的要求,取到足够的组成材料,分别包装,同时送达。

(5)根据监理细则规定的试验项目,做好工地试验的试验项目,如土路基压实度试验,混凝土坍落度试验,混凝土抗压、抗弯拉、抗渗试块试验,沥青混凝土相关试验,钢筋焊接试验件的取样以及一些特殊试验项目的试验工作,所有试验工作必须做好试验结果记录,做到真实、准确、及时,并签字负责。

(6)根据监理机构分工,负责工地标准养护室的试验员,还应依照养护室管理规定做好温度、湿度、试块进出登记管理,使养护规范、有效。

(7)负责监理工地试验室工作的试验员,应根据分工,做好指定试验项目的操作,认真、规范并及时记录试验结果,提供编制报告。

(8)材料送检后,及时登录试验台账,并按照检测期限,及时向检测机构索要检测结果和检测报告,并报告试验工程师。

(9)若得到某项检测不合格的信息,必须立即报告试验工程师,并追踪该项目材料的情况,以便追加复试。若加倍检测仍不合格,必须制止该批材料用于工程中,并督促施工单位对该批生产材料退场或封存。

(10)施工过程中,加强对现场材料的检查,督促施工单位做好现场堆放材料的标识工作,尤其要明确可用不可用材料的标识。对现场材料方面发现的问题,应口头向施工单位提出,并及时向试验工程师或驻地监理工程师汇报。

5. 路基监理工程师

路基监理工程师在试验检测工作中的职责是:

(1)督促施工单位工地试验室的建立,并通过相应资质审核,能开展本工程所需试验和检测项目。

(2)严格控制路基填料质量,应符合规范要求,要求施工单位做好材料的试验检测,报经监理工程师批准后方可使用。

(3)督促施工单位做好自检,严格控制路基各层压实度。

(4)认真做好土质材料以外新材料的使用审核,应符合相关工艺要求。首次使用的,必须按新材料试验须经专家鉴定的报批程序进行,获批准后才能使用。

6. 路面监理工程师

路面监理工程师在试验检测工作中的职责是:

(1)检查施工单位工地试验室对沥青路面或水泥混凝土路面检测项目和设备的满足情况,包括对试验人员上岗资质的审查,保证能开展路面工程所需试验和检测项目。

(2)协同试验监理工程师,对路面沥青混凝土配合比或水泥混凝土配合比进行复检,对主要的材料如沥青、水泥、粗细集料、添加剂等的性能指标进行复检,确保满足设计和规范相关要求。

(3)审查基层施工专项方案,复核混合料成分和组成设计,应满足设计和规范要求。

7. 桥梁监理工程师

桥梁监理工程师在试验检测工作中的职责是:

(1)检查施工单位工地试验室对桥梁施工中检测项目和设备的满足情况,包括对试验人员上岗资质的审查,保证能开展桥梁工程所需试验和检测项目,逐步确定一些外委检测项目的检测机构。

(2)协同试验监理工程师对水泥混凝土配合比进行复检,对主要的材料如钢材、水泥、粗细集料、添加剂等的性能指标进行复检,确保满足设计和规范相关要求。

8. 结构监理工程师

结构监理工程师在试验检测工作中的职责是:

(1)检查施工单位工地试验室对结构施工中检测项目和设备的满足情况,包括对试验人员上岗资质的审查,保证能开展结构工程所需试验和检测项目。

(2)协同试验监理工程师对水泥混凝土配合比进行复检,对主要的材料如钢材、水泥、粗细集料、添加剂等的性能指标进行复检,确保满足设计和规范相关要求。

9. 隧道监理工程师

隧道监理工程师在试验检测工作中的职责是:

(1)检查施工单位工地试验室,督促施工单位报请有关部门验收获证。

(2)协同试验监理工程师,对水泥混凝土配合比进行复检,对主要的材料如钢材、水泥、粗细集料、添加剂等的性能指标进行复检,确保满足设计和规范相关要求。

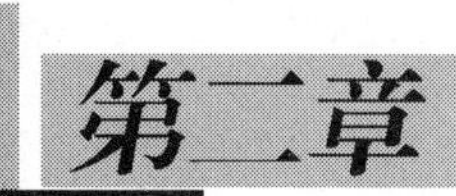

第二章 路基填料试验检测的监理

路基作为路面的基础是公路的重要组成部分，所以路基的强度和稳定性非常重要。我国幅员辽阔，不同地区路基材料的性质差异很大。为了保证路基的强度和稳定性，选择合格的填料非常重要。施工单位要加强对填料的来源和质量的管理，监理单位要严格监理填料的质量。

第一节 路基填料试验检测监理的内容和工作流程

一、路基填料试验检测监理的内容

1. 土的分类

公路工程中，按土颗粒组成特征、土的塑性指标和土中有机质存在情况，将土分为巨粒土、粗粒土、细粒土和特殊土，其分类总体系如图 2-1 所示。

土
巨粒土
粗粒土
细粒土
特殊土
漂石土
卵石土
砾类土
砂类土
粉质土
黏质土
有机质土
黄土
膨胀土
红黏土
盐渍土
冻土

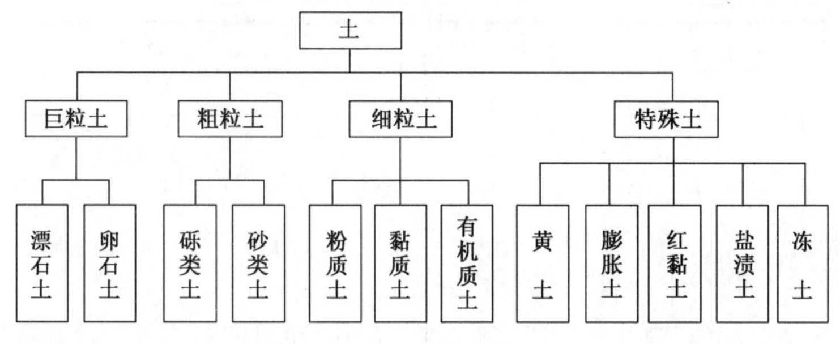

图 2-1 土分类总体系

土的颗粒按图 2-2 所列粒组范围划分成不同的粒组。

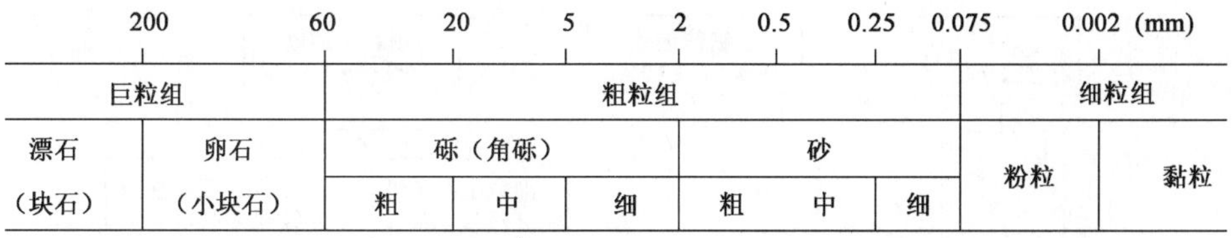

200
60
20
5
2
0.5
0.25
0.075
0.002 (mm)
巨粒组
粗粒组
细粒组
漂石（块石）
卵石（小块石）
砾（角砾）
砂
粉粒
黏粒
粗
中
细
粗
中
细

图 2-2 粒组划分图

土颗粒组成特征以土的级配指标 C_u（不均匀系数）和 C_c（曲率系数）表示，即：

$$C_u = \frac{d_{60}}{d_{10}} \tag{2-1}$$

$$C_c = \frac{(d_{30})^2}{d_{10} \times d_{60}} \tag{2-2}$$

式中：d_{10}、d_{30}、d_{60}——土的粒径分布曲线上对应通过率 10%、30%、60% 的粒径，mm。

粗粒土又分为砾类土（粗粒土中砾粒组质量多于总质量 50% 的土）和砂类土（粗粒土中砾粒组质量不大于总质量 50% 的土）。

各类土的分类体系见图 2-3 ~ 图 2-5。

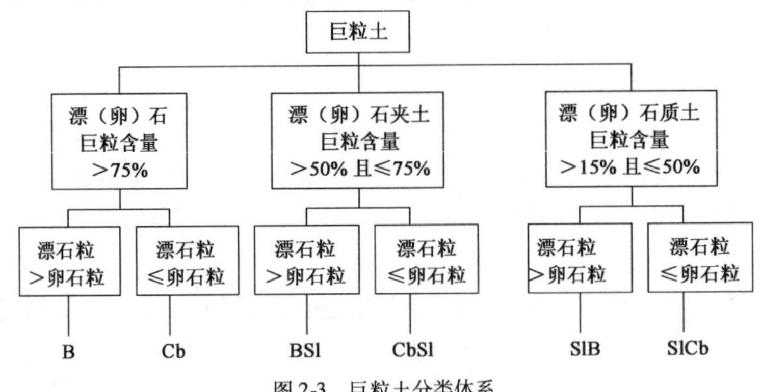

图 2-3　巨粒土分类体系

注：1. 巨粒土分类体系中的漂石换成块石，B 换成 B_a，即构成相应的块石分类体系。

2. 巨粒土分类体系中的卵石换成小块石，Cb 换成 Cb_a，即构成相应的小块石分类体系。

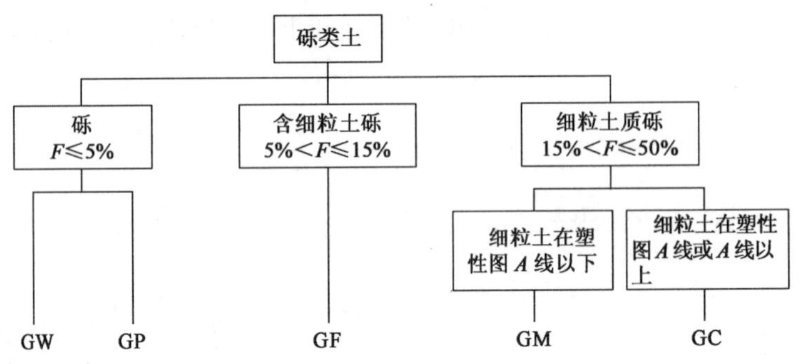

图 2-4　砾类土分类体系

注：砾类土分类体系中的砾石换成角砾，G 换成 Ga，即构成相应的角砾土分类体系。

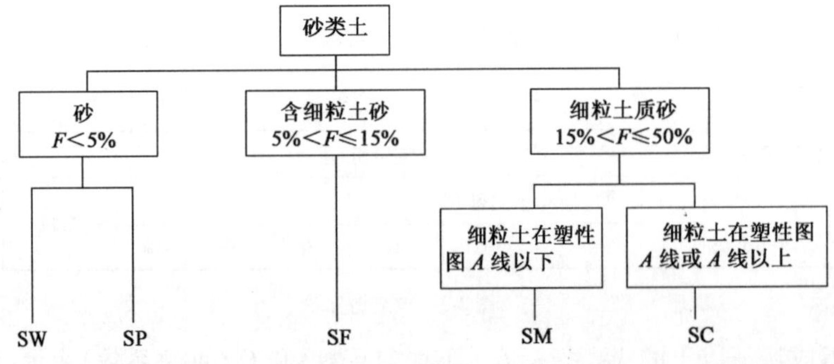

图 2-5　砂类土分类体系

注：需要时，砂可进一步细分为粗砂、中砂和细砂。粗砂——粒径大于 0.5mm 的颗粒多于总质量的 50%；中砂——粒径大于 0.25mm 的颗粒多于总质量的 50%；细砂——粒径大于 0.075mm 的颗粒多于总质量的 75%。

细粒土和特殊土中的黄土、膨胀土及红黏土按塑性图分类,见图 2-6～图 2-8。盐渍土按表 2-1 分类,冻土按表 2-2 分类。

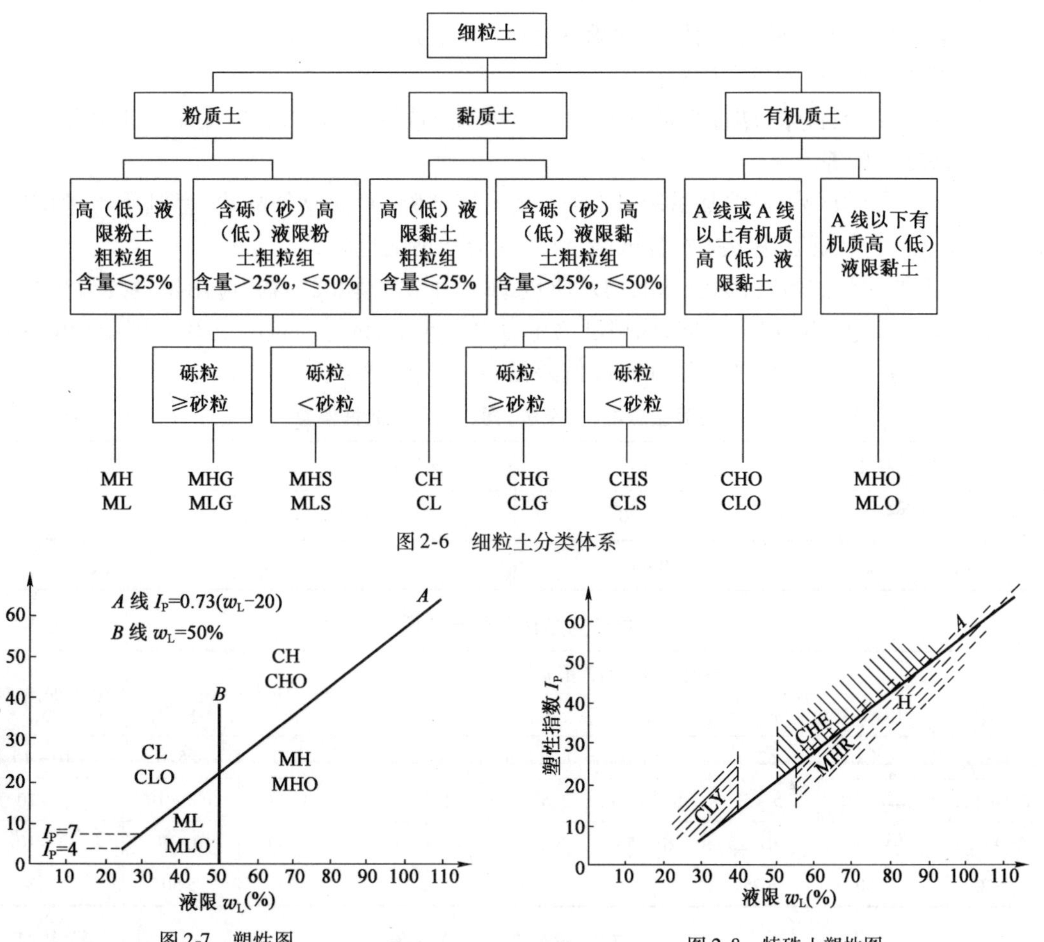

图 2-6　细粒土分类体系

图 2-7　塑性图

图 2-8　特殊土塑性图

注:低液限 w_L<50%;高液限 w_L≥50%。

盐渍土工程分类　　表 2-1

土层中平均总盐量(质量,%) \ Cl^-/SO_4^{2-} 比值 \ 名称	氯盐渍土	亚氯盐渍土	亚硫酸盐渍土	硫酸盐渍土
	>2.0	1.0～2.0	0.3～1.0	<0.3
弱盐渍土	0.3～1.5	0.3～1.0	0.3～0.8	0.3～0.5
中盐渍土	1.5～5.0	1.0～4.0	0.8～2.0	0.5～1.5
强盐渍土	5.0～8.0	4.0～7.0	2.0～5.0	1.5～4.0
过盐渍土	>8.0	>7.0	>5.0	>4.0

冻土按冻结状态持续时间分类　　表 2-2

类　　型	持续时间 t(年)	地面温度(℃)特征	冻 融 特 征
多年冻土	t≥2	年平均地面温度≤0	季节融化
隔年冻土	1≤t<2	最低月平均地面温度≤0	季节冻结
季节冻土	t<1	最低月平均地面温度≤0	季节冻结

2. 路基填料的试验检测

路基填料的试验检测主要有以下项目。

(1)填料的强度试验:检测填料的承载比(CBR 值)和石料的强度。

(2)标准试验:重型击实试验。

(3)土性试验:液限、塑性指数、膨胀性、天然稠度或液性指数、颗粒大小分析试验、密度试验、相对密度试验等。

(4)土的化学试验:易溶盐试验、阳离子交换量试验、矿物成分试验、有机质含量试验、酸碱度试验、烧失量试验、中溶盐石膏试验、难溶盐碳酸钙试验等。

进行土的化学试验时,称取基准物及质量 1g 以下试样和沉淀物,应用精度为万分之一的天平;称取 1g 以上 10g 以下试样,用精度为千分之一天平;试样质量超过 10g,则用精度为百分之一天平。各项化学试验的精度和允许偏差见表 2-3 ~ 表 2-8。

易溶盐总量(质量法)两次测定的允许偏差 表 2-3

全盐量范围(%)	允许相对偏差(%)	全盐量范围(%)	允许相对偏差(%)
<0.05	15 ~ 20	0.2 ~ 0.4	5 ~ 10
0.05 ~ 0.2	10 ~ 15	>0.5	<5

易溶盐各离子的允许偏差 表 2-4

各离子含量的范围 m(mol/kg)								相对偏差(%)
CO_3^{2-}	HCO_3^-	SO_4^{2-}	Cl^-	Ca^{2+}	Mg^{2+}	Na^+	K^+	
<2.5	<5.0	<2.5	<5.0	<2.5	<2.5	<5.0	<5.0	10 ~ 15
2.5 ~ 5.0	5.0 ~ 10	2.5 ~ 5.0	5.0 ~ 10	2.5 ~ 5.0	2.5 ~ 5.0	5.0 ~ 10	5.0 ~ 10	5 ~ 10
5.0 ~ 25	10 ~ 50	5.0 ~ 25	10 ~ 50	5.0 ~ 25	5.0 ~ 25	10 ~ 50	10 ~ 50	3 ~ 10
>25	>50	>25	>50	>25	>25	>50	>50	<3

有机质测定的允许偏差 表 2-5

测定值(%)	绝对偏差(%)	相对偏差(%)
10 ~ 5	<0.3	3 ~ 4
5 ~ 1	<0.2	4 ~ 5
1 ~ 0.1	<0.05	5 ~ 6
0.1 ~ 0.05	<0.04	6 ~ 7
0.05 ~ 0.01	<0.006	7 ~ 9
<0.01	<0.008	9 ~ 15

阳离子交换量测定结果允许偏差 表 2-6

测定值(%)	绝对偏差(%)	相对偏差(%)
300 ~ 200	<10	3 ~ 4
200 ~ 100	<8.0	4 ~ 5
100 ~ 50	<5.0	5 ~ 6
50 ~ 10	<3.0	6 ~ 9
<10	<1.0	9 ~ 15

碳酸钙测定允许偏差　　表 2-7

碳酸钙(%)	绝对偏差(%)	相对偏差(%)
20~10	<1	5~7
10~5	<0.8	7~11
5~1	<0.6	11~17
<1	<0.2	17~25

矿质全量分析及烧失量测定结果允许偏差　　表 2-8

测定值(%)	绝对偏差(%)	相对偏差(%)
>50	<0.9	1.0~1.5
50~30	<0.7	1.5~2.0
30~10	<0.5	2.0~3.0
10~5	<0.3	3.0~4.0
5~1	<0.2	4.0~5.0
1~0.1	<0.05	5.0~6.0
0.1~0.05	<0.006	6.0~8.0
0.05~0.01	<0.004	8.0~10.0
0.01~0.005	<0.001	10.0~12.0
0.005~0.001	<0.000 6	12.0~15.0
<0.001	<0.000 15	15.0~20.0

3. 施工过程中填料的试验检测

施工过程中填料的试验检测有:含水率试验,密度试验。

二、路基填料试验检测监理的工作流程

路基填料试验检测监理工作流程如图 2-9 所示。

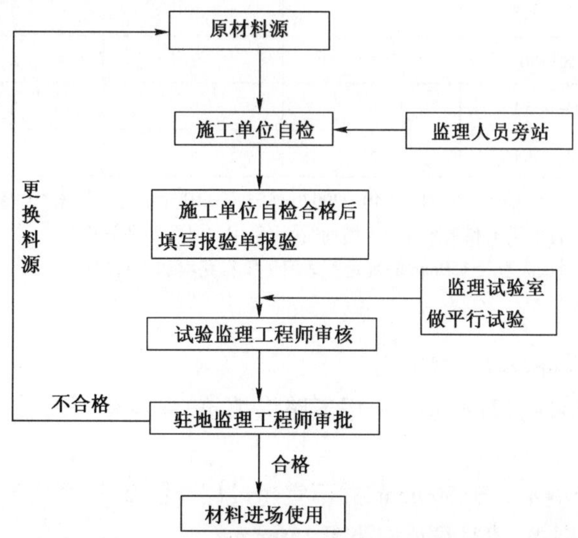

图 2-9　路基填料试验检测监理工作流程

第二节　路基填料试验检测监理的要点

一、路基填料的技术要求

1. 一般路基填料的技术要求

一般路基填料的技术要求有：液限、塑性指数、含水率、强度和最大粒径等。

1）土路基填料

土路基填料应符合下列规定：

（1）含草皮、生活垃圾、树根、腐殖质的土严禁作为填料。

（2）泥炭、淤泥、冻土、强膨胀土、有机质土及易溶盐超过允许含量的土，不得直接用于填筑路基；确需使用时，必须采取技术措施进行处理，经检验满足设计要求后方可使用。

（3）液限大于30%、塑性指数大于26、含水率不适宜直接压实的细粒土，不得直接作为路堤填料；需要使用时，必须采取技术措施进行处理，经检验满足设计要求后方可使用。

（4）粉质土不宜直接填筑于路床，不得直接填筑于冰冻地区的路床及浸水部分的路堤。

（5）填料强度和粒径应符合表2-9的规定。

路基填料最小强度和最大粒径要求　　表2-9

填筑应用部位		路面底高程以下深度（m）	填料最小强度（CBR）（%）			填料最大粒径（mm）
			高速公路及一级公路	二级公路	三、四级公路	
路堤	上路床	0～0.30	8	6	5	100
	下路床	0.30～0.80	5	4	3	100
	上路堤	0.80～1.50	4	3	3	150
	下路堤	>1.50	3	2	2	150
零填及挖方路基		0～0.30	8	6	5	100
		0.30～0.80	5	4	3	100

注：1. 表列强度按《公路土工试验规程》（JTG E40—2007）规定的CBR试验方法浸水96h测定。
2. 三、四级公路铺筑沥青混凝土和水泥混凝土路面时，应采用二级公路的规定。
3. 表中，上、下路堤填料最大粒径150mm的规定不适用于填石路堤和土石路堤。

2）填石路堤填料

填石路堤的填料应符合以下规定：

（1）膨胀岩石、易溶性岩石不宜直接用于路堤填筑，强风化石料、崩解性岩石和盐化岩石不得直接用于路堤填筑。

（2）路堤填料粒径应不大于500mm，并不宜超过层厚的2/3，不均匀系数宜为15～20。路床底面以下400mm范围内，填料粒径应小于150mm。

（3）路床填料粒径应小于100mm。

3)土石路堤填料

土石路堤填料应符合以下规定：

(1)膨胀岩石、易溶性岩石等不宜直接用于路堤填筑，崩解性岩石和盐化岩石等不得直接用于路堤填筑。

(2)天然土石混合填料中，中硬、硬质石料的最大粒径不得大于压实层厚的2/3。

石料为强风化石料或软质石料时，其CBR值应符合表2-9的规定，石料最大粒径不得大于压实层厚。

4)高填方路堤填料

高填方路堤填料应符合以下规定：

宜优先采用强度高、水稳性好的材料，或采用轻质材料。受水淹、浸泡的部分，应采用水稳性和透水性都好的材料。

5)桥涵及结构物回填的填料

桥涵及结构物回填的填料应符合以下规定：

宜采用透水性材料、轻质材料、无机结合料等，非透水性材料不得直接用于回填。

2. 粉煤灰路堤填料的技术要求

粉煤灰路堤的填料应符合以下规定：

(1)用于高速公路、一级公路路堤的粉煤灰，烧失量宜小于20%；烧失量超过标准的粉煤灰应做对比试验，分析论证后采用。

(2)粉煤灰的粒径宜在0.001～1.18mm之间，小于0.075mm的颗粒含量宜大于45%。粉煤灰中不得含团块、腐殖质及其他杂质。

(3)包边土和顶面封层的填料，宜采用塑性指数不小于12的黏性土。隔离层和土质护坡中的盲沟所用砂砾料、矿渣料等，最大粒径应小于75mm，4.75mm以下细料含量小于50%，含泥量小于5%。

3. 特殊路基填料的技术要求

1)用湿黏土、红黏土和中、弱膨胀土作为填料直接填筑时的要求

用湿黏土、红黏土和中、弱膨胀土作为填料直接填筑时应符合下列规定：

(1)液限在40%～70%之间、塑性指数在18～26之间。

(2)采用湿法制作试件，试件的CBR值满足表2-9的规定。

(3)不得作为二级及二级以上公路的路床、零填及挖方路基0～0.8m范围内的填料；不得作为三、四级公路上路床、零填及挖方路基0～0.3m范围内的填料。

2)河流、池塘、湖泊地段受水浸润作用的路堤部分的填料要求

该路堤部分的填料宜采用水稳性好、塑性指数不大于6、压缩性小、不易风化的透水性材料。

3)软土地区路基材料要求

(1)浅层换填处治，换填料应选用水稳性或透水性好的材料。

(2)抛石挤淤处治，应选用不易风化的片石，片石厚度或直径不宜小于300mm。

4)砂(砾)垫层材料要求

垫层材料宜采用无杂物的中、粗砂,含泥量应小于5%;也可采用天然级配砂砾料,其最大粒径应小于50mm,砾石强度不低于四级(即洛杉矶法磨耗系数小于60%)。

5)袋装砂井材料要求

中、粗砂中,大于0.6mm颗粒的含量宜占总量的50%以上,含泥量小于3%,渗透系数大于5×10^{-2}mm/s。砂袋的渗透系数应不小于砂的渗透系数。

6)真空预压、真空堆载联合预压材料要求

垫层材料宜采用中、粗砂,泥土杂质含量小于5%,砂中严禁混有尖石等尖利硬物。

7)砂桩材料要求

材料要求采用中、粗砂,大于0.6mm颗粒含量宜占总量的50%以上,含泥量应小于3%,渗透系数大于5×10^{-2}mm/s。也可使用砂砾混合料,含泥量应小于5%。

8)碎石桩材料要求

材料要求采用未风化碎石或砾石,粒径宜为19~36mm,含泥量应小于10%。

9)加固土桩材料要求

材料要求生石灰粒径应小于2.36mm,无杂质,氧化镁和氧化钙总量应不小于85%,其中氧化钙含量应不小于80%。粉煤灰中,SiO_2和Al_2O_3含量应大于70%,烧失量应小于10%。水泥宜用普通水泥或矿渣水泥。

10)水泥粉煤灰碎石桩材料要求

集料:应根据施工方法,选择合理的集料级配和最大粒径;水泥:宜选用普通水泥;粉煤灰:宜选用袋装Ⅱ、Ⅲ级粉煤灰。

11)强夯置换材料要求

置换材料应采用级配良好的块(片)石、碎石、矿渣等坚硬的粗颗粒材料,粒径不宜大于夯锤底面直径的0.2倍,含泥量不宜大于10%,粒径大于300mm的颗粒含量不宜大于总质量的30%。垫层材料应采用水稳性好的砂、砂砾、碎石土等。

12)吹填砂路堤材料要求

吹填砂路堤的吹填砂材料宜采用中、粗砂,含泥量不宜大于15%。

13)矿渣路堤填料要求

矿渣路堤填料应符合下列规定:

(1)用作路堤填料的矿渣为至少放置1年以上的高炉矿渣,并有良好的级配,必要时应予以破碎。

(2)矿渣用于水位以下或地下水位300mm以内的路堤施工,其最大粒径不大于300mm,同时,粒径宜小于1/2压实厚度,通过19mm筛孔量应不大于10%,通过0.075mm的筛余料塑性指数应不超过6。

14)膨胀土填料要求

膨胀土作为填料时应符合以下规定:

(1)强膨胀土不得做路堤填料。

(2)中等膨胀土经处理后可做填料。用于二级及二级以上公路路堤填料时,改性处理后胀缩总率应不大于0.7%。

(3)胀缩总率不超过0.7%的弱膨胀土可直接填筑。

15)多年冻土地区路堤填料要求

多年冻土地区路堤填料应符合以下规定：

(1)宜选用保温、隔水性能均较好的填料，严禁使用塑性指数大于12、液限大于32%的细粒土和富含腐殖质的土及冻土。高含冰的土不宜用于路堤填料。

(2)采用黏性土或透水性不良的土填筑路堤时，应控制土的含水率，碾压时含水率控制在最佳含水率±2%范围内。

(3)通过热融湖(塘)的路堤，水下部分必须用透水性良好的填料填筑，填筑高度应高于最高水位0.5m以上。

16)季节性冻土地区路堤填料要求

季节性冻土地区路堤填料应符合以下规定：

(1)路床填料宜优先选择矿渣、炉渣、粉煤灰、砂、砂砾石及碎石等抗冻稳定性较好的材料。

(2)路床或上路堤采用粉土、黏土填筑时，可按设计要求使用石灰、水泥、土壤固化剂等单独或混合进行稳定处理，填料的改善或处理应根据路基抗冻胀性能要求，结合填料性质经试验确定。

(3)冻土、非透水性过湿土不得直接填筑下路堤。

17)盐渍土地区路堤填料要求

盐渍土地区路堤填料应符合表2-10的规定。

盐渍土地区路堤填料的可用性　　表2-10

公路等级		高速公路、一级公路			二级公路			三、四级公路	
土类及盐渍化程度 \ 填土层位		0~0.80m	0.80~1.50m	1.50m以下	0~0.80m	0.80~1.50m	1.50m以下	0~0.80m	0.80~1.50m
细粒土	弱盐渍土	×	○	○	□₁	○	○	○	○
	中盐渍土	×	×	○	□₁	○	○	□₃	○
	强盐渍土	×	×	□₁	×	□₂	□₃	×	□₁
	过盐渍土	×	×	×	×	×	□₂	×	□₂
粗粒土	弱盐渍土	×	□₁	○	□₁	○	○	□₁	○
	中盐渍土	×	×	□₁	×	□₁	○	×	□₄
	强盐渍土	×	×	×	×	×	□₂	×	□₂
	过盐渍土	×	×	×	×	×	□₂	×	×

注：表中，○-可用；×-不可用；□-部分可用；□₁-氯盐渍土及亚氯盐渍土可用；□₂-强烈干旱地区的氯盐渍土及亚氯盐渍土经论证后可用；□₃-粉土质(砂)、黏土质(砂)不可用；□₄-水文地质条件差时的硫酸盐渍土及亚硫酸盐渍土不可用；强烈干旱地区的盐渍土经过论证酌情选用。

二、填方路基的压实度

(1)土质路堤压实度标准应符合表2-11的规定。

(2)填石路堤压实质量标准应符合表2-12的规定。

土质路堤压实度标准 表 2-11

填筑部位		路床顶面以下深度(m)	压实度(%)		
			高速公路及一级公路	二级公路	三、四级公路
路堤	上路床	0~0.30	≥96	≥95	≥94
	下路床	0.30~0.80	≥96	≥95	≥94
	上路堤	0.80~1.50	≥94	≥94	≥93
	下路堤	>1.50	≥93	≥92	≥90
零填及挖方路基		0~0.30	≥96	≥95	≥94
		0.30~0.80	≥96	≥95	—

注:1. 表列压实度以《公路土工试验规程》(JTG E40—2007)重型击实试验法为准。

2. 三、四级公路铺筑水泥混凝土路面或沥青混凝土路面时,其压实度应采用二级公路的规定值。

3. 路堤采用特殊填料或处于特殊气候地区时,压实度标准根据试验路段在保证路基强度要求的前提下可适当降低。

4. 特别干旱地区的压实度标准可降低2%~3%。

填石路堤的压实质量标准 表 2-12

分　区	路面底面以下深度(m)	硬质石料孔隙率(%)	中硬质石料孔隙率(%)	软质石料孔隙率(%)
上路堤	0.8~1.5	≤23	≤22	≤20
下路堤	>1.5	≤25	≤24	≤22

(3)中硬、硬质石料土石路堤质量应符合以下规定:

施工过程中的每一压实层,可用试验路段确定的工艺流程和工艺参数,控制压实过程;用试验路段确定的沉降差指标,检测压实质量。

(4)粉煤灰路堤压实度应符合表2-13的规定。

粉煤灰路堤压实度标准 表 2-13

填料应用部位(路床顶面以下深度,m)		压实度(%)	
		二级及二级以上公路	其他等级公路
上路床	0.0~0.30	≥95	≥93
下路床	0.30~0.80	≥93	≥90
上路堤	0.80~1.50	≥92	≥87
下路堤	>1.50	≥90	≥87

注:1. 表列压实度以部颁《公路土工试验规程》(JTG E40-2007)重型击实试验法为准。

2. 特别干旱或潮湿地区的压实度标准可降低1%~2%。

3. 包边土和顶面封层压实度应符合表2-11的规定。

(5)湿黏土、红黏土、中弱膨胀土的压实质量应符合表2-14的规定。

湿黏土、红黏土、中弱膨胀土的压实度标准 表 2-14

填筑部位		路床顶面以下深度(m)	压实度(%)		
			高速公路及一级公路	二级公路	三、四级公路
路堤	下路床	0.30~0.80	—	—	≥94
	上路堤	0.80~1.50	≥94	≥94	≥93
	下路堤	>1.50	≥94	≥94	≥93
零填及挖方路基		0.30~0.80	—	—	≥93

(6)沙漠路基压实度应符合表2-15的规定。

沙漠路基压实度标准　　表2-15

填筑部位		路床顶面以下深度(m)	压实度(%)	
			高速公路及一级公路	三、四级公路
路堤	上路床	0~0.30	≥95	≥93
	下路床	0.30~0.80	≥95	≥93
	上路堤	0.80~1.50	≥93	≥90
	下路堤	>1.50	≥90	≥90
零填及挖方路基		0~0.30	≥95	≥93
		0.30~0.80	≥95	≥93

第三节　路基填料试验检测及施工质量检测监理汇总表

路基填料试验检测及施工质量检测监理汇总表见表2-16。

路基填料试验检测及施工质量检测监理汇总表　　表2-16

项目			技术要求	允许值	检测频率	检测方法	监理程序	认可程序	备注
土路堤填料	最大干密度		其值由重型击实试验求得	符合技术要求规定值	1次/每个料场每种土料	重型击实试验	施工单位和监理单位共同取样，分别试验	施工单位自检合格后上报监理工程师，驻地监理工程师书面认可	土质变化时，随时试验检测
	最佳含水率								
	液限(%)		≤50			液塑限联合测定仪			
	塑性指数		≤26						
	最小强度(CBR)		见表2-9			承载比试验			
	最大粒径					目测			
土石路堤填料	中、硬质石料	最大粒径	<2/3压实层厚	符合技术要求规定值	随时检查	目测	同上	同上	石质变化时，随时检测
	强风化石料、软质石料	最大粒径	<压实层厚						
		最小强度(CBR)	见表2-9		1次/每个料场每种土料	承载比试验			
矿渣填料	最大粒径		<300mm，同时<1/2层厚	符合技术要求规定值	1次/每个料源	筛分试验	同上	同上	发现变化时，随时试验检测
	级配		通过19mm的量<19%						
	塑性指数		小于0.075mm颗粒的I_P<6			液塑限联合测定仪			
粉煤灰填料	烧失量		<20%	符合技术要求规定值	1次/每个料源	检查质保书	施工单位自检合格后报试验监理工程师	驻地监理工程师书面认可	
	粒径		0.001~1.18mm之间，<0.075mm的颗粒含量宜大于45%			筛分试验			

续上表

项目		技术要求	允许值	检测频率	检测方法	监理程序	认可程序	备注
膨胀土填料	胀缩总率	<0.7%	符合技术要求规定值	1次/每个料场每种土料	T 0124－1993自由膨胀率试验	施工单位和监理单位共同取样，分别试验	施工单位自检合格后上报监理工程师，驻地监理工程师书面认可	土质变化时，随时检测
多年冻土地区路堤填料	液限(%)	<32%	符合技术要求规定值	1次/每个料场每种土料	液塑限联合测定仪	同上	同上	
	塑性指数	<12						
盐渍土填料	平均总盐量	见表2-1	符合技术要求规定值	1次/每个料场每种土料	JTG E40—2007	同上	同上	
	盐渍化程度	见表2-10						
压实度	土质路基	见表2-11	每层填料的压实度合格率为100%	每200m每压实层测4处	密度法	施工单位自检，合格后报专业监理工程师，专业监理工程师通知监理试验室进行抽检	监理试验室抽检合格后，试验监理工程师书面通知专业监理工程师。专业监理工程师认可后，方可进行下一层土的施工	
	填石路堤	见表2-12						
		试验路段确定的工艺流程和工艺参数			用试验路段确定的沉降差指标检测压实质量			
	粉煤灰路堤	见表2-13		每200m每压实层测4处	密度法			
	湿黏土、红黏土、中弱膨胀土路基	见表2-14		每200m每压实层测4处	密度法			
	沙漠路基	见表2-15						
	桥涵结构物回填	高速公路和一级公路不小于96%，二级公路不小于95%，三、四级公路不小于94%		每50m^2每压实层至少测1点	密度法			

第三章 路面基层材料试验检测的监理

路面基层可分为基层和底基层。直接位于沥青面层下面、用高质量材料铺筑的主要承重层,或直接位于水泥混凝土面板下、用高质量材料铺筑的一层称为基层。在沥青路面基层下、用质量较次材料铺筑的次要承重层,或在水泥混凝土路面基层下、用质量较次材料铺筑的辅助层称为底基层。基层材料与施工质量的好坏将直接影响到路面的质量和使用性能,因此,在施工中必须严格控制原材料(包括混合料)的质量和施工质量。

路面基层常用的原材料有水泥、石灰、土、碎石、砾石和粉煤灰等。其中的土又分为细粒土(颗粒的最大粒径不大于4.75mm,公称最大粒径不大于2.36mm的土,包括各种黏质土、粉质土、砂和石屑等)、中粒土(颗粒的最大粒径小于26.5mm,公称最大粒径大于2.36mm且不大于19mm的土或集料,包括砂砾土、碎石土、级配砂砾、级配碎石等)、粗粒土(颗粒的最大粒径小于53mm,公称最大粒径大于19mm且不大于37.5mm的土或集料,包括砂砾土、碎石土、级配砂砾、级配碎石等)。

由不同原材料组成的混合料有水泥稳定土、石灰稳定土、石灰工业废渣混合料[如石灰粉煤灰(简称二灰)稳定碎石、二灰砂砾、二灰矿渣、二灰土、石灰煤渣等]、级配碎石、级配砾石和填隙碎石等。

第一节 路面基层材料试验检测监理的内容和工作流程

一、路面基层材料试验检测监理的内容

路面基层材料试验检测监理的内容可分原材料监理和混合料监理。原材料试验检测监理的内容有:水泥、石灰、粉煤灰的技术要求,土的液限、塑性指数、颗粒组成、压碎值、有害杂质含量等技术要求。

混合料试验检测监理的内容有:水泥稳定土、石灰稳定土、二灰稳定类土的组成设计、最大干密度、最佳含水率、承载比、无侧限抗压强度等技术要求。

二、路面基层材料试验检测监理的工作流程

路面基层材料试验检测监理工作流程如图3-1所示。

路面基层混合料试验检测监理工作流程如图3-2所示。

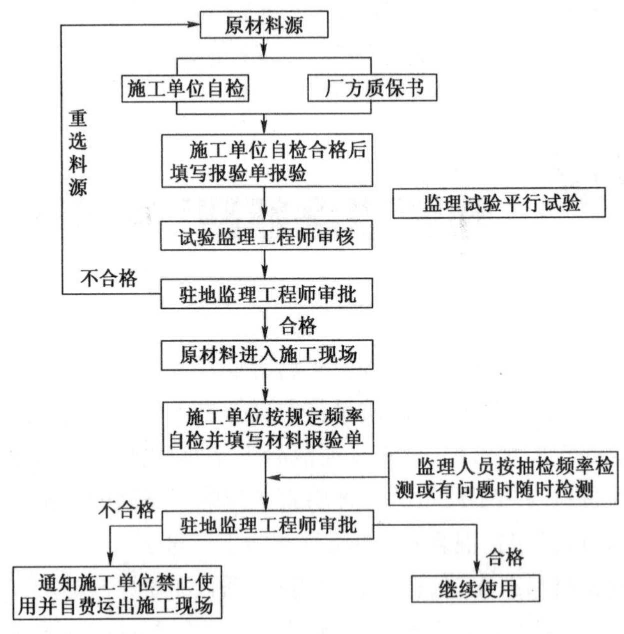

图 3-1　路面基层材料试验检测监理工作流程图

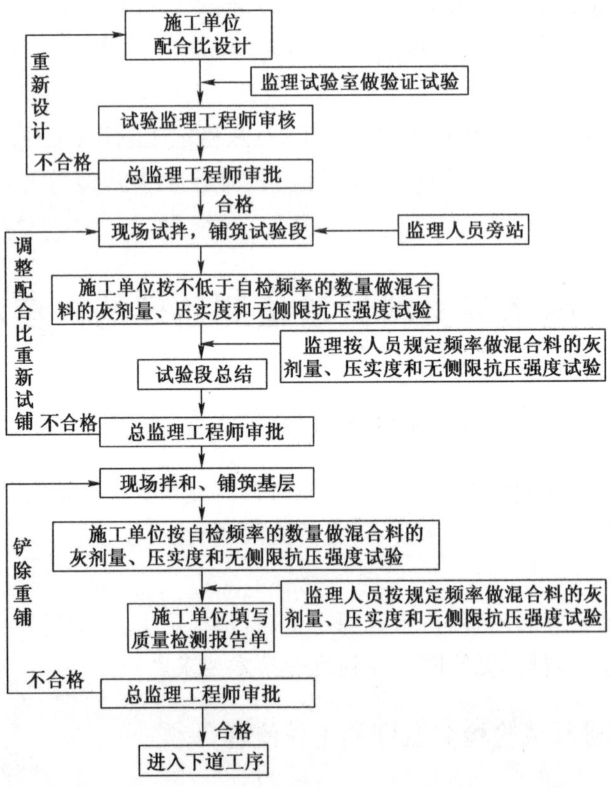

图 3-2　路面基层混合料试验检测监理工作流程图

第二节　路面基层材料试验检测监理的要点

一、原材料的技术要求

1. 水泥稳定土用材料的技术要求

(1)水泥。普通硅酸盐水泥、矿渣硅酸盐水泥、粉煤灰硅酸盐水泥、火山灰硅酸盐水泥都可用于稳定土,但应选用初凝时间大于3h和终凝时间大于6h的水泥。尽量采用较低强度等级的水泥。快硬水泥、早强型水泥及已受潮变质的水泥不得使用。

(2)土。土的技术要求有压碎值、最大粒径、颗粒组成、液限、塑性指数、有机质含量、硫酸盐含量等。水泥稳定土用土的技术要求见表3-1。颗粒组成应符合表3-2~表3-4的规定。

水泥稳定土用土的技术要求　　表3-1

项　目	二级和二级以下公路		高速公路和一级公路	
	基　层	底 基 层	基　层	底 基 层
液限(%)	<28	<40(细粒土)	<28	<40(细粒土)
塑性指数	不宜含有塑性指数的土	<17(细粒土)	<9	<17(细粒土)
均匀系数(%)	>10	>5	>10	>5
有机质含量(%)	≤2		≤2	
硫酸盐含量(%)	≤0.25		≤0.25	
压碎值(%)	≤35	≤40	≤30	≤30
最大粒径(mm)	≤37.5	≤53	≤31.5	≤37.5

用作基层时水泥稳定土的颗粒组成范围　　表3-2

筛孔尺寸(mm)	通过质量百分率(%)	筛孔尺寸(mm)	通过质量百分率(%)
37.5	90~100	2.36	20~70
26.5	66~100	1.18	14~57
19	54~100	0.6	8~47
9.5	39~100	0.075	0~30
4.75	28~84		

注:本表适用于二级和二级以下公路。

用作底基层时水泥稳定土的颗粒组成范围　　表3-3

筛孔尺寸(mm)	53	4.75	0.6	0.075	0.002
通过质量百分率(%)	100	50~100	17~100	0~50	0~30

注:本表适用于二级和二级以下公路。

水泥稳定土的颗粒组成范围 表 3-4

项目	通过质量百分率(%) \ 编号	1	2	3
筛孔尺寸(mm)	37.5	100	100	
	31.5		90 ~ 100	100
	26.5			90 ~ 100
	19		67 ~ 90	72 ~ 89
	9.5		45 ~ 68	47 ~ 67
	4.75	50 ~ 100	29 ~ 50	29 ~ 49
	2.36		18 ~ 38	17 ~ 35
	0.6	17 ~ 100	8 ~ 22	8 ~ 22
	0.075	0 ~ 30	0 ~ 7	0 ~ 7
液限(%)				<28
塑性指数				<9

注:1.1 号和 2 号用于底基层,其中 2 号用于中粗粒土;3 号用于基层。
2. 本表适用于高速公路和一级公路。
3. 集料中 0.5mm 以下细粒土有塑性指数时,小于 0.075mm 的颗粒含量不应超过 5%;细粒土无塑性指数时,小于 0.075mm 的颗粒含量不应超过 7%。

2. 石灰稳定土用材料的技术要求

(1)石灰。石灰的技术要求应达到 III 级以上(包括 III 级)。生石灰(或消石灰)的技术要求见表 3-5。对于高速公路和一级公路,宜采用磨细生石灰。

使用等外石灰、贝壳石灰、珊瑚石灰等时,应进行试验,如混合料的强度符合施工规范的要求,也可使用。

石灰的技术要求 表 3-5

项目 \ 指标 \ 类别	钙质生石灰			镁质生石灰			钙质消石灰			镁质消石灰		
	等级											
	I	II	III	I	II	III	I	II	III	I	II	III
有效钙加氧化镁含量(%)	≥85	≥80	≥70	≥80	≥75	≥65	≥65	≥60	≥55	≥60	≥55	≥50
未消化残渣含量(5mm 圆孔筛的筛余,%)	≤7	≤11	≤17	≤10	≤14	≤20	—	—	—	—	—	—
含水率(%)	—	—	—	—	—	—	≤4	≤4	≤4	≤4	≤4	≤4
细度 0.71mm 方孔筛的筛余(%)	—	—	—	—	—		0	≤1	≤1	0	≤1	≤1
细度 0.125mm 方孔筛的筛余(%)	—	—	—	—	—		≤13	≤20	—	≤13	≤20	—
钙镁石灰的分类界限,氧化镁含量(%)	≤5			>5			≤4			>4		

注:硅、铝、镁氧化物含量之和大于 5% 的生石灰,有效钙加氧化镁含量指标,I 等≥75%,II 等≥70%,III 等≥60%;未消化残渣含量指标与镁质生石灰指标相同。

(2)土。土的技术要求有压碎值、最大粒径、颗粒组成、液限、塑性指数、有机质含量、硫酸盐含量等。石灰稳定土用土的技术要求见表 3-6。石灰稳定土中,碎石、砂砾或其他粒状材料的含量应在 80% 以上,并应具有良好的级配。

石灰稳定土用土的技术要求　　表3-6

项　　目	高速公路和一级公路	二级和二级以下公路		
	底　基　层	二级公路基层	二级以下公路基层	底　基　层
塑性指数	15～20			
有机质含量(%)	≤10			
硫酸盐含量(%)	≤0.8			
压碎值(%)	≤35	≤30	≤35	≤40
最大粒径(mm)	≤37.5	≤37.5		≤53

3. 石灰工业废渣稳定土用材料的技术要求

(1)石灰。石灰的技术要求同石灰稳定土用石灰的要求。有效钙含量在20%以上的等外石灰、贝壳石灰、珊瑚石灰、电石渣等，当其混合料的强度通过试验符合设计标准时，可以使用。

(2)粉煤灰。粉煤灰中，SiO_2、Al_2O_3和Fe_2O_3的总含量应大于70%，粉煤灰的烧失量不应超过20%。粉煤灰的比表面积宜大于2 500cm^2/g(或90%通过0.3mm筛孔，70%通过0.075mm筛孔)。

(3)煤渣。煤渣的松干密度应为700～1 100kg/m^3，最大粒径不应大于30mm，颗粒组成宜有一定级配，且不宜含杂质。

(4)土。二灰稳定类土用土的技术要求见表3-7。细粒土的土块最大尺寸应小于15mm。中粒土和粗粒土不宜含有塑性指数的土。用于二灰稳定土的集料的颗粒组成应符合表3-8和表3-9的规定。

二灰稳定类土用土的技术要求　　表3-7

项　　目	高速公路和一级公路		二级和二级以下公路	
	基　　层	底　基　层	基　　层	底　基　层
塑性指数	—	12～20(细粒土)	—	12～20(细粒土)
有机质含量(%)	—	≤10(细粒土)	—	≤10(细粒土)
集料重量比例(%)	80～85	—	≥80	—
压碎值(%)	≤35	≤30	≤35	≤40
最大粒径(mm)	≤31.5	≤37.5	≤37.5	≤53

二灰级配砂砾石中集料颗粒组成范围　　表3-8

通过质量百分率(%)　编　号 筛选尺寸(mm)	1	2
37.5	100	
31.5	90～100	100
19.0	72～90	81～98
9.50	48～68	52～70
4.75	30～50	30～50
2.36	18～38	18～38
1.18	10～27	10～27
0.60	6～20	6～20
0.075	0～7	0～7

注:1号用作一般公路基层和高等级公路的底基层,2号用作高等级公路的基层。

二灰级配碎石中集料的颗粒组成范围　　表 3-9

通过质量百分率(%) 编号 / 筛选尺寸(mm)	1	2
37.5	100	
31.5	85～100	100
19.0	65～85	85～100
9.50	50～70	55～75
4.75	35～55	39～59
2.36	25～45	27～47
1.18	17～35	17～35
0.60	10～27	10～25
0.075	0～15	0～10

注:1 号用作一般公路基层和高等级公路的底基层,2 号用作高等级公路的基层。

4. 级配型集料的技术要求

(1)级配碎石的技术要求主要有:压碎值、最大粒径、颗粒组成、液限、塑性指数、针片状含量及黏土块、植物含量等,其技术要求见表 3-10 和表 3-11。级配型集料的颗粒组成应符合表 3-12 和表 3-13 的规定。

级配碎石的技术要求　　表 3-10

项目	高速公路和一级公路		二级和二级以下公路	
	基层	底基层	基层	底基层
塑性指数	<6 或 9①		<6 或 9①	
液限(%)	<28		<28	
针片状含量(%)	<20		<20	
黏土块、植物等	不得含有		不得含有	
最大粒径(mm)	≤31.5	≤37.5	≤37.5	≤53

注:①潮湿多雨地区塑性指数宜小于 6,其他地区塑性指数宜小于 9。

级配型集料的压碎值指标　　表 3-11

公路等级	层位	压碎值(%)	公路等级	层位	压碎值(%)
高速公路和一级公路	基层	不大于 26	二级以下公路	基层	不大于 35
	底基层	不大于 30		底基层	不大于 40
二级公路	基层	不大于 30			
	底基层	不大于 35			

级配碎石或级配碎砾石的颗粒组成范围　　表3-12

项目 \ 通过质量百分率(%) \ 编号		1	2
筛孔尺寸(mm)	37.5	100	
	31.5	90～100	100
	19.0	73～88	85～100
	9.5	49～69	52～74
	4.75	29～54	29～54
	2.36	17～37	17～37
	0.6	8～20	8～20
	0.075	0～7②	0～7②
液限(%)		<28	<28
塑性指数		<6(或9①)	<6(或9①)

注:①潮湿多雨地区塑性指数宜小于6,其他地区塑性指数宜小于9。
②对于无塑性的混合料,小于0.075mm的颗粒含量应接近高限。

未筛分碎石底基层颗粒组成范围　　表3-13

项目 \ 通过质量百分率(%) \ 编号		1	2
筛孔尺寸(mm)	53	100	
	37.5	85～100	100
	31.5	69～88	83～100
	19.0	40～65	54～84
	9.5	19～43	29～59
	4.75	10～30	17～45
	2.36	8～25	11～35
	0.6	6～18	6～21
	0.075	0～10	0～10
液限(%)		<28	<28
塑性指数		<6(或9①)	<6(或9①)

注:①在潮湿多雨地区,塑性指数宜小于6,其他地区塑性指数宜小于9。

在塑性指数偏大的情况下,塑性指数与0.5mm以下细土含量的乘积应符合下列规定:

①在年降雨量小于600mm的地区,地下水位对土基没有影响时,乘积不应大于120;

②在潮湿多雨地区,乘积不应大于100。

(2)级配砾石集料的技术要求主要有:最大粒径、颗粒组成、液限、塑性指数、压碎值和承载比等,具体要求见表3-14。级配砾石的颗粒组成应符合表3-15和表3-16的规定。

级配砾石的技术要求 表 3-14

检查项目	基层	底基层	检查项目	基层	底基层
塑性指数	<6(或9①)	<9	浸水4d的承载比(%)	≥160	≥60
液限(%)	<28	<28	最大粒径(mm)	≤37.5	≤53
细长及扁平颗粒含量(%)	<20	<20			

注:①潮湿多雨地区塑性指数宜小于6,其他地区塑性指数宜小于9。

用于基层的级配砾石当塑性指数偏大时,塑性指数与0.5mm以下细土含量的乘积应符合下列规定:

①在年降雨量小于600mm的中干和干旱地区,地下水位对土基没有影响时,乘积不应大于120;

②在潮湿多雨地区,乘积不应大于100。

当用于基层的级配砾石在最佳含水率下制备的试件的干密度与工地规定达到的压实干密度相同时,浸水4d的承载比值应不小于160%。

级配砾石基层的颗粒组成范围 表 3-15

项目 \ 通过质量百分率(%) \ 编号		1	2	3
筛孔尺寸(mm)	53	100		
	37.5	90~100	100	
	31.5	81~94	90~100	100
	19.0	63~81	73~88	85~100
	9.5	45~66	49~69	52~74
	4.75	27~51	29~54	29~54
	2.36	16~35	17~37	17~37
	0.6	8~20	8~20	8~20
	0.075	0~7②	0~7②	0~7②
液限(%)		<28	<28	<28
塑性指数		<6(或9①)	<6(或9①)	<6(或9①)

注:①潮湿多雨地区塑性指数宜小于6,其他地区塑性指数宜小于9。
②对于无塑性的混合料,小于0.075mm的颗粒含量应接近高限。

砂砾底基层的级配范围 表 3-16

筛孔尺寸(mm)	53	37.5	9.5	4.75	0.6	0.075
通过质量百分率(%)	100	80~100	40~100	25~85	8~45	0~15

级配砾石用作基层时,石料的集料压碎值应满足下列规定。

基层:

二级公路　　不大于30%

三级和四级公路　　不大于35%

底基层：

高速公路和一级公路　　不大于30%

二级公路　　不大于35%

二级以下公路　　不大于40%

5. 填隙碎石集料的技术要求

填隙碎石用作基层时，碎石的最大粒径不应超过53mm，粗碎石的压碎值不大于26%。用作底基层时，碎石的最大粒径不应超过63mm，粗碎石的压碎值不大于30%。填隙碎石、粗碎石的颗粒组成应符合表3-17的规定。填隙料的颗粒组成宜符合表3-18的规定。填隙料宜用轧制石灰岩碎石的石屑。

填隙碎石、粗碎石的颗粒组成　　表3-17

编号	通过质量百分率(%)／标称尺寸(mm)	筛孔尺寸(mm)							
		63	53	37.5	31.5	26.5	19	16	9.5
1	30～60	100	25～60		0～15		0～5		
2	25～50		100		25～50	0～15		0～5	
3	20～40			100	35～70		0～15		0～5

采用表3-17中的1号粗集料时，填隙料的标称最大粒径可为9.5mm，此时宜用轧制石灰岩碎石的石屑。

填隙料的颗粒组成　　表3-18

筛孔尺寸(mm)	9.5	4.75	2.36	0.6	0.075	塑性指数
通过质量百分率(%)	100	85～100	50～70	30～50	0～10	<6

粗碎石可以用具有一定强度的各种岩石或漂石轧制，但漂石的粒径应为粗碎石最大粒径的3倍以上；也可以用稳定的矿渣轧制，矿渣的干密度和质量应比较均匀，且其干密度不小于960kg/m^3。材料中的扁平、长条和软弱颗粒的含量不应超过15%。

二、混合料的技术要求

混合料的技术要求有：最大干密度、最佳含水率、灰剂量、承载比(CBR)和抗压强度等。

级配砾石做基层时，浸水4d的承载比应不小于160%；做底基层时，在中等交通道路上浸水4d的承载比应不小于60%，在轻交通道路上浸水4d的承载比应不小于40%。

三、混合料的组成设计

1. 水泥稳定土混合料的组成设计

水泥稳定土混合料组成设计的方法与步骤如下。

(1)分别按下列5种水泥剂量，制备同一种土样不同水泥剂量的水泥稳定土混合料。

①做基层用的中粒土和粗粒土：3%、4%、5%、6%、7%。

塑性指数小于12的土：5%、7%、8%、9%、11%。

其他细粒土：8%、10%、12%、14%、16%。

②做底基层用的中粒土和粗粒土:3%、4%、5%、6%、7%。

塑性指数小于12的土:4%、5%、6%、7%、9%。

其他细粒土:6%、8%、9%、10%、12%。

(2)用重型击实试验确定各种混合料的最佳含水率和最大干密度。至少应做三种不同水泥剂量混合料的击实试验,即最小剂量、中间剂量和最大剂量,其他两个剂量混合料的最佳含水率和最大干密度用内插法确定。

(3)按规定压实度,分别计算不同水泥剂量的试件应有的干密度。

(4)按最佳含水率和计算的干密度制备试件,进行强度试验。平行试验的最少试件数量应不少于表3-19的规定。如试验结果的偏差系数大于表中规定的值,则应重做试验,并找出原因,加以解决。如不能降低偏差系数,则应增加试件数量。

最少试件数量 表3-19

试件数量 偏差系数 / 土类	<10%	10%~15%	15%~20%
细粒土	6	9	
中粒土	6	9	13
粗粒土		9	13

(5)试件的强度试验。试件在规定的温度(冰冻地区20℃±2℃,非冰冻地区25℃±2℃)下,保湿养生6d,浸水24h后,进行无侧限抗压强度试验,并计算试验结果的平均值和偏差系数。

(6)选定合适的水泥剂量。此剂量试件室内试验结果的平均抗压强度 $\overline{R}$ 应符合下式的要求:

$$\overline{R} \geqslant \frac{R_d}{1 - Z_\alpha C_v} \tag{3-1}$$

式中:R_d——设计抗压强度,MPa;

C_v——试样结果的偏差系数;

Z_α——标准正态分布中随保证率(置信度 α)而变的系数;高速公路和一级公路应取保证率95%,此时 $Z_\alpha = 1.645$,其他公路应取保证率90%,此时 $Z_\alpha = 1.282$。

为了保证水泥稳定土的均匀性和质量,水泥剂量不能过小,水泥的最小剂量应符合表3-20的规定。

水泥的最小剂量 表3-20

拌和方法 / 土类	路拌法	集中厂拌法
中粒土和粗粒土	4%	3%
细粒土	5%	4%

2. *石灰稳定土混合料的组成设计*

石灰稳定土混合料的组成设计步骤与水泥稳定土相同,所不同的是在材料组成设计时,应根据土质和层位的不同,按表3-21的石灰剂量进行配制。

石灰剂量参考值　　表 3-21

土　类	层位	石灰剂量(%)				
砂砾土和碎石土	基层	3	4	5	6	7
塑性指数小于12的黏性土	基层	10	12	13	14	16
	底基层	8	10	11	12	14
塑性指数大于12的黏性土	基层	5	7	9	11	13
	底基层	5	7	8	9	11

【例】 某新建二级公路,因地处潮湿地带类型,选用石灰土作底基层。设计强度要求7d龄期的浸水强度为0.7MPa,试设计石灰剂量。

解 根据现场采取的土样筛分和试验得:液限为33.34%,塑性指数为12.31,确定为中液限黏土。

通过重型击实试验求得石灰剂量分别为8%、11%、14%的最佳含水率和最大干密度分别为10.91%和1.83g/cm^3,11.83%和1.85g/cm^3,13.35%和1.82g/cm^3。

再按《公路工程无机结合料稳定材料试验规程》(JTG E51—2009)要求,制备石灰剂量分别为8%、10%、11%、12%、14%的试件,并按要求保湿养护6d,浸水24h,进行无侧限抗压强度试验。试验计算结果列于表3-22。

不同石灰剂量的试件的抗压强度(单位:MPa)　　表 3-22

石灰剂量 / 试件编号	8%	10%	11%	12%	14%
1	0.616	0.642	0.758	0.698	0.590
2	0.588	0.652	0.728	0.708 6	0.572
3	0.632	0.690	0.753	0.669 0	0.566
4	0.626	0.672	0.782	0.656	0.618
5	0.590	0.664	0.724	0.693	0.607
6	0.568	0.624	0.769	0.632	0.584
平均值	0.603	0.657	0.756	0.672	0.590
偏差系数 C_v	0.041 7	0.035 4	0.024 5	0.042 8	0.034 0

由表3-22所列试验计算结果知,当石灰剂量为11%时的平均抗压强度最高,故先验算该组的试验结果。

对于二级公路,应取保证率90%,$Z_\alpha = 1.282$,设计强度 $R_d = 0.7$MPa,代入式(3-1)右边得:

$$\frac{R_d}{1 - Z_\alpha C_v} = \frac{0.7}{1 - 1.282 \times 0.0245} = 0.73\text{MPa}$$

小于平均值 $\overline{R} = 0.756$MPa。

由于 $C_v = 0.0245$(2.45%),小于规定的要求(6%),故选择石灰剂量为11%,混合料强度满足设计要求。

其他石灰剂量的混合料强度,读者可以自行验算,但其结果均不满足式(3-1)的要求。

3. 石灰工业废渣稳定土混合料的组成设计

石灰工业废渣稳定土混合料组成设计的方法与步骤与石灰稳定土的完全相同。《公路路面基层施工技术规范》(JTJ 034—2000)列出的参考配合比见表3-23。表3-24和表3-25还列出了石灰粉煤灰类混合料和石灰煤渣混合料常用参考配合比。当二灰混合料7d浸水抗压强度小于规定值时,可外加1% ~2%的水泥,以提高混合料的强度。

石灰工业废渣混合料参考配合比(质量比)　　表3-23

种　类	混合料组成材料	试验参考配合比	说　明
石灰粉煤灰	石灰:粉煤灰	1:2 ~ 1:9	硅铝粉煤灰
石灰粉煤灰土	石灰:粉煤灰	1:2 ~ 1:4	粉土用1:2
	石灰粉煤灰:细粒土	30:70① ~ 90:10	
石灰粉煤灰集料	石灰:粉煤灰	1:2 ~ 1:4	
	石灰粉煤灰:级配集料	20:80 ~ 15:85	
石灰煤渣	石灰:煤渣	20:80 ~ 15:85	
石灰煤渣土	石灰:煤渣	1:1 ~ 1:4	
	石灰煤渣:细粒土	1:1 ~ 1:4	混合料中石灰应不少于10%
石灰煤渣集料	石灰:煤渣:集料	7 ~ 9:26 ~ 33:67 ~ 58	

注:①采用此比例时,石灰与粉煤灰之比宜为1:2 ~ 1:3。

石灰粉煤灰类混合料常用参考配合比(质量比)　　表3-24

种　类	混合料组成材料	常用配合比范围	说　明
石灰粉煤灰	石灰:粉煤灰	25 ~ 15:75 ~ 85	
石灰粉煤灰土	石灰:粉煤灰:土	6:30:64;9:26:56;12:40:48;15:65:20	
石灰粉煤灰钢渣	石灰:粉煤灰:钢渣	7:30:63;9:46:45	
石灰粉煤灰类重钢渣	石灰:粉煤灰:重钢渣	10:45:45	
石灰粉煤灰碎石	石灰:粉煤灰:碎石	7:30:63;10:50:40	
石灰粉煤灰砂砾	石灰:粉煤灰:砂砾	5:15:80;12:38:50	第一组为级配砂砾
石灰粉煤灰碎砖	石灰:粉煤灰:碎砖	10:50:40	

石灰煤渣混合料常用参考配合比(质量比)　　表3-25

种　类	混合料组成材料	常用配合比范围
石灰煤渣	石灰:煤渣	20 ~ 15:80 ~ 85
石灰煤渣土	石灰:煤渣:土	9 ~ 15:65 ~ 70:15 ~ 25;12:48:40
石灰煤渣集料	石灰:煤渣:集料	7 ~ 9:25 ~ 33:58 ~ 67
石灰煤渣集料土	石灰:煤渣:集料:土	6 ~ 7:31 ~ 49:30 ~ 54:9 ~ 28

第三节　路面基层材料试验检测监理汇总表

一、材料的组批规则

1. 水泥

同一强度等级、同一批号、同一品种、且在同一时间交付、质量在500t或500t以下者为一批。

2. 石灰

同一等级、同一批号、同一品种、且在同一时间交付、质量在500t或500t以下者为一批。

3. 集料

每种料源的粗、细集料为同一粒径、同一料场，且数量在1 000m^3或1 000m^3以下者（含石粉、粉煤灰）为一批。

二、基层材料试验检测监理汇总表

基层、底基层原材料试验检测监理汇总表见表3-26。

基层、底基层混合料试验检测监理汇总表见表3-27。

基层、底基层原材料试验检测监理汇总表　　表3-26

项　目	技术要求	检测频率	检测方法	监理程序	认可程序
水泥强度	≤32.5	每批至少检测1次，有疑问时随时检测	JTG/T E30—2005	监理方、承包方共同取样，一份由施工单位试验人员试验，监理人员旁站；另一份送监理试验室做平行试验	施工单位根据试验结果报材料报验单，驻地监理工程师根据监理试验室的平行试验结果，书面予以认可或不认可
初凝时间	大于3h				
终凝时间	大于6h				
水	饮用水	有怀疑时取样检测	GB 5749—2006	监理方、承包方共同取样，由施工单位试验人员试验，监理人员旁站	施工单位根据试验结果报材料报验单，驻地监理工程师根据试验结果，书面予以认可或不认可
石灰有效氧化钙、氧化镁含量(%)	钙质生石灰≥70，镁质生石灰≥65，钙质消石灰≥55，镁质消石灰≥50	每批到达现场的石灰随机取2个试样，以后每月取2个试样	JTG E51—2009	监理方、承包方共同取样，一份由施工单位试验人员试验，监理人员旁站；另一份送监理试验室做平行试验	施工单位根据试验结果报材料报验单，驻地监理工程师根据监理试验室的平行试验结果，书面予以认可或不认可
粉煤灰 $SiO_2+MgO+Fe_2O_3$含量	≥70%	同一料场的每批粉煤灰随机取2个试样	GB/T 1596—2005		
粉煤灰 烧失量	≤20%				
粉煤灰 0.3mm筛余量	<10%（干重）				
粉煤灰 比表面积	≥2 500cm^2/g				
土的含水率	最佳含水率±2%	每天使用前测2个试样	JTG E51—2009	施工单位自检，监理人员抽检	专业监理工程师认可
颗粒分析	符合规定要求	每种土使用前取2个试样检测，使用过程中每2 000m^3取2个试样检测	JTG E42—2005	监理方、承包方共同取样，一份由施工单位试验人员试验，监理人员旁站；另一份送监理试验室做平行试验	施工单位根据试验结果报材料报验单，驻地监理工程师根据监理试验室的平行试验结果，书面予以认可或不认可

续上表

项　　目	技术要求	检测频率	检测方法	监理程序	认可程序
液限、塑性指数	符合规定要求	同上	JTG E40—2007	同上	同上
相对密度、毛体积密度、吸水率		同上	JTG E42—2005	同上	同上
压碎值	符合规定要求	同上	JTG E42—2005	同上	同上
土的有机质和硫酸盐含量	符合规定要求	对土有怀疑时检测	JTG E40—2007	同上	同上

基层、底基层混合料试验检测监理汇总表　　表 3-27

<table>
<tr><th>工程类别</th><th>项　目</th><th>技术要求</th><th>检测频率</th><th>检测方法</th><th>监理程序</th><th>认可程序</th></tr>
<tr><td rowspan="6">无结合料底基层</td><td>含水率</td><td>最佳含水率 -1% ~ +2%</td><td>目测,异常时随时检测</td><td>JTG E40—2007</td><td>施工单位自检,监理人员抽检</td><td>专业监理工程师认可</td></tr>
<tr><td>级配</td><td>在规定范围内</td><td>目测,异常时随时检测</td><td>JTG E42—2005</td><td rowspan="3">监理方、承包方共同取样,一份由施工单位试验人员试验,监理旁站;另一份送监理试验室做平行试验</td><td>施工单位根据试验结果进行调整,报材料报验单,驻地监理工程师根据监理试验室的平行试验结果,书面予以认可或不认可</td></tr>
<tr><td>塑性指数</td><td>符合规定要求</td><td>每种土使用前取 2 个试样检测,使用过程中每 2 000m³ 取 2 个试样检测</td><td>JTG E40—2007</td><td rowspan="2">施工单位根据试验结果报材料报验单,驻地监理工程师根据监理试验室的平行试验结果,书面予以认可或不认可</td></tr>
<tr><td>承载比</td><td>浸水 4d 的承载比≥160%,或不小于规定值</td><td>每 3 000m² 检测 1 次,异常时随时检测</td><td>JTG E40—2007</td></tr>
<tr><td>压实度</td><td>≥96%,填隙碎石以固体体积率表示,不小于 85%或 83%</td><td>每 200m 每车道 2 处</td><td>JTG E40—2007</td><td rowspan="2">施工单位自检,监理人员抽检</td><td rowspan="2">施工单位报自检试验结果,监理试验室报抽检试验结果,驻地监理工程师书面予以认可或不认可</td></tr>
<tr><td>弯沉值</td><td>95%或97.7%概率的上波动界限不大于计算所得的容许值</td><td>每一双车道评定段(不超过 1km)80 ~ 100 个测点</td><td>JTG E60—2008</td></tr>
<tr><td rowspan="2">无结合料基层</td><td>含水率</td><td>最佳含水率 - 1% ~ +2%</td><td>目测,异常时随时检测</td><td>JTG E40—2007</td><td rowspan="2">施工单位自检,监理人员抽检</td><td>专业监理工程师认可</td></tr>
<tr><td>级配</td><td>在规定范围内</td><td>每 2 000m² 检测 1 次</td><td>JTG E42—2005</td><td>施工单位根据试验结果进行调整,报材料报验单,驻地监理工程师根据监理试验室的平行试验结果,书面予以认可或不认可</td></tr>
</table>

续上表

工程类别	项目	技术要求	检测频率	检测方法	监理程序	认可程序
无结合料基层	塑性指数	符合规定要求	每种土使用前取2个试样检测,使用过程中每2 000m^3取2个试样检测	JTG E40—2007	监理方、承包方共同取样,一份由施工单位试验人员试验,监理旁站。另一份送监理试验室做平行试验	施工单位报自检试验结果,监理试验室报抽检试验结果,驻地监理工程师书面予以认可或不认可
	压碎值	不大于规定值	每料源检测1次,异常时随时检测	压碎值仪		
	承载比	浸水4d的承载比≥160%,或不小于规定值	每3 000m^2检测1次,异常时随时检测	JTG E40—2007		
	压实度	级配集料基层和中间层≥98%,填隙碎石以固体体积率表示,不小于85%	每200m每车道2处	JTG E40—2007	施工单位自检,监理人员抽检	
	弯沉值	95%或97.7%概率的上波动界限不大于计算所得的容许值	每一双车道评定段(不超过1km)80~100个测点	JTG E60—2008		
水泥或石灰稳定土及水泥石灰综合稳定土	级配	在规定范围内	每2 000m^2检测1次	JTG E42—2005	施工单位自检,监理人员抽检	施工单位根据试验结果进行调整,报材料报验单,驻地监理工程师根据监理试验室的平行试验结果,书面予以认可或不认可
	压碎值	不大于规定值	每料源检测1次,异常时随时检测	压碎值仪	监理方、承包方共同取样,一份由施工单位试验人员试验,监理人员旁站;另一份送监理试验室做平行试验	施工单位报自检试验结果,监理试验室报抽检试验结果,驻地监理工程师书面予以认可或不认可
	水泥或石灰剂量	不小于设计值的-1.0%	每2 000m^2检测1次,至少取6个试样	用滴定法或直读式测钙仪检测	施工单位自检,监理人员抽检	专业监理工程师认可
	含水率 水泥稳定土	较最佳含水率大1%~2%	目测,异常时随时检测	JTG E40—2007		专业监理工程师认可
	含水率 石灰稳定土	最佳含水率的±1%				

续上表

<table>
<tr><th>工程类别</th><th colspan="2">项 目</th><th>技术要求</th><th>检测频率</th><th>检测方法</th><th>监理程序</th><th>认可程序</th></tr>
<tr><td rowspan="4">水泥或石灰稳定土及水泥石灰综合稳定土</td><td rowspan="2">压实度</td><td>稳定细粒土</td><td>高等级公路≥95%,一般公路底基层≥93%,基层≥95%</td><td rowspan="2">每200m每车道2处</td><td rowspan="2">灌砂法</td><td rowspan="4">施工单位自检,监理人员抽检</td><td rowspan="3">施工单位报自检试验结果,监理试验室报抽检试验结果,总监理工程师书面予以认可或不认可</td></tr>
<tr><td>稳定中粒土和稳定粗粒土</td><td>一般公路底基层≥95%,基层≥97%。高等级公路底基层≥96%,基层≥98%</td></tr>
<tr><td colspan="2">抗压强度</td><td>符合规定要求</td><td>每2 000m²或每工作班1组试件</td><td>JTG E51—2009</td></tr>
<tr><td colspan="2">延迟时间</td><td>符合规定要求</td><td>每个作业段1次</td><td>JTG E51—2009</td><td>专业监理工程师认可</td></tr>
<tr><td rowspan="6">石灰工业废渣</td><td colspan="2">配合比</td><td>设计石灰剂量-1%(设计石灰剂量小于4%时为设计石灰剂量-0.5%以内)</td><td>每2 000m²检测1次</td><td>筛分后再用滴定法试验检测</td><td rowspan="6">施工单位自检,监理人员抽检</td><td>施工单位报自检试验结果,监理试验室报抽检试验结果,驻地监理工程师认可</td></tr>
<tr><td colspan="2">级配</td><td>在规定范围内</td><td>每2 000m²检测1次</td><td>JTG E42—2005</td><td>施工单位根据试验结果进行调整,报材料报验单,驻地监理工程师根据监理试验室的平行试验结果,书面予以认可或不认可</td></tr>
<tr><td colspan="2">含水率</td><td>最佳含水率±1%(二灰土±2%)</td><td>目测,异常时随时检测</td><td>JTG E40—2007</td><td>专业监理工程师认可</td></tr>
<tr><td rowspan="2">压实度</td><td>二灰土</td><td>一般公路底基层≥93%,基层≥95%;高等级公路≥95%</td><td rowspan="2">每200m每车道2处</td><td rowspan="2">灌砂法</td><td rowspan="3">施工单位报自检试验结果,监理试验室报抽检试验结果,驻地监理工程师书面认可</td></tr>
<tr><td>其他含粒料的石灰工业废渣</td><td>一般公路底基层≥95%,基层≥97%。高等级公路底基层≥96%,基层≥98%</td></tr>
<tr><td colspan="2">抗压强度</td><td>符合规定要求</td><td>每2 000m²或每工作班1组试件</td><td>JTG E51—2009</td></tr>
</table>

第四章 水泥混凝土材料试验检测的监理

水泥混凝土是以水泥为胶凝材料,与水和集料按适当比例配合拌制成拌合物,经硬化后得到的人造石材。在道路和桥梁工程建设中,水泥混凝土是应用最广泛、用量最大的建筑材料之一。水泥混凝土质量的好坏,直接影响到道路和桥梁工程的安全性、可靠性和耐久性。因此,必须十分重视组成混凝土的原材料质量、混凝土配合比和混凝土施工质量的管理与监理。

普通水泥混凝土由水泥、水、砂和石子四种材料组成。为改善混凝土的性能,还可掺加外加剂或外掺料。在材料组成中,水泥和水组成水泥浆,砂为细集料,石子为粗集料。水泥浆充填砂子间的空隙并包裹在砂子的周围形成砂浆,砂浆又充填石子间的空隙,并把石子颗粒包裹起来。在混凝土拌合物中,水泥浆在砂、石颗粒之间起着润滑作用,使混凝土拌合物具有施工所需要的流动性。硬化的水泥浆形成水泥石,将集料牢固地胶结成一个整体。集料在混凝土中起骨架作用,并可减少混凝土的体积变形。

第一节　水泥混凝土材料试验检测监理的内容和工作流程

一、水泥混凝土材料试验检测监理的内容

水泥混凝土材料试验检测监理有以下主要内容:

(1)水泥、砂、石子、水、掺合料及外加剂等的试验检测;

(2)混凝土配合比检验;

(3)施工过程中混凝土配合比、拌合物和易性的试验检测,混凝土硬化后的强度和耐久性及预应力混凝土的弹性模量的试验检测等。

二、水泥混凝土材料试验检测监理的工作流程

水泥混凝土材料试验检测监理工作流程可分为原材料试验检测监理工作流程和混凝土试验检测监理工作流程,其流程图见图4-1和图4-2。

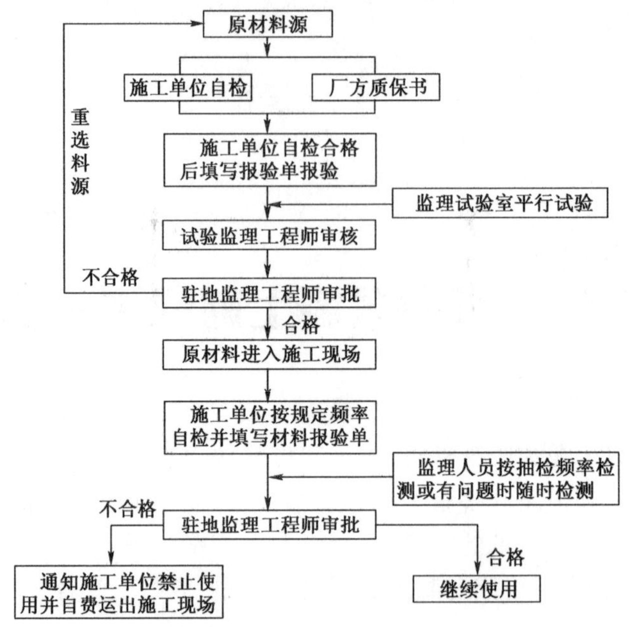

图 4-1　水泥混凝土原材料试验检测监理工作流程

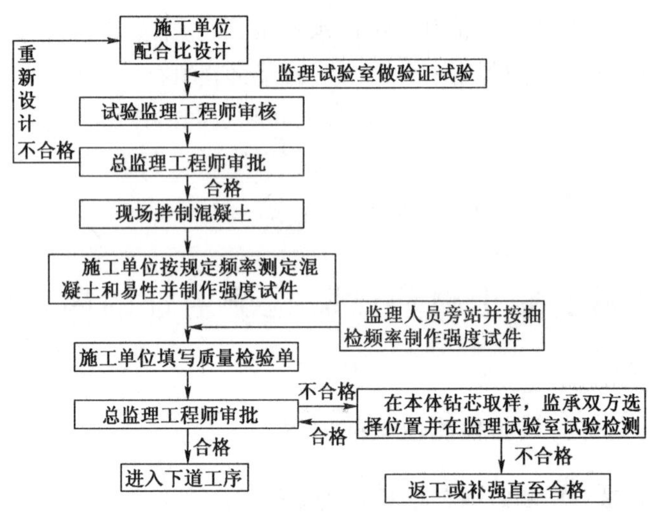

图 4-2　混凝土试验检测监理工作流程

第二节　水泥混凝土材料试验检测监理的要点

一、普通混凝土原材料的技术要求和质量标准

1. 水泥

配制混凝土的水泥，一般有硅酸盐水泥、普通硅酸盐水泥、矿渣硅酸盐水泥、火山灰质硅酸

盐水泥、粉煤灰硅酸盐水泥。在公路工程中，常用的水泥品种是硅酸盐水泥、普通硅酸盐水泥、矿渣硅酸盐水泥，此外还有道路硅酸盐水泥。

(1)水泥的技术要求和质量标准见表4-1～表4-3。

水泥的技术要求和质量标准　　表4-1

技术要求	质量标准	试验方法
细度	硅酸盐水泥和普通硅酸盐水泥的细度以比表面积表示，不小于300m²/kg；矿渣硅酸盐水泥、火山灰质硅酸盐水泥、粉煤灰硅酸盐水泥和复合硅酸盐水泥以筛余量表示，80μm方孔筛筛余量不大于10%或45μm方孔筛筛余量不大于30%	GB/T 8074 GB/T 1345
体积安定性	必须合格。试饼法：试饼经煮沸3h后应无翘曲、无裂缝。雷氏法：试样煮沸3h后，两试样雷氏夹针尖增加的距离平均值应不大于5.0mm	GB/T 1346
凝结时间	初凝不小于45min，必须合格；终凝时间：硅酸盐水泥终凝不大于390min，其他硅酸盐水泥不大于600min	
强度	强度应不低于表4-2的规定值	GB/T 17671

通用硅酸盐类水泥的强度标准(MPa)　　表4-2

品种	强度等级	抗压强度		抗弯拉强度	
		3d	28d	3d	28d
硅酸盐水泥	42.5	≥17.0	≥42.5	≥3.5	≥6.5
	42.5R	≥22.0		≥4.0	
	52.5	≥23.0	≥52.5	≥4.0	≥7.0
	52.5R	≥27.0		≥5.0	
	62.5	≥28.0	≥62.5	≥5.0	≥8.0
	62.5R	≥32.0		≥5.5	
普通硅酸盐水泥	42.5	≥17.0	≥42.5	≥3.5	≥6.5
	42.5R	≥22.0		≥4.0	
	52.5	≥23.0	≥52.5	≥4.0	≥7.0
	52.5R	≥27.0		≥5.0	
矿渣硅酸盐水泥 火山灰硅酸盐水泥 粉煤灰硅酸盐水泥 复合硅酸盐水泥	32.5	≥10.0	≥32.5	≥2.5	≥5.5
	32.5R	≥15.0		≥3.5	
	42.5	≥15.0	≥42.5	≥3.5	≥6.5
	42.5R	≥19.0		≥4.0	
	52.5	≥21.0	≥52.5	≥4.0	≥7.0
	52.5R	≥23.0		≥4.5	

道路水泥强度标准(MPa) 表4-3

强度等级	抗压强度		抗弯拉强度	
	3d	28d	3d	28d
32.5	≥16.0	≥32.5	≥3.5	≥6.5
42.5	≥21.0	≥42.5	≥4.0	≥7.0
52.5	≥26.0	≥52.5	≥5.0	≥7.5

(2)水泥的选用。

①水泥混凝土结构用水泥强度等级和品种的选择。水泥品种的选用应考虑混凝土结构的强度和耐久性,以及使用环境对水泥混凝土性能的影响,一般可按表4-4选用。水泥强度等级的选用应与要求配制的混凝土强度等级相适应。如水泥强度等级选用过高,则混凝土中水泥用量过低,影响混凝土的和易性和耐久性;反之,如水泥强度等级选用过低,则混凝土中水泥用量过多,非但不经济,而且降低混凝土的某些技术品质(如收缩率增大等)。通常,水泥强度等级为混凝土强度等级的0.7~1.5倍,强度等级高的水泥用于配制强度等级高的混凝土。

常用水泥品种的选用参考表 表4-4

<table>
<tr><th>结构混凝土环境条件或特殊要求</th><th>优先使用</th><th>可以使用</th><th>不得使用</th></tr>
<tr><td>地面以上不接触水流的普通环境中</td><td rowspan="3">硅酸盐水泥、普通水泥</td><td>矿渣水泥、火山灰水泥、粉煤灰水泥</td><td>—</td></tr>
<tr><td>干燥环境中</td><td rowspan="2">矿渣水泥</td><td rowspan="2">火山灰水泥、粉煤灰水泥</td></tr>
<tr><td>受水流冲刷或冰冻</td></tr>
<tr><td>处于河床最低冲刷线以下</td><td>矿渣水泥、火山灰水泥、粉煤灰水泥</td><td>硅酸盐水泥、普通水泥</td><td>钻孔灌注桩慎用矿渣水泥</td></tr>
<tr><td>严寒地区露天或寒冷地区水位升降范围内</td><td rowspan="2">硅酸盐水泥、普通水泥</td><td>矿渣水泥</td><td>火山灰水泥、粉煤灰水泥</td></tr>
<tr><td>严寒地区水位升降范围内</td><td></td><td>矿渣水泥、火山灰水泥、粉煤灰水泥</td></tr>
<tr><td>厚大体积结构物施工时要求水化热低</td><td>矿渣水泥、粉煤灰水泥</td><td>普通水泥、火山灰水泥</td><td>硅酸盐水泥</td></tr>
<tr><td>要求快速脱模</td><td rowspan="2">硅酸盐水泥、快硬水泥</td><td rowspan="2">普通水泥</td><td rowspan="2">—</td></tr>
<tr><td>低温环境施工要求早强</td></tr>
<tr><td>蒸汽养护</td><td>矿渣水泥、火山灰水泥、粉煤灰水泥</td><td>硅酸盐水泥、普通水泥</td><td>—</td></tr>
<tr><td>要求抗渗</td><td>普通水泥</td><td>火山灰水泥、粉煤灰水泥</td><td>不宜使用矿渣水泥</td></tr>
<tr><td>要求耐磨</td><td>硅酸盐水泥、普通水泥</td><td>矿渣水泥、快硬水泥</td><td>火山灰水泥、粉煤灰水泥</td></tr>
<tr><td>接触其他侵蚀性物质</td><td colspan="3">根据侵蚀介质种类、浓度等具体条件,按有关规定或通过试验选用</td></tr>
</table>

②水泥混凝土路面用水泥的强度等级和品种的选择。水泥品种应根据设计路面的交通等级等要求选用:特重、重交通水泥混凝土路面应采用旋窑生产的道路硅酸盐水泥、硅酸盐水泥或普通硅酸盐水泥;中、轻交通的路面,可采用旋窑生产的矿渣硅酸盐水泥;冬季施工、有快通

要求的路段可采用 R 型水泥，一般情况宜采用普通型水泥。水泥强度等级应根据设计路面的交通等级所要求的设计抗弯拉强度来确定。各交通等级路面水泥的抗弯拉、抗压强度应符合表 4-5 的规定。

各交通等级路面用水泥各龄期的抗弯拉强度、抗压强度　　表 4-5

交通等级	特重交通		重交通		中、轻交通	
龄期(d)	3	28	3	28	3	28
抗压强度(MPa)　≥	25.5	57.5	22.0	52.5	16.0	42.5
抗弯拉强度(MPa)　≥	4.5	7.5	4.0	7.0	3.5	6.5

各级公路水泥混凝土路面所使用水泥的化学成分、物理性能等路用品质要求宜符合表 4-6 的规定。水泥进场时每批量应有齐全的化学成分、物理力学指标合格的证明。

各级交通等级路面用水泥的化学成分、物理性能指标　　表 4-6

水泥性能	特重、重交通路面	中、轻交通路面
铝酸三钙	不宜 >7%	不宜 >9%
铁铝酸四钙	不宜 <15.0%	不宜 <12.0%
游离氧化钙	不得 >1.0%	不得 >1.5%
氧化镁	不得 >5.0%	不得 >6.0%
三氧化硫	不得 >3.5%	不得 >4.0%
含碱量	$Na_2O+0.658K_2O \leq 0.60\%$	怀疑有碱活性集料时，≤0.60%；无碱活性集料时，≤1.0%
混合材种类	不得掺窑灰、煤矸石、火山灰和黏土，有抗盐冻要求时，不得掺石灰、石粉	不得掺窑灰、煤矸石、火山灰和黏土，有抗盐冻要求时，不得掺石灰、石粉
出磨时安定性	雷氏夹或蒸煮法检验必须合格	蒸煮法检验必须合格
标准稠度需水量	不宜 >28%	不宜 >30%
烧失量	不得 >3.0%	不得 >5.0%
比表面积	宜在 300 ~ 450m^2/kg	宜在 300 ~ 450m^2/kg
细度(80μm)	筛余量不得 >10%	筛余量不得 >10%
初凝时间	不早于 1.5h	不早于 1.5h
终凝时间	不迟于 10h	不迟于 10h
28d 干缩率①	不得 >0.09%	不得 >0.10%
耐磨性①	不得 >3.6kg/m^2	不得 >3.6kg/m^2

注：①28d 干缩率和耐磨性试验方法采用《道路硅酸盐水泥》(GB 13693—2005)标准。

选用水泥时，除满足表 4-5 和表 4-6 的规定外，还应通过混凝土配合比试验，根据其配制弯拉强度、耐久性和工作性状，选用适宜的水泥品种、强度等级。

(3)水泥的验收与储运。进场的水泥必须具有质保书，并对其品种、强度等级、包装(散装仓号)、出厂日期等进行检查验收。

袋装水泥在运输和储存时应防潮，堆垛高度不宜超过 10 袋，不同强度等级、品种和出厂日期的水泥应分开堆放，不得混杂。对受潮或堆放时间超过 3 个月的水泥，应重新取样检验，强度不合格的水泥，应降级使用或用于其他次要部位的混凝土构件中。

2. 细集料

混凝土用细集料是指粒径为0.15～4.75mm的颗粒,一般应采用级配良好、质地坚硬、颗粒洁净的河砂或海砂。缺乏河砂或海砂时,也可用山砂或用硬质岩石轧制的机制砂。各类砂应分批检验,各项指标合格后方可使用。

细集料的技术要求主要有:级配和细度模数、有害杂质含量、坚固性。

(1)桥涵混凝土用细集料技术要求。

砂按其细度模数的大小不同可分为:细砂(细度模数为1.6～2.2)、中砂(细度模数为2.3～3.0)和粗砂(细度模数为3.1～3.7)。混凝土用砂的细度模数宜大于2.5。其颗粒组成应符合表4-7的要求,砂中有害杂质的含量应符合表4-8的要求,砂子的坚固性应符合表4-9的要求。

砂的分区级配范围 表4-7

标准筛筛孔尺寸(mm)	级配区			标准筛筛孔尺寸(mm)	级配区		
	Ⅰ区	Ⅱ区	Ⅲ区		Ⅰ区	Ⅱ区	Ⅲ区
	累计筛余(%)				累计筛余(%)		
10.00	0	0	0	0.63	85～74	70～41	40～16
5.00	10～0	10～0	10～0	0.315	95～80	92～70	85～55
2.50	35～5	25～0	15～0	0.16	100～90	100～90	100～90
1.25	65～35	50～10	25～0				

注:1. 表中除5mm、0.63mm、0.16mm筛孔外,其余各筛孔累计筛余允许超出分界线,但其总量不得大于5%。
2. Ⅰ区砂宜提高砂率以配低流动性混凝土;Ⅱ区砂宜优先选用以配不同等级的混凝土;Ⅲ区砂宜适当降低砂率以保证混凝土的强度。
3. 对于高强泵送混凝土用砂宜选用中粗砂,细度模数为2.6～2.9。2.5mm筛孔的累计筛余量不得大于15%,0.315mm筛孔的累计筛余量宜在85%～92%范围内。

砂中杂质的最大含量 表4-8

项　目	强度等级≥C30的混凝土	强度等级<C30的混凝土
含泥量(%)	≤3	≤5
其中泥块含量(%)	≤1.0	≤2.0
云母含量(%)	<2	
轻物质含量(%)	<1	
硫化物及硫酸盐折算为SO_3(%)	<1	
有机质含量(用比色法试验)	颜色不应深于标准色,如深于标准色,应以水泥砂浆进行抗压强度对比试验,加以复核	

注:1. 对有抗冻、抗渗或其他特殊要求的混凝土用砂,总含泥量应不大于3%,其中泥块含量应不大于1.0%,云母含量不应超过1%。
2. 对有机质含量进行复核时,用原状砂配制的水泥砂浆抗压强度不低于用洗除有机质的砂所配制的砂浆的95%时为合格。
3. 砂中如含有颗粒状的硫酸盐或硫化物,则要进行混凝土耐久性试验,满足要求时方能使用。
4. 杂质含量均按质量计。

砂的坚固性指标　　　　表4-9

混凝土所处的环境条件	循环后的质量损失
在寒冷地区室外使用,并经常处于潮湿或干湿交替状态下的混凝土	≤8
在其他条件下使用的混凝土	≤12

注:1. 寒冷地区系指最寒冷月份的月平均温度为0～－10℃且日平均温度≤5℃的天数不超过145d的地区。

2. 对同一产源的砂,在类似的气候条件下使用已有可靠经验时,可不做坚固性检验。

3. 对于有抗疲劳、耐磨、抗冲击要求的混凝土用砂,或有腐蚀介质作用,或经常处于水位变化区的地下结构混凝土用砂,其循环后的质量损失率应小于8%。

(2)路面混凝土用细集料的技术要求

用于水泥混凝土路面的细集料应符合表4-10的规定。高速公路、一级公路、二级公路及有抗(盐)冻要求的三、四级公路混凝土路面使用的砂应不低于II级,无抗(盐)冻要求的三、四级公路混凝土路面、碾压混凝土及贫混凝土基层可使用III级砂。特重、重交通混凝土路面宜用河砂,砂的硅质含量应高于25%。

水泥混凝土路面用细集料技术要求　　　　表4-10

项　　目	技术要求		
	I级	II级	III级
机制砂单粒级最大压碎指标(%)	<20	<25	<30
氯化物(氯离子质量计)(%)	<0.01	<0.02	<0.06
坚固性(按质量损失计)(%)	<6	<8	<10
云母(按质量计)(%)	<1.0	<2.0	<2.0
天然砂、机制砂含泥量(按质量计)①(%)	<1.0	<2.0	<3.0①
天然砂、机制砂泥块含量(按质量计)(%)	0	<1.0	<2.0
机制砂MB值<1.4或合格石粉含量②(按质量计)(%)	<3.0	<5.0	<7.0
机制砂MB值≥1.4或不合格石粉含量(按质量计)(%)	<1.0	<3.0	<5.0
有机物含量(比色法)	合格	合格	合格
硫化物及硫酸盐(按SO_3质量计)(%)	<0.5	<0.5	<0.5
轻物质(按质量计)(%)	<1.0	<1.0	<1.0
机制砂母岩抗压强度	火成岩不应小于100MPa;变质岩不应小于80MPa;水成岩不应小于60MPa		
表观密度	≥2 500kg/m³		
松散堆积密度	≥1 350kg/m³		
空隙率	<47%		
碱集料反应	经碱集料反应试验后,由砂配制的试件无裂缝、酥裂、胶体外溢等现象,在规定试验龄期的膨胀率应小于0.10%		

注:①天然III级砂用作路面时,含泥量应小于3%;用作贫混凝土基层时,可小于5%。

②亚甲蓝试验MB试验方法见JTG F30—2003附录B。

水泥混凝土路面用细集料的级配与细度模数的要求与桥涵混凝土用砂要求相同,但同一配合比用砂的细度模数变化范围不应超过0.3,否则应分别堆放,并调整配合比中的砂率后使用。

(3)当必须采用淡化海砂时,还应符合下述规定:

①淡化海砂带入每立方米混凝土中的含盐量应不大于1.0kg;

②淡化海砂中碎贝壳类动物残留物含量不应大于1.0%;

③与河砂对比试验,淡化海砂应对砂浆磨光值、混凝土凝结时间、耐磨性、弯拉强度等无不利影响。

3.粗集料

粗集料应质地坚硬、耐久、洁净,其技术要求有:强度、颗粒级配、压碎值、针片状含量、有害杂质含量及坚固性等,其技术指标见表4-11~表4-14。

碎石或卵石的颗粒级配规格 表4-11

级配情况	公称粒级(mm)	累计筛余(按质量百分率计) 圆孔筛筛孔尺寸(mm)											
		2.5	5	10	16	20	25	31.5	40	50	63	80	100
连续级配	5~10	95~100	80~100	0~15	0	—	—	—	—	—	—	—	—
	5~16	95~100	90~100	30~60	0~10	0	—	—	—	—	—	—	—
	5~20	95~100	90~100	40~70	—	0~10	0	—	—	—	—	—	—
	5~25	95~100	90~100	—	30~70	—	0~5	0	—	—	—	—	—
	5~31.5	95~100	90~100	70~90	—	15~40	—	0~5	0	—	—	—	—
	5~40	—	95~100	75~90	—	30~60	—	—	0~5	0	—	—	—
单粒级	10~20	—	95~100	85~100	—	0~15	0	—	—	—	—	—	—
	16~31.5	—	95~100	—	85~100	—	—	0~10	0	—	—	—	—
	20~40	—	—	95~100		80~100	—	—	0~10	0	—	—	—
	31.5~63	—	—	—	95~100	—	—	75~100	45~75	—	0~10	0	—
	40~80	—	—	—	—	95~100	—	—	70~100	—	30~60	0~10	0

粗集料的技术要求 表4-12

项目	混凝土强度等级			
	C55~C40	≤C35	≥C30	<C30
石料压碎指标值(%)	≤12	≤16	—	—
针片状颗粒含量(%)	—	—	≤15	≤25
含泥量(按质量计)(%)	—	—	≤1.0	≤2.0
泥块含量(按质量计)(%)	—	—	≤0.5	≤0.7
小于2.5mm的颗粒含量(按质量计)(%)	≤5	≤5	≤5	≤5

注:1.混凝土强度等级为C60及以上时,应进行岩石抗压强度检验,其他情况下,如有必要时也可进行岩石的抗压强度检验。岩石的抗压强度与混凝土强度等级之比对于大于或等于C30的混凝土,不应小于2,其他不应小于1.5,且火成岩强度不宜低于80MPa,变质岩不宜低于60MPa,水成岩不宜低于30MPa。岩石的抗压强度试验可按现行《公路工程岩石试验规程》(JTG E41—2005)执行。

2.混凝土强度在C10及以下时,针片状颗粒最大含量可为40%。

碎石或卵石的坚固性试验　　表4-13

混凝土所处环境条件	在硫酸钠溶液中循环次数	试验后质量损失不宜大于(%)
寒冷地区,经常处于干湿交替状态	5	5
严寒地区,经常处于干湿交替状态	5	3
混凝土处于干燥条件,但粗集料风化或软弱颗粒过多时	5	12
混凝土处于干燥条件,但有抗疲劳、耐磨、抗冲击要求高或强度大于C40	5	5

注:有抗冻、抗渗要求的混凝土用硫酸钠法进行坚固性试验不合格时,可再进行直接冻融试验。

碎石或卵石中的有害物质含量　　表4-14

项　目	品质指标
硫化物及硫酸盐(折算为SO_3按质量计)不大于(%)	1
卵石中有机质含量(用比色法试验)	颜色不应深于标准色;如深于标准色,则应配制混凝土进行强度试验;抗压强度比应不低于95%

注:如含有颗粒硫酸盐或硫化物,则要进行混凝土耐久性试验,确认能满足要求时方能使用。

路面混凝土用粗集料应使用质地坚硬、耐久、洁净的碎石、碎卵石和卵石,并应符合表4-15的规定。高速公路、一级公路、二级公路及有抗(盐)冻要求的三、四级公路路面混凝土使用的粗集料级别应不低于Ⅱ级,无抗(盐)冻要求时,Ⅰ级集料吸水率不应大于1.0%;Ⅱ级集料吸水率不应大于2.0%。粗集料的颗粒级配应符合表4-16中合成级配的规定。

水泥混凝土路面用碎石、碎卵石和卵石技术要求　　表4-15

项　目	技术要求		
	Ⅰ级	Ⅱ级	Ⅲ级
碎石压碎指标(%)	<10	<15	<20①
卵石压碎指标(%)	<12	<14	<16
坚固性(按质量损失计,%)	<5	<8	<12
针片状颗粒含量(按质量计,%)	<5	<15	<20②
含泥量(按质量计,%)	<0.5	<1.0	<1.5①
泥块含量(按质量计,%)	0	<0.2	<0.5
有机物含量(比色法)	合格	合格	合格
硫化物及硫酸盐(按SO_3质量计,%)	<0.5	<1.0	<1.0
岩石抗压强度	火成岩不应小于100MPa;变质岩不应小于80MPa;水成岩不应小于60MPa		
表观密度	≥2 500kg/m^3		
松散堆积密度	≥1 350kg/m^3		
空隙率	<47%		
碱集料反应	经碱集料反应试验后,由砂配制的试件无裂缝、酥裂、胶体外溢等现象,在规定试验龄期的膨胀率应小于0.10%		

注:①Ⅲ级碎石的压碎指标,用作路面时,应小于20%;用作下面基层或基层时,可小于25%。

②Ⅲ级粗集料的针片状颗粒含量,用作路面时,应小于20%;用作下面基层或基层时,可小于25%。

水泥混凝土路面用粗集料颗粒级配范围 表4-16

类型	级配＼粒径	方筛孔尺寸(mm)							
		2.36	4.75	9.50	16.0	19.0	26.5	31.5	37.5
		累计筛余(以质量计)(%)							
合成级配	4.75~16	95~100	85~100	40~60	0~10	—	—	—	—
	4.75~19	95~100	85~95	60~75	30~45	0~5	0	—	—
	4.75~26.5	95~100	90~100	70~90	50~70	25~40	0~5	0	—
	4.75~31.5	95~100	90~100	75~90	60~75	40~60	20~35	0~5	0
粒级	4.75~9.5	95~100	80~100	0~15	0	—	—	—	—
	9.5~16	—	95~100	80~100	0~15	0	—	—	—
	9.5~19	—	95~100	85~100	40~60	0~15	0	—	—
	16~26.5	—	—	95~100	55~70	25~40	0~10	0	—
	16~31.5	—	—	95~100	85~100	55~70	25~40	0~10	0

4.水

拌制混凝土用水,应符合下列要求:

(1)水中应不含有影响水泥正常凝结与硬化的有害杂质或油脂、糖类及游离酸类等。

(2)污水、pH值小于5(路面混凝土用水的pH值小于4)的酸性水、硫酸盐含量按SO_4^{2-}计超过2.7mg/cm^{3}的水及含盐量超过5mg/cm^{3}的水不得使用。

(3)不得用海水拌制混凝土。

(4)供饮用的水,一般能满足上述要求,使用时可不做试验。

5.外加剂

(1)外加剂的质量应符合《水泥混凝土外加剂》(GB 8076—2008)的规定,各种外加剂的性能指标见表4-17。供应商应提供有相应资质外加剂检测机构的品质检测报告,检测报告应说明外加剂的主要化学成分,认定对人员无毒副作用,使用前应复验其效果。混凝土外加剂现场复试检测项目及检验标准见表4-18。

(2)使用方法和掺量应按产品说明和试配情况确定,并应符合下列规定:

①在钢筋混凝土中不得掺用氯化钙、氯化钠等氯盐。

②位于温暖或严寒地区、无侵蚀性物质影响及与土直接接触的钢筋混凝土构件,混凝土中的氯离子含量不宜超过水泥用量的0.3%;位于严寒和海水区域、受侵蚀环境和使用除冰盐的桥涵,混凝土中的氯离子含量不宜超过水泥用量的0.15%。从各种组成材料中引入的氯离子含量(折合氯盐含量)如大于上述数值时,应采取有效的防锈措施(如掺入阻锈剂、增加保护层厚度、提高混凝土密实性等),当采用洁净水和无氯集料时,氯离子含量可主要以外加剂或混合材料的氯离子含量控制。

③无筋混凝土的氯化钙或氯化钠掺量以干质量计不得超过水泥用量的3%。

④引气剂应选用表面张力降低值大、水泥稀浆中气泡容量多而细密、泡沫稳定时间长、不溶残渣少的产品。引气剂的产品有松香热聚物、松香皂、皂角素和文松树脂等。

外加剂受检混凝土性能指标 表 4-17

项目		高性能减水剂 HPWR			高效减水剂 HWR		普通减水剂 WR			引气减水剂 AEWR	泵送剂 PA	早强剂 Ac	缓凝剂 Re	引气剂 AE
		早强型 HPWR-A	标准型 HPWR-S	缓凝型 HPWR-R	标准型 HWR-S	缓凝型 HWR-R	早强型 WR-A	标准型 WR-S	缓凝型 WR-R					
减水率(%) ≥		25	25	25	14	14	8	8	8	10	12	—	—	6
泌水率(%) ≤		50	60	70	90	100	95	100	100	70	70	100	100	70
含气量(%)		6	6	6	3	4.5	4	4	5.5	3	5.5	—	—	3
凝结时间差(min)	初凝	-90 ~ +90	-90 ~ +120	> +90	-90 ~ +120	> +90	-90 ~ +90	-90 ~ +120	> +90	-90 ~ +120	~	-90 ~ +90	> +90	-90 ~ +120
	终凝			—		—			—			—	—	
1h 经时变化量	坍落度(mm)	—	≤80	≤60	—	—	—	—	—	—	≤80	—	—	—
	含气量(%)	—								-1.5 ~ 1.5				-1.5 ~ 1.5
抗压强度比(%) ≤	1d	180	170	—	140	—	135	—	—	—	—	135	—	—
	3d	170	160	—	130	—	130	115	—	115	—	130	—	95
	7d	145	150	140	125	125	110	115	110	110	115	110	110	95
	28d	130	140	130	120	120	100	110	110	110	110	100	110	90
收缩率比(%) ≤	28d	110	110	110	135	135	135	135	135	135	135	135	135	135
相对耐久性(200 次)(%) ≥	—	—	—	—	—	—	—	—	—	—	—	—	—	80

注:1. 表中抗压强度比、收缩率比、相对耐久性为强制性指标,其余为推荐性指标。

2. 除含气量和相对耐久性外,表中所列数据为掺外加剂混凝土与基准混凝土的差值或比值。

3. 凝结时间之差性能指标中的“-”号表示提前,“+”号表示延缓。

4. 相对耐久性(200 次)性能指标中的“≥80”表示将 28d 龄期的受检混凝土试件快速冻融循环 200 次后,动弹性模量保留值≥80%。

5. 1h 含气量经时变化量指标中的“-”表示含气量增加,“+”号表示含气量减少。

6. 其他品种的外加剂是否需要测定相对耐久性指标,由供需双方协商确定。

7. 当用户对泵送剂等产品有特殊要求时,需要进行的补充试验项目、试验方法及指标,由供需双方协商决定。

混凝土外加剂现场复试检测项目　表4-18

品　种	检验项目	检验标准
普通减水剂	钢筋锈蚀,28d 抗压强度比,减水率	GB 8076
高效减水剂	钢筋锈蚀,28d 抗压强度比,减水率	GB 8076
早强减水剂	钢筋锈蚀,1d、28d 抗压强度比,减水率	GB 8076
缓凝减水剂	钢筋锈蚀,凝结时间,28d 抗压强度比,减水率	GB 8076
引气减水剂	钢筋锈蚀,1d、28d 抗压强度比,减水率,含气量	GB 8076
缓凝高效减水剂	钢筋锈蚀,凝结时间,28d 抗压强度比,减水率	GB 8076
早强剂	钢筋锈蚀,1d、28d 抗压强度比	GB 8076
引气剂	钢筋锈蚀,28d 抗压强度比,含气量	GB 8076
泵送剂	钢筋锈蚀,28d 抗压强度比, 坍落度保留值,压力泌水率比	JC 473
防水剂	钢筋锈蚀,28d 抗压强度比,渗透高度比	JC 474
防冻剂	钢筋锈蚀,-7d、-7+28d 抗压强度比	JC 475
膨胀剂	钢筋锈蚀,28d 抗压、抗弯拉强度,限制膨胀率	JC 476
喷射用速凝剂	钢筋锈蚀,凝结时间,28d 抗压强度比	JC 477

掺入引气剂的混凝土的含气量宜为3.5%~5.5%。

⑤对由外加剂带入混凝土的碱含量应进行控制。每立方米混凝土的总含碱量,对一般桥涵混凝土不宜大于3.0kg/m^3,对特殊大桥、大桥和重要桥梁不宜大于1.8kg/m^3;当处于严重侵蚀的环境时,不得使用有碱活性反应的集料。

⑥减水剂应采用减水率大、坍落度损失小、可调控凝结时间的复合型减水剂。高温施工宜使用引气缓凝型减水剂或引气高效缓凝(保塑)减水剂;低温施工宜使用引气早强高效减水剂;负温施工宜使用引气防冻高效减水剂。

掺用高效减水剂或速凝剂且混凝土运距较远时,可运至浇筑地点再掺入重拌。

选定减水剂品种前,必须与所用的水泥进行化学成分和剂量适应性检验。化学成分不适应,不得使用,必须更换减水剂品种。剂量不适应,应进行减水剂不同剂量的混凝土拌合物试验。通过减水剂掺量与混凝土减水率关系曲线的拐点,即减水剂的饱和掺量(图4-3),找到所用水泥的减水剂最佳掺量,当满足路面滑模摊铺混凝土各项技术要求时,应按满足要求的掺量使用(不应大于最佳掺量);若不满足要求,则应更换减水剂品种。

⑦用于水泥混凝土路面施工养护的养生剂,喷洒后薄膜应密封性好、保水率高、强度和耐磨性损失小、干燥快、储存时间长而稳定、耐雨水冲刷。不得使用易被雨水冲刷掉和对混凝土强度有影响的养生剂。养生剂的性能应符合表4-19的规定。

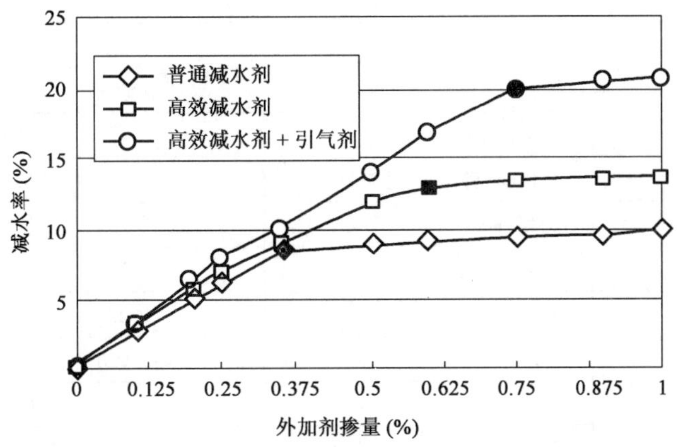

图 4-3 减水剂掺量与混凝土减水率关系曲线

混凝土路面施工用养生剂的技术指标 表 4-19

检验项目			一级品	合格品
有效保水率(%)①		≥	90	75
抗压强度比(%)② ≥	7d		95	90
	28d		95	90
磨损量(kg/m^2)③		≤	3.0	3.5
含固量(%)		≥	20	
干燥时间(h)		≥	4	
成膜后浸水溶解性④			应注明不溶或可溶	
成膜耐热性			合格	

注:①有效保水率试验条件:温度 38℃ ±2℃,相对湿度 32% ±3%,风速 0.5m/s ±0.2m/s,失水时间 72h;

②抗压强度比也可为弯拉强度比,指标要求相同,可根据工程需要和用户要求选测;

③在对有耐磨性要求的表面上使用养生剂时为必检项目;

④整天养生的永久性表面,必须为不溶;在要求继续浇筑的混凝土结构上使用,应使用可溶,该指标由供需双方协商。

(3)新型混凝土外加剂。

①混凝土膨胀剂。混凝土膨胀剂是指与水泥、水拌和后经水化反应生成钙矾石、钙矾石和氢氧化钙或氢氧化钙,使混凝土产生膨胀的外加剂。

分类:混凝土膨胀剂分为三类。一类是硫铝酸盐类混凝土膨胀剂,它是指与水泥、水拌和后经水化反应生成钙矾石的混凝土膨胀剂。一类是硫铝酸盐—氧化钙类混凝土膨胀剂,它是指与水泥、水拌和后经水化反应生成钙矾石和氢氧化钙的混凝土膨胀剂。第三类是氧化钙类混凝土膨胀剂,它是指与水泥、水拌和后经水化反应生成氢氧化钙的混凝土膨胀剂。

膨胀剂的技术要求应符合表 4-20 的规定。

混凝土膨胀剂性能指标 表4-20

项目			指标值	
			Ⅰ型	Ⅱ型
细度	比表面积(m^2/kg)	≥	200	
	1.18mm筛筛余量(%)	≤	0.5	
凝结时间	初凝(min)	≥	45	
	终凝(min)	≤	600	
限制膨胀率(%)	水中7d	≥	0.025	0.050
	空气中21d	≥	-0.020	-0.010
抗压强度(MPa)	7d	≥	20.0	
	28d	≥	40.0	

注:本表中的限制膨胀率是强制性的,其余为推荐性的。

②混凝土防冻剂。防冻剂按其成分可分为强电解质无机盐类(氯盐类、氯盐阻锈类、无氯盐类)、水溶性有机化合物类、有机化合物与无机盐复合类、复合型防冻剂。

混凝土防冻剂的技术要求包括匀质性、掺防冻剂混凝土性能和释放氨量。匀质性和掺防冻剂混凝土性能应符合表4-21和表4-22的规定。含有氨或氨基类的防冻剂释放氨量应符合GB 18588规定的限值。

防冻剂匀质性技术指标 表4-21

试验项目	指标
固体含量(%)	液体防冻剂: S≥20%时,0.95S≤X<1.05S S<20%时,0.90S≤X<1.10S S是生产厂提供的固体含量(质量%),X是测试的固体含量(质量%)
含水率(%)	粉状防冻剂: w≥5%时,0.90w≤X<1.10w w<5%时,0.80w≤X<1.20w w是生产厂提供的含水率(质量%),X是测试的含水率(质量%)
密度	液体防冻剂: D>1.1时,要求D±0.03 D≤1.1时,要求D±0.02 D是生产厂提供的密度值
氯离子含量(%)	无氯盐防冻剂:≤0.1%(质量百分比)
	其他防冻剂:不超过生产厂控制值
碱含量(%)	不超过生产厂提供的最大值
水泥净浆流动度(mm)	应不小于生产厂控制值的95%
细度(%)	粉状防冻剂细度应在生产厂提供的最大值

掺防冻剂混凝土性能　　表 4-22

试验项目		性能指标					
		一等品			合格品		
减水率(%)　≥		10			—		
泌水率比(%)　≤		80			100		
含气量(%)　≥		2.5			2.0		
凝结时间差(min)	初凝	−150 ~ +150			−210 ~ +210		
	终凝						
抗压强度比(%)　≥	规定温度(℃)	−5	−10	−15	−5	−10	−15
	R_{-7}	20	12	10	20	10	8
	R_{28}	100		95	95		90
	R_{-7+28}	95	90	85	90	85	80
	R_{-7+56}	100			100		
28 天收缩率比(%)　≤		135					
渗透高度比(%)　≤		100					
50 次冻融强度损失率比(%)　≤		100					
对钢筋锈蚀作用		应说明对钢筋有无锈蚀作用					

③混凝土泵送剂。混凝土泵送剂的技术要求包括匀质性和受检混凝土的性能指标,应符合表 4-23 和表 4-24 的规定。

匀 质 性 指 标　　表 4-23

试验项目	指　标
含固量	液体泵送剂:应在生产厂控制值相对量的 6% 之内
含水率	固体泵送剂:应在生产厂控制值相对量的 10% 之内
密度	液体泵送剂:应在生产厂控制值相对量的 ±0.02g/cm^3 之内
细度	固体泵送剂:0.315mm 筛筛余量应小于 15%
氯离子含量	应在生产厂控制值相对量的 5% 之内
总碱量($Na_2O + 0.658K_2O$)	应在生产厂控制值相对量的 6% 之内
水泥净浆流动度	应不小于生产控制值的 95%

受检混凝土的性能指标　　表 4-24

试验项目		性能指标	
		一　等　品	合　格　品
坍落度增加值(mm)　≥		100	80
常压泌水率比(%)　≤		90	100
压力泌水率比(%)　≤		90	95
含气量(%)　≤		4.5	5.5
坍落度保留值(mm)　≥	30min	150	120
	60min	120	100

续上表

试验项目			性能指标	
			一等品	合格品
抗压强度比(%)	≥	3d	90	85
		7d	90	85
		28d	90	85
收缩率比(%)	≤	28d	135	135
对钢筋的锈蚀作用			应说明对钢筋有无锈蚀作用	

④砂浆、混凝土防水剂。防水剂的技术要求包括匀质性及受检混凝土及砂浆的性能指标，匀质性应符合表4-25的要求。受检砂浆的性能指标应符合表4-26的要求。受检混凝土的性能指标应符合表4-27的要求。

防水剂匀质性指标 表4-25

试验项目	指标	
	液体	粉状
密度(g/cm^3)	$D>1.1$时，要求为$D\pm0.03$ $D\geqslant1.1$时，要求为$D\pm0.02$ D是生产厂提供的密度值	—
氯离子含量(%)	应小于生产厂最大控制值	应小于生产厂最大控制值
总碱量(%)	应小于生产厂最大控制值	应小于生产厂最大控制值
细度(%)	—	0.315mm筛筛余量应小于15%
含水率(%)	—	$w\geqslant5\%$时，$0.90w\leqslant X<1.10w$ $w<5\%$时，$0.80w\leqslant X<1.20w$ w是生产厂提供的含水率(质量%) X是测试的含水率(质量%)
固体含量(%)	$S\geqslant20\%$时，$0.95S\leqslant X<1.05S$ $S<20\%$时，$0.90S\leqslant X<1.10S$ S是生产厂提供的固体含量(质量%) X是测试的固体含量(质量%)	—

注：生产厂应在产品说明书中明示产品匀质性指标的控制值。

受检砂浆的性能 表4-26

试验项目			性能指标	
			一等品	合格品
安定性			合格	合格
凝结时间	初凝(min)	≥	45	45
	终凝(h)	≤	10	10
抗压强度比(%)	7d	≥	100	85
	28d	≥	90	80
透水压力比(%)		≥	300	200
吸水量比(48h)(%)		≤	65	75
收缩率比(28d)(%)		≤	125	135

注：安定性和凝结时间为受检净浆的试验结果，其他项目数据均为受检砂浆与基准砂浆的比值。

受检混凝土的性能　　表 4-27

试验项目		性能指标	
		一等品	合格品
安定性		合格	合格
泌水率比(%)　≤		50	70
凝结时间(min)　≥	初凝	-90	-90
抗压强度比(%)　≥	3d	100	90
	7d	110	100
	28d	100	90
渗透高度比(%)　≤		30	40
吸水量比(48h)(%)　≤		65	75
收缩率比(28d)(%)　≤		125	135

注:安定性为受检净浆的试验结果,凝结时间差为受检混凝土与基准混凝土的差值,表中,其他数据为受检混凝土与基准混凝土的比值。
"-"表示提前。

6. 掺合料

掺合料包括粉煤灰、火山灰质材料、粒化高炉矿渣等,应采用生产单位专门加工、进行产品检验并出具产品合格证书,其技术条件应符合现行国家标准。使用单位对产品质量有怀疑时,应对其质量进行复查。

(1)用于桥涵混凝土的粉煤灰的质量指标。用于混凝土中的粉煤灰,按其质量指标划分为三个等级,其质量指标应符合表 4-28 的规定,进货应有等级检验报告。

拌制混凝土和砂浆用的粉煤灰技术要求　　表 4-28

项目		技术要求		
		Ⅰ级	Ⅱ级	Ⅲ级
细度(45μm 方孔筛筛余)(%)　≤	F 类粉煤灰	12.0	25.0	45.0
	C 类粉煤灰			
需水量比(%)　≤	F 类粉煤灰	95	105	115
	C 类粉煤灰			
烧失量(%)　≤	F 类粉煤灰	5.0	8.0	15.0
	C 类粉煤灰			
含水率(%)　≤	F 类粉煤灰	1.0		
	C 类粉煤灰			
三氧化硫(%)　≤	F 类粉煤灰	3.0		
	C 类粉煤灰			
游离氧化钙(%)　≤	F 类粉煤灰	1.0		
	C 类粉煤灰	4.0		
安定性,雷氏夹沸煮后增加距离(mm)　≤	C 类粉煤灰	5.0		

混凝土路面在掺用粉煤灰时,应掺用质量指标符合表4-28规定的静电收尘I、II级干排或磨细粉煤灰,不得使用III级粉煤灰。贫混凝土、碾压混凝土基层或复合式路面下面层应掺用符合表4-28规定的III级或III级以上粉煤灰,不得使用等外灰。

(2)火山灰质材料做掺合料的技术条件:

①人工的火山灰质掺和料烧失量不得超过10%。

②三氧化硫含量不得超过3.5%。

③火山灰活性试验必须合格。

④水泥胶砂28d抗压强度比不得低于65%。

⑤放射性物质:人工的火山灰质掺合料应符合GB 6566的规定。

(3)粒化高炉矿渣做掺合料的技术条件应符合表4-29的规定。

矿渣的性能指标 表4-29

项目	技术指标	项目	技术指标
质量系数 K	≥1.2	最大粒度(mm)	≤50
二氧化钛的质量分数(%)	≤2.0①	堆积密度(kg/m³)	$\leq 1.2\times10^3$
氧化亚锰的质量分数(%)	≤2.0②	大于10mm颗粒的质量分数(%)	≤8
氟化物的质量分数(%)	≤2.0	玻璃体的质量分数(%)	≥70
硫化物的质量分数(%)	≤3.0		

注:①以钡钛磁铁矿为原料的高炉冶炼生铁时所得的矿渣,二氧化钛的质量分数可以放宽到10%。

②在高炉冶炼锰铁时所得到的矿渣,氧化亚锰的质量分数可以放宽到15%。

矿渣中放射性应符合GB 6566的规定。矿渣中不得混有外来的夹杂物,如含铁泥尘、未经充分淬冷的矿渣等。

混凝土用矿渣粉的技术条件应符合表4-30的规定。

矿渣粉的技术指标 表4-30

项目			级别		
			S105	S95	S75
密度(g/cm³)		≥	2.8		
比表面积(m²/kg)		≥	500	400	300
活性指数(%)	≥	7d	95	75	55
		14d	105	95	75
流动度比(%)		≥	95		
含水量(质量分数)(%)		≤	1.0		
三氧化硫(质量分数)(%)		≤	4.0		
氯离子(质量分数)(%)		≤	0.05		
烧失量(质量分数)(%)		≤	3.0		
玻璃体含量(质量分数)(%)		≥	85		
放射性			合格		

路面和桥面混凝土中使用硅灰或磨细矿渣,使用前应经过试配检验,确保路面和桥面混凝土的弯拉强度、工作性、抗磨性、抗冻性等技术指标合格。

7. 水泥混凝土路面接缝材料

(1)胀缝接缝板应能适应混凝土面板膨胀和收缩,施工时不变形、弹性复原率高、耐久性好。可采用塑胶、泡沫橡胶板、沥青纤维板、杉木板、纤维板、泡沫树脂板等,技术要求应符合表4-31的规定。

胀缝板的技术要求 表4-31

测试项目	嵌缝板材质种类			要求
	塑胶、橡胶袍沫类	纤维类	木材类	
压缩应力(MPa)	0.2~0.6	2.0~10.0	5.0~20.0	—
弹性复原率(%)	≥90	≥65	≥55	吸水后不应小于不吸水的90%
挤出量(mm)	<5.0	<4.0	<5.5	—
弯曲荷载(N)	5~50	5~40	100~400	—

注:1. 木板应挖除板上的树节及结疤,并用原质木材修补。杉木板不宜在高等级公路中使用。
2. 各类嵌缝板吸水后的压缩应力不应小于不吸水的90%,沥青浸泡后木板厚度应为20~25mm,偏差为±1mm。

(2)水泥混凝土路面常温施工式密封料的性能指标见表4-32~表4-34。

预制嵌缝密封条性能指标 表4-32

测试项目		A类	B类
公称硬度(IFCO)		70	80
公称硬度公差		±5	
最小拉伸强度(MPa)		12	
最小扯断伸长率(%)		200	—
最大压缩永久变形(%)(100℃,22h后)		40	45
耐老化性能(100℃,72h热老化后)	硬度变化(IFCO)	0~+12	—
	最大拉伸强度变化(%)	-20	-25
	最大扯断伸长率变化(%)	-25	—
耐臭氧性能:40℃,96h后伸长20% 一般条件:臭氧浓度(50×10^{-6}) 苛刻条件:(100ppm)		不龟裂	—
(-10℃,7d后),硬度(IFCO)增加		10	—
(≤-40℃,7d后)试件		—	不脆性断裂
耐水性:标准室温,7h后体积变化(%)		0~5	—
成品填缝件压缩50%后,最小恢复率(%)	-10℃,72h后	88	—
	-25℃,22h后	83	—
	100℃,72h后	85	—

注:A类用于高速公路水泥混凝土路面接缝材料;B类用于其他等级公路水泥混凝土路面接缝材料。

通用类常温施工式密封料的性能指标 表4-33

试验项目	低弹性型	高弹性型
含固量(%)	≥15	≥15
表干时间(h)	≤3	≤3
实干时间(h)	≤24	≤24
失黏(固化)时间(h)	6~24	3~16
流动度(mm)	0	0
弹性复原率(%)	≥75	≥90
(-10℃)拉伸量(mm)	≥15	≥25
与混凝土黏结强度(MPa)	≥0.2	≥0.4
黏结延伸率(%)	≥200	≥400

注:低弹性型适宜在气候严寒和寒冷地区使用;高弹性型适宜在气候炎热和温暖地区使用。

硅酮类常温施工式密封料的性能指标 表4-34

测试项目		非自流平型	自流平型
表干时间(mm)		≤45	≤90
质量损失率(%)		≤6	≤5
失黏(固化)时间(h)		≤3	≤8
流动度(mm)		0	0
弹性(复原)率(%)		≥80	≥80
拉伸模量(+100%)	温度条件:+20℃	≤0.3	≤0.1
	温度条件:-20℃	≤0.3	≤0.1
(-10℃)拉伸量(mm)		≥65	≥100
延伸性(%)		≥500	≥600
与混凝土粘结面积		黏结丧失面积不大于20%,胶体内聚有局部破坏	
拉伸强度(MPa)	无处理	≤0.4	≤0.15
	热老化(80℃,168h)	≤0.8	≤0.20
	紫外线(300W,168h,41℃)	≤0.8	≤0.20
	浸水(4d)	≤0.4	≤0.15
伸长率(%)	无处理	≥400	≥800
	热老化(80℃,168h)	≥300	≥700
	紫外线(300W,168h,41℃)	≥300	≥700
	浸水(4d)	≥400	≥600

加热施工式密封料的品种主要有沥青橡胶类和沥青玛蹄脂等,其性能指标应符合表4-35的规定。

加热施工式密封料的性能指标 表4-35

试验项目	低弹性型	高弹性型
针入度(0.1mm)	<50	<90
弹性复原率(%)	≥30	≥60
流动度(mm)	<5	<2
拉伸量(-10℃)(mm)	≥10	≥15

注:低弹性型适宜在气候严寒和寒冷地区使用,高弹性型适宜在炎热和温和地区使用。

8. 喷射混凝土原材料的技术要求

(1)应优先选用硅酸盐水泥或普通硅酸盐水泥,也可选用矿渣硅酸盐水泥或火山灰质硅酸盐水泥,必要时,采用特种水泥;水泥强度等级不应低于32.5MPa。

(2)应采用坚硬耐久的中砂或粗砂,细度模数宜大于2.5。干法喷射时,砂的含水率宜控制在5%~7%。当采用防黏料喷射机时,砂的含水率可为7%~10%。

(3)应采用坚硬耐久的卵石或碎石,粒径不宜大于15mm。当使用碱性速凝剂时不得使用含有活性二氧化硅的石材。

(4)喷射混凝土用的集料级配宜控制在表4-36的范围内。

喷射混凝土集料通过各筛孔的累计重量百分数(%) 表4-36

筛孔尺寸(mm) 等级	0.15	0.30	0.60	1.20	2.50	5.00	10.00	15.00
优	5~7	10~15	17~22	13~31	34~43	50~60	78~82	100
良	4~8	5~22	13~31	18~41	26~54	40~70	62~90	100

(5)应采用符合质量要求的外加剂。掺外加剂后的喷射混凝土性能必须满足设计要求,在使用速凝剂前应做与水泥的相容性试验及水泥净浆凝结效果试验,初凝不应大于5min,终凝不应大于10min。在采用其他类型的外加剂或几种外加剂复合使用时,也应做相应的性能试验和使用效果试验。

(6)当工程需要采用外掺料时,掺量应通过试验确定。加外掺料后的喷射混凝土性能必须满足设计要求。

(7)混合水中不应含有影响水泥正常凝结与硬化的有害杂质,不得使用污水及pH值小于4的酸性水和含硫酸盐量按SO^{-4}计算超过混合用水重量1%的水。

(8)采用钢纤维喷射混凝土时,钢纤维可采用普通碳素钢,其抗拉强度不得低于380MPa,且不得有油渍及明显的锈蚀。钢纤维直径0.3~0.5mm,长度宜为20~25mm,且不得大于25mm。钢纤维含量宜为混合料质量的3%~6%。钢纤维喷射混凝土强度等级不应低于C20。

二、混凝土的技术要求和质量标准

1. 普通混凝土的技术要求

普通混凝土的技术要求主要有:混凝土拌合物的和易性和凝结时间、硬化后的强度、弹性模量、耐久性(如抗冻性、抗渗性、耐磨性等),这些技术要求通过配合比设计来达到。

(1)混凝土拌合物的和易性:混凝土拌合物的和易性包括流动性、黏聚性和保水性。公路桥涵用混凝土拌合物的流动性指标见表4-37,同时要求黏聚性良好,不析水或有少量析水。

公路路面混凝土用滑模摊铺机前拌合物最佳工作性(即和易性,下同)及允许范围应符合表4-38的规定。

混凝土浇筑入模时的坍落度 表4-37

结构类别	坍落度(振动器振动)(mm)
小型预制块及便于浇筑振动的结构	0~20
桥涵基础、墩台等无筋或少筋的结构	10~30
普通配筋率的钢筋混凝土结构	30~50
配筋较密、断面较小的钢筋混凝土结构	50~70
配筋极密、断面高而窄的钢筋混凝土结构	70~90

注:1. 水下混凝土、泵送混凝土的坍落度,另见JTJ 041—2000有关章节的规定。

2. 用人工捣实时,坍落度宜增加20~30mm。

混凝土路面滑模摊铺最佳工作性及允许范围 表4-38

指标 / 界限	坍落度 S_L(mm)		振动黏度系数 η ($N \cdot s/m^2$)
	卵石混凝土	碎石混凝土	
最佳工作性	20~40	25~50	200~500
允许波动范围	5~55	10~65	100~600

注:1. 滑模摊铺机适宜的摊铺速度应控制在0.5~2.0m/min之间。

2. 本表适用于超铺角的滑模摊铺机;对不设超铺角的滑模摊铺机,最佳振动黏度系数为250~600N·s/m^2;最佳坍落度:卵石为10~40mm,碎石为10~30mm。

3. 滑模摊铺时的最大单位用水量,卵石混凝土不宜大于155kg/m^3;碎石混凝土不宜大于160kg/m^3。

公路路面混凝土用轨道摊铺机、三辊轴机组、小型机具摊铺的路面混凝土坍落度及最大单位用水量,应满足表4-39的规定。

不同路面施工方式混凝土坍落度及最大单位用水量 表4-39

摊铺方式	轨道摊铺机		三辊轴机组摊铺		小型机具摊铺	
出机坍落度(mm)	40~60		30~50		10~40	
摊铺坍落度(mm)	20~40		10~30		0~20	
最大单位用水量(kg/m^3)	碎石	卵石	碎石	卵石	碎石	卵石
	156	153	153	148	150	145

注:1. 表中的最大单位用水量系采用中砂、粗细集料为风干状态的取值,采用细砂时,应使用减水率较大的(高效)减水剂。

2. 使用碎卵石时,最大单位用水量可取碎石与卵石中值。

(2)普通混凝土配合比设计。

①配制强度。桥涵混凝土结构用混凝土的配制强度应按式(4-1)计算。

$$f_{cu,o}=f_{cu,k}+t\sigma \tag{4-1}$$

式中:$f_{cu,o}$——混凝土的配制强度,MPa;

$f_{cu,k}$——混凝土立方体抗压强度标准值(即设计要求的混凝土强度等级),MPa;

t——信度界限,由保证率P的大小决定,对于保证率$P=95\%$,$t=1.645$;

σ——由施工单位质量管理水平确定的混凝土强度标准差,MPa。

σ可根据近期同类混凝土强度资料求得,其试件组数不应少于25组。对C20~C25级混凝土,若强度标准差计算值小于2.5MPa,则取$\sigma=2.5$MPa计算配制强度;对于高于C25级的混凝土,若强度标准差计算值小于3.0MPa,则取$\sigma=3.0$MPa计算配制强度。

若无历史统计资料时,强度标准差可根据要求的强度等级按表4-40 选用。

标准差 σ 值表　　表4-40

强度等级(MPa)	低于C20	C20～C35	高于C35
标准差 σ(MPa)	4.0	5.0	6.0

水泥混凝土路面混凝土的配制强度按式(4-2)计算。

$$f_c = \frac{f_r}{1 - 1.04C_v} + ts \tag{4-2}$$

式中:f_c——配制28d弯拉强度的均值,MPa;

f_r——计算弯拉强度的均值,MPa;

s——弯拉强度试验样本的标准差,MPa;

t——保证率系数,应按表4-41确定;

C_v——弯拉强度变异系数,应按统计数据在表4-42的规定范围内取值;在无统计数据时,弯拉强度变异系数应按设计取值;如果施工配制弯拉强度超出设计给定的弯拉强度变异系数上限,则必须改进机械装备和提高施工控制水平。

保证率系数　　表4-41

公路技术等级	判别概率 p	样本数 n(组)				
		3	6	9	15	20
高速公路	0.05	1.36	0.79	0.61	0.45	0.39
一级公路	0.10	0.95	0.59	0.46	0.35	0.30
二级公路	0.15	0.72	0.46	0.37	0.28	0.24
三、四级公路	0.20	0.56	0.37	0.29	0.22	0.19

各级公路混凝土路面弯拉强度变异系数　　表4-42

公路技术等级	高速公路	一级公路		二级公路	三、四级公路	
混凝土弯拉强度变异水平等级	低	低	中	中	中	高
弯拉强度变异系数 C_v 允许变化范围	0.05～0.10	0.05～0.10	0.10～0.15	0.10～0.15	0.10～0.15	0.15～0.20

②水灰比$\left(\frac{W}{C}\right)$。混凝土的水灰比应根据强度和耐久性要求来确定。对于大型的混凝土工程,应通过系统试验,绘制水灰比与强度、抗冻性、抗渗性、耐磨性等的关系曲线,然后直接在曲线上查得。

对于小型的混凝土工程,满足抗压强度要求的水灰比按式(4-3)或式(4-4)求得。

碎石混凝土

$$\frac{W}{C} = \frac{0.46f_{ce}}{f_{cu,o} + 0.07 \times 0.46f_{ce}} \tag{4-3}$$

卵石混凝土

$$\frac{W}{C} = \frac{0.48f_{ce}}{f_{cu,o} + 0.33 \times 0.48f_{ce}} \tag{4-4}$$

式中：f_{ce}——水泥 28d 实测强度，MPa；

$f_{cu,o}$——混凝土配制强度，MPa。

以上求得的$\frac{W}{C}$，不得大于按耐久性要求的最大允许水灰比（表 4-43 和表 4-44）。

混凝土的最大水灰比和最小水泥用量 表 4-43

混凝土结构所处环境	无筋混凝土		钢筋混凝土	
	最大水灰比	最小水泥用量（kg/m^3）	最大水灰比	最小水泥用量（kg/m^3）
温暖地区或寒冷地区，无侵蚀物质影响，与土直接接触	0.60	250	0.55	275
严寒地区或使用除冰盐的桥涵	0.55	275	0.50	300
受侵蚀性物质影响	0.45	300	0.40	325

注：1. 本表中的水灰比，系指水与水泥（包括外掺混合材料）用量的比值。

2. 本表中的最小水泥用量，包括外掺混合材料。当采用人工捣实混凝土时，水泥用量应增加 $25kg/m^3$。当掺用外加剂且能有效地改善混凝土的和易性时，水泥用量可减少 $25kg/m^3$。

3. 严寒地区系指最冷月份平均气温≤ -10℃，且日平均温度≤5℃的天数≥145d 的地区。

海水环境混凝土的水灰比最大允许值 表 4-44

环境条件			钢筋混凝土和预应力混凝土		无筋混凝土	
			北方	南方	北方	南方
大气区			0.55	0.50	0.65	0.65
浪溅区			0.50	0.40	0.65	0.65
水位变动区	严重受冻		0.45	—	0.45	—
	受冻		0.50	—	0.50	—
	微冰		0.55	—	0.55	—
	偶冰、不冻		—	0.50	—	0.65
水下区	不受水头作用		0.60	0.60	0.65	0.65
	受水头作用	最大作用水头与混凝土壁厚之比 <5	0.60			
		最大作用水头与混凝土壁厚之比为 5～10	0.55			
		最大作用水头与混凝土壁厚之比 >10	0.50			

注：1. 除全日潮型区域外，其他海水环境有抗冻性要求的细薄构件（最小边尺寸小于 300mm 者，包括沉箱工程），混凝土的水灰比最大允许值宜减小。

2. 对有抗冻要求的混凝土，如抗冻性要求高时，浪溅区范围内下部 1m 应随水位变动区按抗冻性要求确定其水灰比。

3. 位于南方海水环境浪溅区的钢筋混凝土宜掺用高效减水剂。

对混凝土路面，满足强度要求的水灰（胶）比按式（4-5）或式（4-6）求得。

碎石或碎卵石混凝土

$$\frac{W}{C}=\frac{1.5684}{f_c+1.0097-0.35f_s} \tag{4-5}$$

卵石混凝土

$$\frac{W}{C}=\frac{1.2618}{f_c+1.5492-0.4709f_s} \tag{4-6}$$

式中：f_c——配制 28d 弯拉强度的均值，MPa；

f_s——水泥 28d 实测抗弯拉强度，MPa。

路面混凝土满足耐久性要求的最大允许水灰（胶）比 W/C 见表 4-45。

混凝土满足耐久性要求的最大允许水灰（胶）比和最小水泥用量　　表 4-45

公路技术等级		高速公路、一级公路	二级公路	三、四级公路
最大水灰（胶）比		0.44	0.46	0.48
抗冰冻最大水灰（胶）比		0.42	0.44	0.46
抗盐冻最大水灰（胶）比		0.40	0.42	0.44
最小单位水泥用量（kg/m³）	42.5 级	300	300	290
	32.5 级	310	310	305
抗冰（盐）冻时最小单位水泥用量（kg/m³）	42.5 级	320	320	315
	32.5 级	330	330	325
掺粉煤灰时最小单位水泥用量（kg/m³）	42.5 级	260	260	255
	32.5 级	280	270	265
抗冰（盐）冻掺粉煤灰时最小单位水泥用量（42.5 级水泥）（kg/m³）		280	270	265

注：1. 掺粉煤灰，并有抗冰（盐）冻性要求时，不得使用 32.5 级水泥。

2. 水灰（胶）比计算以砂石料的自然风干状态计（砂含水率≤1%；石子含水率≤0.5%）。

3. 处在除冰盐、海风、酸雨或硫酸盐等腐蚀性环境中，且在大纵坡等加减速车道上的混凝土，最大水灰（胶）比可比表中数值降低 0.01～0.02。

③单位用水量 m_w。桥涵用混凝土的单位用水量，根据选定的粗集料最大粒径和拌合物的流动性指标，查表 4-46 选用。

混凝土单位体积用水量（单位：kg/m³）　　表 4-46

流动性指标		卵石最大粒径（mm）				碎石最大粒径（mm）			
检测项目	指标	10	20	31.5	40	16	20	31.5	40
维勃稠度（s）	16～20	175	160	—	145	180	170	—	155
	11～15	180	165	—	150	185	175	—	160
	5～10	185	170	—	155	190	180	—	165
坍落度（mm）	10～30	190	170	160	150	200	185	175	165
	30～50	200	180	170	160	210	195	185	175
	50～70	210	190	180	170	220	205	195	185
	70～90	215	195	185	175	230	215	205	195

注：1. 本表用水量是采用中砂时的用水量的平均值；采用细砂时，用水量可增加 5～10kg/m³；采用粗砂时可减少 5～10kg/m³。

2. 采用各种外加剂或掺合料时，用水量应进行调整。

路面用混凝土拌合物的单位用水量按式(4-7)或式(4-8)计算,但不得大于表4-39的规定值。

碎石混凝土

$$m_w = 104.97 + 0.309S_L + 11.27\frac{W}{C} + 0.61S_p \tag{4-7}$$

卵石混凝土

$$m_w = 86.89 + 0.370S_L + 11.24\frac{W}{C} + 1.0S_p \tag{4-8}$$

式中:m_w——不掺加外加剂与掺合料时混凝土的单位用水量,kg/m³;

S_L——坍落度,mm;

S_p——砂率,%;

$\frac{W}{C}$——水灰比。

④砂率 S_p。桥涵混凝土用砂率由粗集料最大粒径和水灰比来确定,可查表4-47。

混凝土砂率选用表 表4-47

水灰比	卵石最大粒径(mm)			碎石最大粒径(mm)		
	10	20	40	10	20	40
0.40	26~32	26~31	24~30	30~35	29~34	27~32
0.50	30~35	29~34	28~33	33~38	32~37	30~35
0.60	33~38	32~37	31~36	36~41	35~40	33~38
0.70	36~41	35~40	34~39	39~44	38~43	36~41

注:1.本表砂率系中砂的选用砂率,对粗砂或细砂,可相应地减小或增加砂率。
2.只使用一个单粒级粗集料配制混凝土时,砂率应适当增大。
3.掺有各种外加剂或混合材料时,其合理砂率应经试验或参照有关规定确定。
4.对薄壁构件,砂率取较大值。

路面混凝土的砂率应根据砂的细度模数和粗集料种类查表4-48选用。在软做抗滑槽时,砂率可适当增加1%~2%。

砂的细度模数与最优砂率的关系 表4-48

砂的细度模数		2.2~2.5	2.5~2.8	2.8~3.1	3.1~3.4	3.4~3.7
S_p(%)	碎石	30~34	32~36	34~38	36~40	38~42
	卵石	28~32	30~34	32~36	34~38	36~40

⑤水泥用量 m_c。水泥用量 m_c 按式(4-9)计算。

$$m_c = \frac{m_w}{\frac{W}{C}} \tag{4-9}$$

式中:m_c——混凝土的单位水泥用量,kg/m³。

为保证桥涵混凝土的耐久性,按式(4-9)计算得到的水泥用量不得小于表4-43或表4-49规定的最小水泥用量。但最大水泥用量(包括代替部分水泥的混合材料)不宜超过500kg/m³,大体积混凝土不宜超过350kg/m³。

海水环境混凝土的最低水泥用量(kg/m³) 表 4-49

<table>
<tr><th colspan="2" rowspan="2">环 境 条 件</th><th colspan="2">钢筋混凝土和预应力混凝土</th><th colspan="2">无筋混凝土</th></tr>
<tr><th>北方</th><th>南方</th><th>北方</th><th>南方</th></tr>
<tr><td colspan="2">大气区</td><td>300</td><td>360</td><td>280</td><td>280</td></tr>
<tr><td colspan="2">浪溅区</td><td>360</td><td>400</td><td>280</td><td>280</td></tr>
<tr><td rowspan="4">水位变动区</td><td>F350</td><td>395</td><td rowspan="4">360</td><td>395</td><td rowspan="4">280</td></tr>
<tr><td>F300</td><td>360</td><td>360</td></tr>
<tr><td>F250</td><td>330</td><td>330</td></tr>
<tr><td>F200</td><td>300</td><td>300</td></tr>
<tr><td colspan="2">水下区</td><td>300</td><td>300</td><td>280</td><td>280</td></tr>
</table>

注:1. 有耐久性要求的大体积混凝土,水泥用量应按混凝土的耐久性和降低水泥水化热综合考虑。

2. 掺加混合材料时,水泥用量可适当减少,但应符合 JTJ 041—2000 中 11.3.7 条的规定。

3. 掺外加剂时,南方地区水泥用量可适当减少,但不得降低混凝土的密实性。

4. 对于有抗冻性要求的混凝土,浪溅区范围内下部 1m 应随同水位变动区按抗冻性要求确定其水泥用量。

水泥混凝土路面的最小水泥用量见表 4-45,最大单位水泥用量不宜大于 400kg/m³;掺粉煤灰时,最大单位胶材总量不宜大于 420kg/m³。

路面混凝土掺粉煤灰时,其配合比计算应按超量取代法进行。粉煤灰掺量应根据水泥中原有的掺合料数量和混凝土弯拉强度、耐磨性要求等由试验确定。I、II 级粉煤灰的超量系数可按表 4-50 初选。代替水泥的粉煤灰掺量:I 型硅酸盐水泥≤30%,II 型硅酸盐水泥≤25%;道路水泥≤20%;普通水泥≤15%;矿渣水泥不得掺粉煤灰。

各级粉煤灰的超量取代系数 表 4-50

粉煤灰等级	I	II	III
超量取代系数 k	1.1~1.4	1.3~1.7	1.5~2.0

为保证路面混凝土的耐久性,除了控制水灰比和最小水泥用量外,混凝土的含气量和最大平均气泡距离系数应符合表 4-51 和表 4-52 的规定。

寒冷地区路面混凝土的抗冻等级不宜低于 F250。在海风、酸雨、除冰盐和硫酸盐等腐蚀环境影响范围内的混凝土路面和桥面,在使用硅酸盐水泥时,应掺加粉煤灰、磨细粒化高炉矿渣或硅粉掺合料,不宜单独使用硅酸盐水泥。

路面混凝土含气量及允许偏差(%) 表 4-51

最大公称粒径(mm)	无抗冻性要求	有抗冻性要求	有抗盐冻要求
19.0	4.0±1.0	5.0±0.5	6.0±0.5
26.5	3.5±1.0	4.5±0.5	5.5±0.5
31.5	3.5±1.0	4.0±0.5	5.0±0.5

混凝土路面和桥面最大平均气泡距离系数(μm) 表 4-52

<table>
<tr><th colspan="2">环 境</th><th>高速公路、一级公路</th><th>其他公路</th></tr>
<tr><td rowspan="2">严寒地区</td><td>冰冻</td><td>275</td><td>300</td></tr>
<tr><td>盐冻</td><td>225</td><td>250</td></tr>
<tr><td rowspan="2">寒冷地区</td><td>冰冻</td><td>325</td><td>350</td></tr>
<tr><td>盐冻</td><td>275</td><td>300</td></tr>
</table>

⑥用绝对体积法计算 $1m^3$ 混凝土中的砂、石用量。

$$\frac{C}{\rho_c} + W + \frac{S}{\rho'_s} + \frac{G}{\rho'_g} + 10\alpha = 1\ 000 \tag{4-10}$$

$$S_p = \frac{S}{S + G}$$

式中：C、W、S、G——$1m^3$ 混凝土中水泥、水、砂子、石子的质量，kg；

ρ_c——水泥的密度，g/cm^3；

ρ'_s、ρ'_g——砂、石子的视密度，g/cm^3；

α——混凝土中含气量，%；

S_p——砂率，%。

将前面初步估算确定的 C、W 及实测材料物理参数代入式（4-10），即可求得 $1m^3$ 混凝土中各项材料的用量，所得为混凝土初步配合比。

⑦试拌调整，得出基准配合比。

混凝土试拌和调整方法如下：按初步配合比，称取拌制 0.02 ~ 0.03m^3 混凝土所需的各项材料，按试验规程拌制混凝土，测其坍落度，观察其黏聚性和保水性。若不符合要求，则调整砂率或水泥浆的用量，再进行拌和试验，直至和易性符合要求，得出混凝土基准配合比。

砂率及水泥浆用量的调整原则如下：若拌合物的黏聚性及保水性不良，砂浆显得不足时，应酌量增加砂率；反之，则应适当减小砂率。当坍落度小于设计值时，应增加水泥浆用量（保持水灰比不变）；反之，则应增加砂、石子用量（保持砂率不变）。一般每增加 10mm 坍落度，约需增加水泥浆用量 4% ~6%（砂、石子为风干状态时）。

⑧检验强度及耐久性，确定混凝土试验室配合比。

按基准配合比，成型强度、抗渗、抗冻等性能测试用的试件，标准养护至规定龄期，进行试验。如果混凝土各项性能均满足要求，且超过要求指标不多，则此配合比是经济合理的；否则，应将水灰比进行必要的修正，并重新做试验，直到符合要求，所得即为试验室配合比。

为了缩短试验时间，可以基准配合比为基础，同时拌制 3 ~5 种配合比的混凝土进行强度和抗渗性、抗冻性等项试验，从中选出满足各项技术要求的试验室配合比。在这 3 ~5 种配合比中，其中一种是基准配合比，另外几种配合比的水灰比值应较基准配合比分别增加或减小 0.05，其用水量与基准配合比相同，砂率作适当调整。

（3）路面钢纤维混凝土配合比设计。

①钢纤维混凝土配合比设计在兼顾经济性的同时应满足下列三项技术要求。

a. 弯拉强度。

（a）钢纤维混凝土路面板 28d 设计弯拉强度标准值 f_{rf} 应符合设计规范的规定。

（b）钢纤维混凝土配制 28d 弯拉强度的均值应按式（4-2）计算，以 f_{cf} 和 f_{rf} 代替 f_c 和 f_r。

b. 工作性。

（a）钢纤维混凝土的坍落度可比表 4-38 或表 4-39 的规定小 20mm。

（b）钢纤维混凝土掺高效减水剂时的单位用水量可按表 4-53 初选，再由试拌调整后确定。

钢纤维混凝土单位用水量选用　　表 4-53

拌合物条件	粗集料种类	粗集料最大公称粒径 D_m(mm)	单位用水量 (kg/m³)
长径比 $L_f/d_f=50$ $\rho_f=0.6\%$ 坍落度 20mm 中砂,细度模数 2.5 水灰比 0.42～0.50	碎石	9.5,16.0	215
		19.0,26.5	200
	卵石	9.5,16	208
		19.0,26.5	190

注:1. 钢纤维长径比每增减 10,单位用水量相应增减 10kg/m³。
2. 钢纤维体积率每增减 0.5%,单位用水量相应增减 8kg/m³。
3. 坍落度在 10～50mm 变化范围内,相对于坍落度 20mm 每增减 10mm,单位用水量相应增减 7kg/m³。
4. 细度模数在 2.0～3.5 范围内,砂的细度模数每增减 0.1,单位用水量相应减增 1kg/m³。

c. 耐久性。

(a)钢纤维混凝土满足耐久性要求最大水灰(胶)比和最小单位水泥用量应符合表 4-54 的规定。

(b)钢纤维混凝土严禁采用海水、海砂,不得掺用氯盐及氯盐类早强剂、防冻剂等外加剂。

(c)处在海风、酸雨、硫酸盐及除冰盐等环境中的钢纤维混凝土路面,宜掺用 I、II 粉煤灰,桥面宜掺用硅灰与 S95 和 S105 级磨细矿渣。

钢纤维混凝土满足耐久性要求最大水灰(胶)比和最小单位水泥用量　　表 4-54

公路等级		高速公路、一级公路	二级公路	三、四级公路
最大水灰(胶)比		0.47	0.49	0.50
抗冰冻最大水灰(胶)比		0.45	0.46	0.48
抗盐冻最大水灰(胶)比		0.42	0.43	0.46
最小单位水泥用量(kg/m³)	42.5 级	360	360	350
	32.5 级	370	370	365
抗冰(盐)冻时最小单位水泥用量(kg/m³)	42.5 级	380	380	375
	32.5 级	390	390	385
掺粉煤灰时最小单位水泥用量(kg/m³)	42.5 级	320	320	315
	32.5 级	340	340	335
抗冰(盐)冻掺粉煤灰时最小单位水泥用量(42.5 级水泥)(kg/m³)		330	330	325

②钢纤维混凝土配合比设计步骤。

a. 计算和确定水灰比:

(a)以钢纤维混凝土配制 28d 弯拉强度 f_{cf} 替换 f_c,按式(4-5)或式(4-6)计算出基体混凝土的水灰比。

(b)取钢纤维混凝土基体的水灰比计算值与表 4-54 规定值两者中的小值。

b. 钢纤维掺量体积率宜在 0.60%～1.0% 范围内初选,当板厚折减系数小时,体积率宜取上限;当长径比大时,宜取较小值;有锚固端者宜取较小值。

c. 查表 4-53,初选单位用水量 W_{cf}。

d. 掺用粉煤灰时应符合普通路面混凝土的规定。

e. 钢纤维混凝土的单位水泥用量应按式(4-11)计算。

$$C_{of} = \frac{C}{W} \cdot W_{of} \tag{4-11}$$

式中：C_{of}——钢纤维混凝土的单位水泥用量，kg/m³；

W_{of}——钢纤维混凝土的单位用水量，kg/m³。

取计算值与表4-54规定值两者中的大值。但不宜大于500kg/m³。

f. 砂率可按式(4-12)计算，也可按表4-55初选。钢纤维混凝土砂率宜为38%～50%。

$$S_{pf} = S_p + 10\rho_f \tag{4-12}$$

式中：S_{pf}——钢纤维混凝土砂率，%；

ρ_f——钢纤维掺量体积率，%。

钢纤维混凝土砂率选用值(%) 表4-55

拌合物条件	最大公称粒径19mm碎石	最大公称粒径19mm卵石
$L_f/d_f=50$；$\rho_f=1.0\%$ $W/C=0.50$；砂细度模数 $M_x=3.0$	45	40
L_f/d_f增减10	±5	±3
ρ_f增减0.1%	±2	±2
W/C增减0.1	±2	±2
砂细度模数 M_x 增减0.1	±1	±1

g. 砂石料用量可采用密度法或体积法计算。按密度法计算时，钢纤维混凝土单位质量可取2 450～2 580kg/m³；按体积法计算时，应计入设计含气量。

h. 重要路面、桥面工程应采用正交试验法进行钢纤维混凝土配合比优选。

i. 试拌调整与强度、耐久性检验同普通混凝土配合比设计。

(4)碾压混凝土配合比设计。

①碾压混凝土的配合比设计在兼顾经济性的同时应满足下列三项技术要求。

a. 弯拉强度。

(a)碾压混凝土设计弯拉强度f_r应符合设计规范的要求。

(b)碾压混凝土配制28d弯拉强度均值f_{cc}可按式(4-13)计算。

$$f_{cc} = \frac{f_r + f_{cy}}{1 - 1.04C_v} + ts \tag{4-13}$$

式中：f_{cc}——碾压混凝土配制28d弯拉强度均值，MPa；

f_{cy}——碾压混凝土压实安全弯拉强度，可按式(4-14)计算。

$$f_{cy} = \frac{\alpha}{2}(\gamma_{c1} + \gamma_{c2}) \tag{4-14}$$

式中：γ_{c1}——弯拉强度试件标准压实度，95%；

γ_{c2}——路面芯样压实度下限值(由芯样压实度统计得出)；

α——相应于压实度变化1%的弯拉强度波动值(通过试验得出)。

b. 工作性。

碾压混凝土出搅拌机口的改进 VC 值宜为 5 ~ 10s；碾压时的改进 VC 值宜控制在(30 ±5)s。试验中试样表面出浆评分应为 4 ~5 分。

c. 耐久性。

(a)处于严寒和寒冷地区的碾压混凝土面层或基层，应掺引气剂，其含气量宜符合表 4-51 的规定。

(b)面层碾压混凝土满足耐久性要求的最大水灰(胶)比和最小单位水泥用量应符合表 4-56的规定。

面层碾压混凝土耐久性要求的最大水灰(胶)比和最小单位水泥用量　　表 4-56

公路等级		二级公路	三、四级公路
最大水灰(胶)比		0.40	0.42
抗冰冻最大水灰(胶)比		0.38	0.40
抗盐冻最大水灰(胶)比		0.36	0.38
最小单位水泥用量(kg/m^3)	42.5 级	290	280
	32.5 级	305	300
抗冰(盐)冻时最小单位水泥用量(kg/m^3)	42.5 级	315	310
	32.5 级	325	320
掺粉煤灰时最小单位水泥用量(kg/m^3)	42.5 级	255	250
	32.5 级	265	260
抗冰(盐)冻掺粉煤灰时最小单位水泥用量(42.5 级水泥)(kg/m^3)		260	265

面层碾压混凝土粗、细集料合成级配宜符合表 4-57 的要求，基层应符合《公路路面基层施工技术规范》中水泥稳定粒料的级配规定。

面层碾压混凝土粗、细集料合成级配范围　　表 4-57

筛孔尺寸(mm)	19.0	9.5	4.75	2.36	1.18	0.60	0.30	0.15
通过百分率(%)	90 ~ 100	50 ~ 70	35 ~ 47	25 ~ 38	18 ~ 30	10 ~ 23	5 ~ 15	3 ~ 10

碾压混凝土中所掺粉煤灰的技术要求应符合表 4-28 的规定。代替水泥的粉煤灰掺量应符合普通路面混凝土的规定。粉煤灰超量取代系数 k：I 级灰可取 1.4 ~1.8；II 级灰可取1.6 ~ 2.0；碾压混凝土基层和复合式路面下面层用 III 级灰宜取 1.8 ~2.2。

碾压混凝土中外加剂的使用要求除满足路面混凝土外加剂使用的规定外，应预先通过碾压混凝土性能试验优选品种和掺量，确认满足各项性能要求后方可使用。

②正交试验法确定碾压混凝土的配合比。

a. 不掺粉煤灰的碾压混凝土正交试验可选用水量、水泥用量、粗集料填充体积率 3 个因素；掺粉煤灰的碾压混凝土可选用水量、基准胶材总量、粉煤灰掺量、粗集料填充体积率 4 个因素。每个因素选定 3 个水平，选用 $L_9(3^4)$ 正交表安排试验方案。

b. 对正交试验结果进行直观及回归分析，回归分析的考察指标：VC 值及抗离析性、弯拉强度或抗压强度、抗冻性或耐磨性。根据直观分析结果并依据所建立的单位用水量及弯拉强度推定经验公式,综合考虑掺合料工作性,确定满足28d弯拉强度或抗压强度、抗冻性或耐磨性等设计要求的正交初步配合比。

③简捷法确定碾压混凝土的配合比。

a.不掺粉煤灰的碾压混凝土配合比计算宜按下述步骤进行。

(a)按式(4-15)计算单位用水量。

$$W_{oc} = 137.7 - 20.55\lg VC \tag{4-15}$$

式中:W_{oc}——碾压混凝土的单位用水量,kg/m^3;

VC——碾压混凝土掺合料改进VC值,s。

(b)按式(4-16)计算灰水比,并取计算值与表4-53中规定值两者中的小值。

$$\frac{C}{W} = \frac{f_{cc}}{0.2156f_s} - 0.798 \tag{4-16}$$

(c)按式(4-17)计算单位水泥用量,并取计算值与表4-53规定值两者中的大值。

$$C_{oc} = W_{oc} \times \frac{C}{W} \tag{4-17}$$

式中:C_{oc}——碾压混凝土单位水泥用量,kg/m^3。

(d)按表4-58选定配合比中粗集料填充体积率。

粗集料填充体积率 表4-58

砂细度模数 M_x	2.40	2.60	2.80	3.00
粗集料填充体积率 V_g(%)	75	73	71	69

(e)按式(4-18)计算粗集料用量。

$$G_{oc} = \gamma_{cc} \times \frac{V_g}{100} \tag{4-18}$$

式中:G_{oc}——碾压混凝土粗集料单位体积用量,kg/m^3;

γ_{cc}——碾压混凝土单位质量,kg/m^3;

V_g——粗集料填充体积率,%。

(f)根据G_{oc}、C_{oc}、W_{oc}及相应原材料密度,按体积法计算用砂量,计算时应计入设计含气量。

(g)按式(4-19)计算单位外加剂用量。

$$Y_{oc} = y \times C_{oc} \tag{4-19}$$

式中:Y_{oc}——碾压混凝土单位外加剂用量,kg/m^3;

y——外加剂掺量。

b.掺粉煤灰的碾压混凝土配合比计算宜按下述步骤进行。

(a)按表4-58选定粗集料填充体积率V_g,由式(4-18)计算单位粗集用量G_{oc}。

(b)选定粉煤灰超量取代系数k,并按经验或正交试验分析结果选定替代水泥的粉煤灰掺量F_c。

(c)按式(4-20)计算单位用水量。

$$W_{ofc} = 135.5 - 21.1\lg VC + 0.32F_c \tag{4-20}$$

式中:W_{ofc}——掺粉煤灰的碾压混凝土单位用水量,kg/m^3;

F_c——替代水泥的粉煤灰掺量,%。

(d)按式(4-21)计算基准胶材总量。

$$J = 200(f_{cc} - 7.22 + 0.025F_c + 0.023V_g) \tag{4-21}$$

式中:J——碾压混凝土中单位体积基准胶材总量,kg/m³。

(e)按式(4-22)计算单位水泥用量,并应取计算值与表4-56规定值两者中大值。

$$C_{ofc} = J\left(1 - \frac{F_c}{100}\right) \tag{4-22}$$

(f)按式(4-23)计算单位粉煤灰总用量。

$$F_{cc} = C_{ofc} \times F_c \times k \tag{4-23}$$

式中:C_{ofc}——掺粉煤灰的碾压混凝土单位水泥用量,kg/m³;

F_{cc}——单位粉煤灰总用量,kg/m³;

k——粉煤灰超量取代系数。

(g)按式(4-24)计算总水胶比,并应取计算值与表4-56规定值两者中小值。

$$J_z = \frac{W_{ofc}}{C_{ofc} + F_{oc}} \tag{4-24}$$

式中:J_z——碾压混凝土总水胶比。

(h)根据C_{oc}、C_{ofc}、F_{cc}、W_{ofc}及相应原材料密度,按体积法计算单位用砂量S_{oc},计算时应计入含气量。

(i)按式(4-25)计算单位外加剂用量。

$$Y_{ofc} = \gamma_f \times (C_{ofc} + F_{cc}) \tag{4-25}$$

式中:Y_{ofc}——掺粉煤灰的碾压混凝土单位外加剂用量,kg/m³;

γ_f——掺粉煤灰的碾压混凝土外加剂掺量,%。

(5)贫混凝土的配合比设计。

①基层贫混凝土配合比设计的技术要求。

a.强度:基层贫混凝土设计强度应符合表4-59的规定。

贫混凝土基层的设计强度标准值(单位:MPa)　　表4-59

交通等级	特重	重	中等
7d施工质检抗压强度f_{cu7}	10.0	7.0	5.0
28d设计抗压强度标准值$f_{cu,k}$	15.0	10.0	7.0
28d设计弯拉强度标准值$f_{c,k}$	3.0	2.0	1.5

b.工作性:贫混凝土的坍落度应满足表4-38或表4-39的要求。基层贫混凝土中应掺粉煤灰,粉煤灰的品质、掺量和超量取代系数与碾压混凝土的规定相同。

c.耐久性。

(a)满足耐久性要求的贫混凝土最大水灰(胶)比宜符合表4-60的规定。

(b)在基层受冻地区,贫混凝土中应掺引气剂,并控制贫混凝土的含气量为4%±1%。当水灰(胶)比不能满足抗冻性要求时,宜使用引气减水剂。当高温摊铺坍落度损失较大时,可使用缓凝减水剂。

满足耐久性要求的贫混凝土最大水灰(胶)比　　表 4-60

交通等级	特　重	重	中　等
最大水灰(胶)比	0.65	0.68	0.70
有抗冻要求的最大水灰(胶)比	0.60	0.63	0.65

②贫混凝土配合比设计步骤。

a. 配制 28d 抗压强度 $f_{cu,o}$ 可按式(4-26)计算。

$$f_{cu,o}=f_{cu,k}+t_l s_l \tag{4-26}$$

式中：$f_{cu,o}$——贫混凝土配制 28d 抗压强度，MPa；

$f_{cu,k}$——混凝土 28d 设计抗压强度标准值，按表 4-59 取值；

t_l——抗压强度保证率系数，高速公路应取 1.645；一级公路应取 1.28；二级公路应取 1.04；

s_l——抗压强度标准差，宜按不小于 6 组统计资料取值；无统计资料或试件组数小于 6 组时，可取 1.5MPa。

b. 水灰比应按式(4-27)计算，并取计算值与表 4-60 规定值两者中的小值。

$$\frac{W}{C}=\frac{A\cdot f_{ce}}{f_{cu,o}+A\cdot B\cdot f_{ce}} \tag{4-27}$$

式中：f_{ce}——水泥实测 28d 抗压强度，MPa；无实测值时，也可按式(4-28)计算；

A、B——回归系数，碎石及碎卵石：$A=0.46$，$B=0.07$；卵石：$A=0.48$，$B=0.33$。

$$f_{ce}=\gamma\times f_{ce,k} \tag{4-28}$$

式中：$f_{ce,k}$——水泥抗压强度等级，MPa；

γ——水泥抗压强度富余系数，应按统计资料取值；无统计资料时可在 1.08～1.13 范围内取值。

c. 贫混凝土单位水泥用量可按式(4-29)计算。

$$C_p=0.5\xi C_o \tag{4-29}$$

式中：C_p——贫混凝土单位水泥用量，kg/m^3；

ξ——工作性及平整度放大系数，可取 1.1～1.3；

C_o——路面混凝土单位水泥用量，kg/m^3。

d. 掺用粉煤灰时，单位胶材总量可按式(4-30)计算。

$$J_z=0.5C_o(1+F_p k) \tag{4-30}$$

式中：J_z——单位胶材总量，kg/m^3；

F_p——代替水泥的粉煤灰掺量，可取 0.15～0.30；

k——粉煤灰超量取代系数，可按碾压混凝土配合比设计取值。

e. 不掺粉煤灰混凝土的单位水泥用量宜控制在 160～230kg/m^3 之间；在基层受冻地区最小单位水泥用量不宜低于 180kg/m^3。掺粉煤灰时，单位水泥用量宜在 130～175kg/m^3 之间；单位胶材总量宜在 220～270kg/m^3 之间；基层受冻地区最小单位水泥用量不宜低于 150kg/m^3。

f. 根据水灰(胶)比和单位水泥(胶材)用量计算单位用水量。

g. 砂率可按表4-61初选。

基层贫混凝土的砂率 表4-61

砂细度模数		2.2~2.5	2.5~2.8	2.8~3.1	3.1~3.4	3.4~3.7
砂率 S_p(%)	碎石混凝土	24~28	26~30	28~32	30~34	32~36
	卵石混凝土	22~26	24~28	26~30	28~32	30~34

h. 砂、石料用量可用密度法或体积法计算。在采用体积法计算时,应计入含气量。

(6)配合比确定与调整。

①由上述各经验公式推算得出的钢纤维混凝土、碾压混凝土和贫混凝土配合比,应在试验室内按下述步骤和《公路工程水泥混凝土试验规程》(JTG/T E30—2005)规定的方法进行试配检验和调整。

a. 首先检验各种混凝土拌合物是否满足不同摊铺方式的最佳工作性要求。检验项目包括含气量、坍落度及其损失、振动黏度系数、改进VC值、外加剂品种及其最佳掺量。在工作性和含气量不满足相应摊铺方式要求时,可在保持水灰(胶)比不变的前提下调整单位用水量、外加剂掺量或砂率,不得减小满足计算弯拉强度及耐久性要求的单位水泥用量、钢纤维体积率。

b. 对于采用密度法计算的配合比,应实测拌合物视密度,并应按视密度调整配合比,调整时水灰比不得增大,单位水泥用量、钢纤维掺量不得减小,调整后的拌合物视密度允许偏差为±20%。实测拌合物含气量a(%)及其偏差应满足规范(JTG F30—2003)规定,不满足要求时,应调整引气剂掺量直至达到规定含气量。

c. 以初选水灰(胶)比为中心,按0.02增减幅度选定2~4个水灰(胶)比,制作试件,检验各种混凝土7d和28d配制弯拉强度、抗压强度、耐久性等指标(有抗冻性要求的地区,抗冻性为必测项目,耐磨性及干缩为选测项目)。也可保持计算水灰(胶)比不变,以初选单位水泥用量为中心,按15~20kg/m^3,增减幅度选定2~4个单位水泥用量;钢纤维混凝土还应以选定的钢纤维掺量为中心,按0.1%增减幅度选定2~4个钢纤维掺量,制作试件并做上述各项检验。

d. 施工单位通过上述各项指标检验提出的配合比,在经监理工程师或建设单位中心试验室验证合格后,方可确定为试验室配合比。

②试验室配合比应通过搅拌楼实际拌和检验和不小于200m试验路段的验证,并应根据料场砂石料含水率、拌合物实测视密度、含气量、坍落度及其损失,调整单位用水量、砂率或外加剂掺量。调整时,水灰(胶)比、单位水泥用量、钢纤维体积率不得减小。考虑施工中原材料含泥量、泥块含量、含水率变化和施工变异性等因素,单位水泥用量应适当增加5~10kg。满足试拌试铺的工作性、28d(至少7d)配制弯拉强度、抗压强度和耐久性等要求的配合比,经总监理工程师批准后方可确定为施工配合比。

2. 喷射混凝土的技术要求

喷射混凝土的技术要求主要有混凝土强度和喷射工艺。配合比应通过试验确定,也可参照下列数据选择:灰骨比为1:4~1:5;集料含砂率为45%~60%;水灰比为0.45~0.50。为增大混凝土与岩石的黏结力和减少回弹,初喷时,水泥:砂:石应取1:2:(1.5~2)。喷射混凝土应掺加速凝剂,速凝剂掺量应经喷射试验确定。

3. 水下混凝土的技术要求

(1)强度符合设计要求。

(2)混凝土拌合物应有良好的和易性,坍落度应达到180~220mm。

(3)砂率为40%~50%。

(4)水灰比在0.50~0.60之间。

(5)水泥用量不宜小于350kg/m^3,当掺有适宜数量的减水缓凝剂或粉煤灰时,可不少于300kg/m^3。

(6)粗集料最大粒径:不大于1/4导管内径和不大于3/4钢筋净距,并不得大于40mm。

4.施工时混凝土质量监理

(1)施工配合比换算:试验室最后确定的混凝土配合比,是按照自然风干状态或饱和面干状态的集料设计的。而施工现场的砂、石材料为露天堆放,都含有一定的水分,因此,施工现场应根据现场砂、石的实际含水率变化,将试验室配合比换算成施工配合比。应该强调指出,施工配合比换算的目的不是改变了试验室配合比,而是为了实现试验室配合比。

①当试验室配合比的集料为干燥状态时的换算方法。设试验室配合比按每立方米混凝土的材料用量表示为:水泥:砂:石子:水 = $M_{c0}:M_{s0}:M_{g0}:M_{w0}$;现场实测砂、石的含水率分别为$a\%$、$b\%$,则施工配合比的各项原材料($M_c$、$M_s$、$M_g$、$M_w$)的单位用量如下:

$$M_c = M_{c0}$$

$$M_s = M_{s0}(1 + a\%)$$

$$M_g = M_{g0}(1 + b\%)$$

$$M_w = M_{w0} - (M_s \times a\% + M_g \times b\%)$$

施工配合比 $1:\frac{M_s}{M_c}:\frac{M_g}{M_c}:\frac{M_w}{M_c}$

②当试验室配合比的集料为饱和面干状态时的换算方法。设试验室配合比按每立方米混凝土的材料用量表示为:水泥:砂:石子:水 = $M_{c0}:M_{s0}:M_{g0}:M_{w0}$;砂、石饱和面干状态的含水率分别为$a_0\%$、$b_0\%$;现场实测砂、石的含水率分别为$a\%$、$b\%$,则施工配合比的各项原材料($M_c$、$M_s$、$M_g$、$M_w$)的单位用量如下:

$$M_c = M_{c0}$$

$$M_s = M_{s0}[1 + (a\% - a_0\%)]$$

$$M_g = M_{g0}[1 + (b\% - b_0\%)]$$

$$M_w = M_{w0} - [M_s \times (a\% - a_0\%) + M_g \times (b\% - b_0\%)]$$

施工配合比 $1:\frac{M_s}{M_c}:\frac{M_g}{M_c}:\frac{M_w}{M_c}$

(2)施工时混凝土原材料计量允许误差:计量器具应事先检验校正,每班开工前,实测砂、石的含水率,确定施工配合比。混凝土原材料按质量计的称量误差应不大于表4-62的规定。

混凝土原材料允许计量误差 表4-62

材料种类	允许误差(%)	
	现场拌制	预制场或集中搅拌站拌制
水、水泥	1	1
粗、细集料	3	2
外加剂	2	1

喷射混凝土施工中材料的允许误差为：水泥与速凝剂各为2%，砂与石子各为5%。

(3)取样检查：在施工现场，每天按规定的频率测定混凝土拌合物的和易性，并成型强度检测用的立方体试件（对有变形要求的混凝土结构还应成型弹性模量试件），标准养护至规定龄期测定硬化混凝土的强度和弹性模量。

5. 混凝土质量合格评定标准

混凝土质量主要指强度，对预应力混凝土还包括弹性模量。施工中按规定频率取样的试件经标准养护至规定龄期，测定其强度或弹性模量。按统计方法计算合格强度。混凝土的强度必须合格。

(1)混凝土抗压强度质量评定：评定混凝土的抗压强度，应以标准养护28d龄期的试件为准。试件边长为150mm的立方体，3个试件为一组。试件的取样频率、制作方法、养护条件和试验方法应符合《公路工程质量检验评定标准》（JTG F 80/1—2004）和《公路工程水泥及水泥混凝土试验规程》（JTG/T E30—2005）。混凝土抗压强度的质量评定按如下标准进行。

①大桥等重要工程及中小桥、涵洞工程的试件组数 $n \geqslant 10$ 时，应以数理统计方法按式(4-31)和式(4-32)评定。

$$m_{fcu} - \lambda_1 S_{fcu} \geqslant 0.9 f_{cu,k} \tag{4-31}$$

$$f_{cu,min} \geqslant \lambda_2 f_{cu,k} \tag{4-32}$$

式中：m_{fcu}——同批 n 组试件强度的平均值，MPa；

S_{fcu}——同批 n 组试件强度的标准差，MPa，当 $S_{fcu} < 0.06 f_{cu,k}$ 时，取 $S_{fcu} = 0.06 f_{cu,k}$；

$f_{cu,k}$——混凝土设计强度等级，MPa；

$f_{cu,min}$——n 组试件中强度最小一组的值，MPa；

λ_1、λ_2——合格判定系数，见表4-63。

合格判定系数 λ_1、λ_2 值　　表4-63

n	10~14	15~24	≥25
λ_1	1.70	1.65	1.60
λ_2	0.90	0.85	0.85

②中小桥及涵洞工程，同批混凝土的试件组数 $n < 10$ 时，可用非统计方法按式(4-33)和式(4-34)评定。

$$m_{fcu} \geqslant 1.15 f_{cu,k} \tag{4-33}$$

$$f_{cu,min} \geqslant 0.95 f_{cu,k} \tag{4-34}$$

(2)混凝土抗弯拉强度的质量评定：评定混凝土的抗弯拉强度，应以标准养护28d龄期的试件为准，试验方法应使用标准小梁法或钻芯劈裂法。采用小梁法时，试件尺寸为150mm×150mm×550mm，3个试件为一组。采用劈裂法时，试件尺寸为150mm的立方体，3个试件为一组。每组3个试件的平均值作为一个统计数据。试件的取样频率、制作方法、养护条件和试验方法应符合《公路工程质量检验评定标准》（JTG F80/1—2004）和《公路工程水泥及水泥混凝土试验规程》（JTG/T E30—2005）。混凝土抗弯拉强度的质量评定按如下标准进行。

①试件组数大于10组时，平均强度合格判定式为：

$$m_{fsz} \geqslant f_{sz,k} + \lambda S_{fsz} \tag{4-35}$$

式中：m_{fsz}——混凝土合格判定平均弯拉强度，MPa；

$f_{sz,k}$——设计抗弯拉强度标准值，MPa；

S_{fsz}——强度均方差，MPa；

λ——合格判定系数，见表 4-64。

合格判定系数 λ 值 表 4-64

n	11 ~ 14	15 ~ 19	≥20
λ	0.75	0.70	0.65

当试件组数为 11 ~ 19 组时，允许有一组最小弯拉强度小于 $0.85f_{sz,k}$，但不得小于$0.80f_{sz,k}$；当试件组数大于 20 组时，允许有一组最小弯拉强度小于 $0.85f_{sz,k}$，但不得小于 $0.75f_{sz,k}$。高速公路和一级公路均不得小于 $0.85f_{sz,k}$。

②试件组数等于或少于 10 组时，试件平均强度不得小于 $1.10f_{sz,k}$，任一组强度均不得小于 $0.85f_{sz,k}$。

(3)喷射混凝土的质量评定：喷射混凝土的质量用抗压强度评定。

①喷射混凝土强度检查试件的制作方法。

a.喷大板切割法：在施工的同时，将混凝土喷射在 450mm×350mm×120mm(可制成 6 块)或 450mm×200mm×120mm(可制成 3 块)的模型内，当混凝土达到一定强度后，加工成 100mm×100mm×100mm 的立方体试块，在标准条件养护至 28d 进行试验(精确到 0.1MPa)。

b.凿方切割法：在具有一定强度的支护上，用凿岩机打密排钻孔，取出长约 350mm、宽约 150mm 的混凝土块，加工成 100mm×100mm×100mm 的立方体试块，在标准条件下养护至 28d 进行试验(精确到 0.1MPa)。

②双车道隧道每 10 延米，至少在拱部和边墙各取 1 组(3 个)试件。其他工程，每喷射 50 ~ 100m^3混合料或小于 50m^3混合料的独立工程，不得少于 1 组。材料或配合比变更时需重取试件。

③喷射混凝土的强度合格标准：同批试件组数 $n≥10$ 时，试件抗压强度平均值不低于设计值，任一组试件抗压强度不低于 0.85 倍设计值；同批试件组数 $n<10$ 时，试件抗压强度平均值不低于 1.05 倍设计值，任一组试件抗压强度不低于 0.9 倍设计值。

(4)混凝土的弹性模量：不得小于设计值。

第三节　水泥混凝土材料试验检测监理汇总表

一、混凝土原材料试验检测频率

1.水泥

每一批次(≤500t)至少检测一次，现场发现水泥有问题时，随时取样检测。

2.细集料

每一批次(≤500m^3)至少检测一次。

3. 粗集料

每一料源每一批次（≤1 000m^3）至少检测一次。

4. 水

每个水源在开工前应检测一次（对于可饮用水可免检），在施工中怀疑水质有问题时，随时取样检测。

5. 外加剂

使用前应对每种外加剂进行试验，达到预期效果者方可使用。

二、混凝土试验检测频率

1. 混凝土拌合物的和易性

应在搅拌地点和浇筑地点分别取样检测，每个工作班或每一单元结构物至少检测 2 次。评定时应以浇筑地点的测值为准。如果混凝土拌合物从拌和机出料起至浇筑入模时间不超过 15min，其坍落度可仅在搅拌地点取样检测。在检测坍落度时，应同时观察混凝土拌合物的黏聚性和保水性。

2. 混凝土强度

1）路面混凝土

弯拉强度：高速公路、一级公路，每班留 2 ~ 4 组，日进度 < 500m 取 2 组；≥500m 取 3 组；≥1 000m 取 4 组。其他公路，每班留 1 ~ 3 组，日进度 < 500m 取 1 组；≥500m 取2 组；≥1 000m取 3 组。

钻芯劈裂强度：高速公路、一级公路，每车道每 3km 钻取 1 个芯样，硬路肩为一个车道。其他公路，每车道每 3km 钻取 1 个芯样，硬路肩为一个车道。

2）结构混凝土

结构混凝土强度检验频率应符合下列规定：

（1）不同强度等级、不同配合比的混凝土应在浇筑地点或拌和地点随机取样制取试件。

（2）浇筑一般体积的结构物（如基础、墩台）时，每一单元结构应制取 2 组。

（3）连续浇筑的大体积混凝土结构，每 80 ~ 200m^3或每一工作班应制取 2 组。

（4）上部结构，主要构件长 16m 以下应制取 1 组，16 ~ 30m 应制取 2 组，31 ~ 50m 应制取 3 组，50m 以上者不少于 5 组。小型构件每批或每工作班至少应制取 2 组。

（5）每根钻孔桩至少应制取 2 组；桩长 20m 以上者不少于 3 组；桩径大、浇筑时间很长时，不少于 4 组。如换工作班时，每工作班应制取 2 组。

（6）构筑物（小桥涵、挡土墙）每座、每处或每工作班制取不少于 2 组。当原材料和配合比相同，并由同一拌和站拌和时，可几座或几处合并制取 2 组试件。

（7）应根据施工需要，另制取几组与结构物同条件养护的试件，作为拆模、吊装、张拉预应力、承受荷载等施工阶段的强度依据。

3. 弹性模量

一般的预应力混凝土结构，每天至少制作 1 组试件，跨度较大的预应力混凝土梁，每片梁应制作 1 组试件。

4. 混凝土配合比

每个工作班或500m³检测2次。

三、混凝土材料试验检测汇总表

桥涵、隧道混凝土原材料和混凝土试验检测监理汇总表见表4-65。路面混凝土原材料和混凝土试验检测监理汇总表见表4-66。

桥梁隧道混凝土原材料和混凝土试验检测监理汇总表 表4-65

<table>
<tr><th colspan="2">项目</th><th>技术要求</th><th>允许误差</th><th>检测频率</th><th>检测方法</th><th>监理程序</th><th>认可程序</th></tr>
<tr><td rowspan="9">普通混凝土</td><td>水泥</td><td>见表4-1～表4-3</td><td rowspan="3">不低于技术要求规定值</td><td>每批次（≤500t）至少检测1次，发现问题随时检测</td><td>JTG/T E30—2005</td><td>每批进料应有产品质保书；施工单位按自检频率自检，结果报试验监理工程师，监理人员按规定频率抽检</td><td rowspan="5">驻地监理工程师书面认可</td></tr>
<tr><td>细集料</td><td>见表4-7～表4-9</td><td>每一料源每批次（≤500m³）检测1次</td><td>JTG/T E42—2005</td><td rowspan="2">施工单位按自检频率自检，结果报试验监理工程师，监理人员按规定频率抽检</td></tr>
<tr><td>粗集料</td><td>见表4-13、表4-14</td><td>每一料源每批次（≤1 000m³）检测1次</td><td>JTG/T E42—2005</td></tr>
<tr><td>水</td><td>硫酸盐含量（按SO_4^{2-}计）<2.7mg/cm³，含盐量<5mg/cm³；pH>4，不得用海水拌制混凝土</td><td>不低于技术要求规定值</td><td>有怀疑时检测</td><td>GB 5749—2006</td><td>施工单位自检，结果报试验监理工程师</td></tr>
<tr><td>外加剂</td><td>符合国家标准，且钢筋混凝土不得掺用氯化钙或氯化钠等氯盐；素混凝土的氯化钙或氯化钠掺量不得超过水泥用量的3%，见表4-17和表4-18</td><td>按产品说明书使用，验证试验结果符合指标要求</td><td>使用前应作验证试验</td><td>在混凝土配合比设计中进行</td><td rowspan="2">具有厂家的产品质保书及合格证；施工单位使用前作验证试验，结果报试验监理工程师，必要时监理人员作抽检</td></tr>
<tr><td>掺合料</td><td>见表4-28～表4-30</td><td>符合表4-28～表4-30的规定</td><td>使用前应作验证试验</td><td>GB/T 1596—2005
GB/T 2847—2005
GB 18046—2008</td><td>驻地监理工程师认可</td></tr>
<tr><td>配合比设计</td><td>设计的强度等级、耐久性和施工和易性</td><td>符合设计要求</td><td>混凝土工程开工前进1个月进行试配</td><td>JTG/T E30—2005</td><td>混凝土工程开工前进1个月进行试配，合格后报试验监理工程师，监理试验室做复核试验</td><td>试验监理工程师审查，总监理工程师批准</td></tr>
<tr><td rowspan="2">新拌混凝土</td><td>和易性</td><td>满足设计要求</td><td>每工作班1～2次</td><td>JTG/T E30—2005</td><td rowspan="2">施工单位按自检频率自检，监理人员按规定频率抽检</td><td rowspan="2">专业监理工程师认可</td></tr>
<tr><td>配合比</td><td>见表4-62</td><td>每工作班（或每100m³混凝土）不少于2次</td><td>现场称量</td></tr>
</table>

续上表

项目		技术要求	允许误差	检测频率	检测方法	监理程序	认可程序
普通混凝土	强度	设计要求	满足合格强度要求	按技术合同规定或本章第三节规定	JTG/T E30—2005	施工单位按自检频率自检,监理人员按规定频率抽检	驻地监理工程师认可
	弹性模量	设计要求	满足合格强度要求	每天1组,大跨度构件每片1组			
喷射混凝土	水泥、速凝剂、细集料、粗集料、水、钢纤维	第二节中喷射混凝土原材料技术要求	符合技术要求的规定值	检测频率与普通混凝土相应材料的检测频率相同	检测方法与普通混凝土相应材料的试验检测方法相同	检验程序与普通混凝土用材料的程序相同,钢纤维应具有质保书	驻地监理工程师认可
	配合比	设计强度等级和喷射工艺的要求	符合技术要求的规定	混凝土开工前进1个月进行试配	JTG/T E30—2005	混凝土工程开工前近1个月进行试配,合格后报试验监理工程师,监理试验室做复核试验	试验监理工程师审查,总监理工程师批准
	混凝土混合料	配合比和均匀性	水泥与速凝剂±2%,砂、石料±5%	每生产班不少于2次	现场取样称重	施工单位自检,监理人员抽检	驻地监理工程师认可
	抗压强度	设计要求	符合设计要求	隧道(2车道隧道)每10延米至少在拱部和边墙各取1组试样,材料或配合比变更时,另取1组,每组至少3个试件	按JTG F60—2009中规定:①喷大板切割法;②凿方切割法		

路面混凝土原材料和混凝土试验检测监理汇总表 表 4-66

检测项目		技术要求	允许误差	检测频率		检测方法	监理程序	认可程序
				高速公路、一级公路	其他公路			
水泥	抗弯拉强度、抗压强度、安定性	见表 4-5 和表 4-6	不低于技术要求规定值	机铺 1 500t 一批 1 次	机铺 1 500t 一批 1 次；小型机具 500t 一批 1 次	JTG/T E30—2005	每批进料应有质保书；施工单位按自检频率自检，试验结果报监理试验工程师，监理人员按抽检频率抽检	驻地监理工程师认可
	凝结时间、标稠需水量、细度			机铺 2 000t 一批 1 次	机铺 3 000t 一批 1 次；小型机具 500t 一批 1 次			
	f-CaO、MgO、SO_3 含量，铝酸三钙、铁铝酸四钙、干缩率、碱度，混合材料种类及数量			每个标段不少于 3 次，进场前必测	每个标段不少于 3 次，进场前必测			
	温度、水化热			冬、夏季施工随时检测	冬、夏季施工随时检测			
粉煤灰	活性指数、细度、烧失量	见表 4-28		机铺 1 500t 一批 1 次	机铺 1 500t 一批 1 次；小型机具 500t 一批 1 次	GBJ 1596—2005		
	需水量比、SO_3 含量			每个标段不少于 3 次，进场前必测	每个标段不少于 3 次，进场前必测			
粗集料	针片状、超径含量、级配、表观密度、堆积密度、空隙率	见表 4-15 和表 4-16	不低于质量标准	机铺 1 000m^3 一批 1 次	机铺 2 000m^3 一批 1 次，小型机具 1 000m^3 一批 1 次	JTG/T E42—2005	施工单位按自检频率自检，试验结果报监理试验工程师，监理按抽检频率抽检	
	含泥量、泥块含量			机铺 2 500m^3 一批 1 次	机铺 2 500m^3 一批 1 次，小型机具 1 500m^3 一批 1 次			
	坚固性、岩石抗压强度、压碎值			每种粗集料每标段不少于 2 次	每种粗集料每标段不少于 2 次			
	碱集料反应			怀疑有碱活性集料时，进场前检测	怀疑有碱活性集料时，进场前检测			
	含水量			降雨或湿度变化时随时检测	降雨或湿度变化时随时检测			

续上表

检测项目		技术要求	允许误差	检测频率		检测方法	监理程序	认可程序
				高速公路、一级公路	其他公路			
细集料	细度模数、表观密度、堆积密度、空隙率、级配	见表4-10	不低于技术要求规定值	机铺2 000m^{3}一批1次	机铺4 000m^{3}一批1次，小型机具1 500m^{3}一批1次	JTG/T E42—2005	施工单位按自检频率自检，试验结果报监理试验工程师，监理人员按抽检频率抽检	驻地监理工程师认可
	含泥量、泥块含量、石粉含量			机铺1 000m^{3}一批1次	机铺2 000m^{3}一批1次，小型机具500m^{3}一批1次			
	坚固性			每种砂每标段不少于3次	每种砂每标段不少于3次			
	云母含量、轻物质与有机物含量			目测，有云母或杂质时测	目测，有云母或杂质时测			
	含盐量(硫酸盐、氯盐)			必要时测，淡化海砂每标段测3次	必要时测，淡化海砂每标段测2次			
	含水率			降雨或湿度变化时随时检测	降雨或湿度变化时随时检测			
外加剂	减水剂减水率，液体外加剂含量和相对密度，粉状外加剂的不溶物含量	见表4-17	符合技术要求	机铺5t一批1次	机铺5t一批1次，小型机具3t一批1次	GB 8076—2008 JC 473 JC 474 JC 475 JC 476 JC 477		
	引气剂引气量、气泡细密程度和稳定性			机铺2t一批1次	机铺3t一批1次，小型机具1t一批1次			
钢纤维	抗拉强度、弯折性能、长度、长径比、形状	设计要求	符合设计要求	开工时或有变化时测，每标段3次	开工时或有变化时测，每标段3次	—	施工单位自检，监理人员旁站	
	杂质、质量及其偏差			机铺50t一批1次	机铺50t一批1次，小型机具30t一批1次			

续上表

检测项目		技术要求	允许误差	检测频率		检测方法	监理程序	认可程序
				高速公路、一级公路	其他公路			
养生剂	有效保水率、抗压强度比、耐磨性、耐热性、膜水溶性	见表4-19	符合质量标准	开工前或有变化时，每标段3次	开工前或有变化时，每标段3次	JTG E30—2005	施工单位自检，监理人员旁站	专业监理工程师认可
养生剂	含固量、成膜时间	见表4-19	符合质量标准	试验路段测试，每5t测验1次	试验路段测试，每5t测验1次	JTG E30—2005	施工单位自检，监理人员旁站	专业监理工程师认可
水	pH值、含盐量、硫酸盐及杂质含量	本章第二节中水的技术要求	符合质量标准	开工前和水源有变化时检测	开工前和水源有变化时检测	JTJ056—84 GB/T 5750	施工单位自检，监理人员旁站	专业监理工程师认可
混凝土	配合比	设计的强度、和易性和耐久性	符合设计要求	开工前1个月进行试配	开工前1个月进行试配	JTG/TE 30—2005	施工单位自检，监理人员抽检	总监理工程师认可
混凝土	水灰比及稳定性	设计要求	符合设计要求	每500m^3测1次，有变化时随时检测	每5 000m^3测1次，有变化时随时检测	JTG/TE 30—2005	施工单位自检，监理人员抽检	专业监理工程师认可
混凝土	坍落度及其均匀性	设计和施工要求	符合设计要求	每工作班测3次，有变化时随时检测	每工作班测3次，有变化时随时检测	JTG/TE 30—2005	施工单位自检，监理人员抽检	专业监理工程师认可
混凝土	坍落度损失率	施工要求	满足施工要求	开工、气温较高和有变化时随时检测	开工、气温较高和有变化时随时检测	JTG/TE 30—2005	施工单位自检，监理人员抽检	专业监理工程师认可
混凝土	振动黏度系数	施工要求	满足施工要求	试拌、原材料和配合比有变化时检测	试拌、原材料和配合比有变化时检测	JTG/TE 30—2005	施工单位自检，监理人员抽检	专业监理工程师认可
混凝土	钢纤维体积率	设计要求	满足施工要求	每工作班测2次，有变化时随时检测	每工作班测1次，有变化时随时检测	JTG/TE 30—2005	施工单位自检，监理人员抽检	专业监理工程师认可
混凝土	含气量	设计标准	满足施工要求	每工作班测2次，有抗冻要求时不少于3次	每工作班测1次，有抗冻要求时不少于1次	JTG/TE 30—2005	施工单位自检，监理人员抽检	专业监理工程师认可
混凝土	泌水率	不泌水	不泌水	必要时检测	必要时检测	JTG/TE 30—2005	施工单位自检，监理人员抽检	专业监理工程师认可
混凝土	视密度	—	实测值	每工作班测1次	每工作班测1次	JTG/TE 30—2005	施工单位自检，监理人员抽检	专业监理工程师认可

续上表

检测项目		技术要求	允许误差	检测频率		检测方法	监理程序	认可程序
				高速公路、一级公路	其他公路			
混凝土	温度、凝结时间、水化发热量	设计和施工要求	满足设计和施工要求	冬、夏季施工，每工作班至少检测1～2次	冬、夏季施工，每工作班至少检测1次	JTG/T E30—2005	施工单位自检，监理人员旁站	专业监理工程师认可
	离析	不离析	不离析	随时观察	随时观察			
	VC值及稳定性、压实度、松铺系数	设计和施工要求	满足设计和施工要求	碾压混凝土做复合式路面底层时，检测频率与其他公路相同	每工作班检测3～5次，有变化随时检测			
	抗弯拉强度	设计强度等级	满足合格强度要求	见本章第三节中混凝土强度的试验检测频率				驻地监理工程师认可

第五章 砂浆材料试验检测的监理

公路工程中，砂浆多用于路基边沟、护坡、涵洞等排水工程，路肩、路缘石等路面工程及结构物的砌筑。砂浆按所用胶结材料的不同可分为：水泥砂浆、石灰砂浆、水泥石灰砂浆及其他混合砂浆等；按其主要功能可分为砌筑砂浆和抹面砂浆（含勾缝砂浆）。砂浆在公路工程中主要用于砌筑和抹面，考虑到耐久性的要求，用于砌筑和抹面的砂浆多为水泥砂浆。

第一节 砂浆材料试验检测监理的内容和工作流程

一、砂浆材料试验检测监理的内容

砂浆用于砌筑或抹面，其质量的好坏，对工程的内在质量和外观质量都有很重要的影响。监理工程师一定要严格监理砂浆的质量。砂浆材料的质量监理工作主要是检查施工单位选用的材料和确定的配合比是否符合相关要求，以判断其是否能保证强度、黏结力和耐久性的需要。砂浆材料质量监理的内容有：砂浆的原材料、砂浆配合比和砂浆强度。

二、砂浆材料试验检测监理的工作流程

砂浆材料试验检测监理的工作流程如图5-1所示。

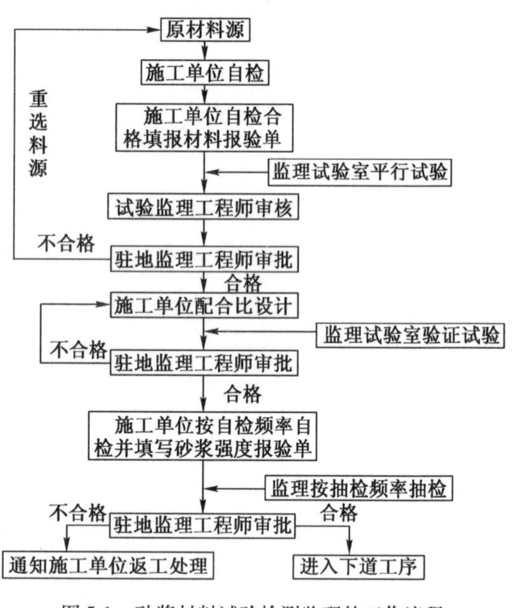

图5-1 砂浆材料试验检测监理的工作流程

第二节 砂浆材料试验检测监理的要点

一、砂浆用原材料技术要求

公路工程中常用的砂浆为水泥砂浆，水泥砂浆的原材料主要是水泥、砂子和水。

1. 砌筑砂浆用原材料技术要求

1)水泥

(1)水泥品种。常用的硅酸盐类水泥均可作为砌筑砂浆的结合料。

(2)水泥强度等级。由于砂浆的强度等级较低,所以水泥的强度等级不宜过高。施工中如果施工单位所选用的水泥强度等级过高,则会因为水泥的用量太少而导致砂浆的保水性不良。

(3)水泥的其他质量技术标准。用于砌筑砂浆的水泥的其他质量技术标准,应符合水泥混凝土所用水泥相应强度等级的质量技术标准。

2)砂

(1)砂的颗粒粒径。砌筑砂浆用的砂应是中砂或粗砂,其细度模数应在2.3以上。当缺乏中砂或粗砂时,在适当增加水泥用量的基础上,也可以细砂代替。砂的最大粒径不能超过砌缝宽度的1/5~1/4。在检查时,可根据砌体材料的不同分为两种情况:①当砂浆用于砌筑片石时,砂的最大粒径不宜超过5mm;②当砂浆用于砌筑块石或粗料石时,砂的最大粒径不宜超过2.5mm。

(2)砂的含泥量。砌筑砂浆用砂的含泥量与混凝土用砂的含泥量控制指标相同。实用中,如果砂的含泥量大于混凝土用砂的含泥量控制指标,在检查时,可根据砂浆的强度等级分为两种情况:①当砂浆强度等级大于M5或等于M5时,砂的含量不能超过5%;②当砂浆强度等级小于M5时,砂的含泥量不能超过7%。

3)水

凡是人、畜能饮用的水,均可用来拌制砌筑砂浆。

2. 抹面砂浆原材料技术要求

1)水泥

用于抹面砂浆的水泥宜用普通水泥,其强度等级以32.5级为宜。其他技术指标同砌筑砂浆所用水泥相应的技术指标。

2)砂

用于抹面砂浆的砂应使用中砂或粗砂,其含泥量要小于3%。

3)水

凡是人、畜能饮用的水,均可用来拌制抹面砂浆。

二、砂浆的技术性能

砂浆的技术性能监理,包括砂浆的配合比计算复核、砂浆拌合物的技术性质以及硬化后的砂浆强度。

1. 砌筑砂浆

1)砌筑砂浆的配合比设计的方法与步骤

(1)砂浆配制强度按式(5-1)计算。

$$f_{m,o} = f_{m,k} + 0.645\sigma \tag{5-1}$$

式中:$f_{m,o}$——砂浆配制强度,MPa;

$f_{m,k}$——砂浆设计强度等级,MPa;

σ——砂浆现场强度标准差,精确至 0.01MPa,无资料时可按表 5-1 选用。

砂浆现场强度标准差 σ 选用值　　表 5-1

砂浆强度等级 施工水平	M2.5	M5.0	M7.5	M10	M15	M20
优良	0.50	1.00	1.50	2.00	3.00	4.00
一般	0.62	1.25	1.88	2.50	3.75	5.00
较差	0.75	1.50	2.25	3.00	4.50	6.00

(2)确定水泥用量。用于不吸水底面的砂浆,按式(5-2)计算水泥用量。

$$Q_c = Q_w\left(\frac{C}{W}\right) \tag{5-2}$$

式中:Q_w——单位用水量,对于水泥砂浆可根据砂浆稠度在 270 ~ 330kg/m^{3}之间选用。

$\frac{C}{W}$——水灰比的倒数,由式(5-3)计算得到。

$$\frac{C}{W} = \frac{f_{m,o} + 0.29 \times 0.4f_{ce}}{0.29f_{ce}} \tag{5-3}$$

式中:f_{ce}——水泥 28d 实测强度,MPa。

用于多孔吸水底面的砂浆,按式(5-4)计算水泥用量。

$$Q_o = \frac{1\,000(f_{m,o} + 15.09)}{3.03f_{ce}} \tag{5-4}$$

式中符合的意义同前。

(3)砂浆中砂子用量确定。1m^{3}砂浆的用砂是取松堆干砂 1m^{3}的质量,所以砂子用量为:

$$Q_s = 1 \times \gamma'_s \tag{5-5}$$

式中:γ'_s——砂子的松堆密度,kg/m^3;

Q_s——1m^3 砂浆的砂子用量,kg/m^3。

砂浆的配合比用质量比表示:

$Q_c : Q_s : Q_w = 1 : Q_s/Q_c : Q_w/Q_c$

(4)配合比试配、调整与确定。

①试配应采用工程实际使用的材料,搅拌方法应采用机械搅拌,搅拌时间应自投料结束算起,不得小于 120s。

②按计算所得配合比进行试拌,测定其拌合物的稠度和分层度,若不能满足要求,则应调整用水量或掺合料,直到符合要求为止。即确定为试配时的砂浆基准配合比。

③试配时至少应采用三个不同的配合比,其中一个为上述基准配合比,另外两个配合比的水泥用量在基准配合比的基础上,分别增加及减少 10%,并将用水量作相应调整,使砂浆稠度、分层度均满足要求。

④对三个不同的配合比进行调整后,按规定方法成型试件,测定砂浆强度,并选定符合试配强度要求且水泥用量最低的配合比作为砂浆配合比。

2)砂浆的和易性

砌筑砂浆在拌合物阶段应具有良好的和易性。和易性包括流动性和保水性两个方面。

(1)流动性:砂浆的流动性是指其在自重或外力作用下流动的性能。砂浆的流动性与用

水量、胶结材料的品种和用量、砂的级配和表面特性、掺合物料及外加剂的特性和用量、拌和时间等因素有关。

砂浆的流动性用“稠度”表示。在检查砂浆的稠度时，要注意考虑砌体的类型、气候条件、施工条件等因素，可参考表5-2选用。

砌筑砂浆流动性要求

表5-2

砌体种类		砌砖体	普通毛石砌体	振捣毛石砌体	炉渣混凝土砌块
稠度（沉入度）（mm）	干燥气候或多孔砌块	80～100	60～70	20～30	70～90
	寒冷气候或密实砌块	60～80	40～50	10～20	50～70

（2）保水性：砂浆的保水性是指砂浆保持水分的能力。砂浆在运输、静置或砌筑过程中，水分不应从砂浆中离析，使水泥能正常水化，保证砌体强度。

砂浆的保水性与胶结材料的类型和用量、砂的级配、用水量以及有无掺合料和外加剂等因素有关。在检查其保水性时，可用“分层度”为指标表示。

砂浆应具有良好的保水性。通常其分层度以10～20mm为宜。如为提高砂浆的保水性而掺加微沫剂，其掺量要按生产厂家的规定并通过试验确定，一般为水泥用量的0.005%～0.010%（微沫剂按100%纯度计）。同时应注意：①微沫剂应用不低于70℃的水稀释至5%～10%的浓度，稀释后存放时间不能超过7d；②要用机械拌和，拌和时间为3～5min。

3）硬化砂浆的技术性质

砌筑砂浆硬化后应具有一定的抗压强度、黏结强度和耐久性要求。一般情况下，砂浆的抗压强度提高，其黏结强度和耐久性也提高。因此，必须保证砂浆的抗压强度满足设计要求。对抗冻或抗渗要求较高的砌筑砂浆，一方面严格控制水灰比，另一方面可掺加减水剂、引气剂或防水剂等外加剂。

2. 抹面砂浆

抹面砂浆（含勾缝砂浆）常用于砌体表面，在材料配合比组成上，其水泥用量要多于砌筑砂浆。通常情况下，抹面砂浆的体积配合比宜控制在1∶2～1∶3。同时，要求保水性好，并与基底有很好的黏结性。其稠度宜为25～35mm。

3. 聚合物水泥防水砂浆

聚合物水泥防水砂浆是以水泥、细集料为主要原材料，以聚合物和添加剂等为改性材料并以适当配比混合而成的防水材料。

1）分类

按聚合物改性材料的状态分为干粉类（I类）和乳液类（II类）。

I类：由水泥、细集料和聚合物干粉、添加剂等组成。

II类：由水泥、细集料的粉状材料和聚合物乳液、添加剂等组成。

2）质量要求

I类产品外观应均匀、无结块。II类产品外观：液料经搅拌后均匀无沉淀，粉料均匀、无结块。

聚合物水泥防水砂浆的物理力学性能应符合表5-3的要求。

聚合物水泥防水砂浆的物理力学性能 表5-3

序　号	项　目		干粉类(Ⅰ类)	乳液类(Ⅱ类)
1	凝结时间	初凝(min) ≥	45	45
		终凝(h) ≤	12	24
2	抗渗压力(MPa)	7d ≥	1.0	
		28d ≥	1.5	
3	抗压强度(MPa)	28d ≥	24.0	
4	抗弯拉强度(MPa)	28d ≥	8.0	
5	压折比	≤	3.0	
6	黏结强度(MPa)	7d ≥	1.0	
		28d ≥	1.2	
7	耐碱性:饱和$Ca(OH)_2$溶液,168h		无开裂、剥落	
8	耐热性:100℃水,5h		无开裂、剥落	
9	抗冻性—冻融循环(-15℃~+20℃),25次		无开裂、剥落	
10	收缩率(%)	28d ≤	0.15	

注:凝结时间项目可根据用户需要及季节变化进行调整。

三、砂浆强度试验检测

砌筑砂浆和抹面砂浆的强度试验检测是相同的,主要包括两个方面:强度试验检测和冬季施工的强度保证。

1. 强度试验检测

砂浆在圬工砌体中,主要是传递和承受压力,所以,要求砂浆硬化后应有足够的强度,即满足设计要求。在检查砂浆的抗压强度时,是采用70.7mm×70.7mm×70.7mm的立方体试件,在标准养护温度(20℃±3℃)和规定湿度(水泥混合砂浆相对湿度为60%~80%,水泥砂浆和微沫砂浆相对湿度在90%以上)的条件下,养护28d,以其平均极限抗压强度来判断其是否符合设计要求。

砂浆的强度除了与水泥的强度和用量有关外,还与砌体材料的吸水性及施工情况有关。在检查时,要求施工单位对砂浆的拌制做到随拌随用,并保持适宜的稠度,一般在3~4h内使用完毕;气温超过30℃时,要在2~3h内用完。在运输过程中或在储存器中发生离析、泌水的砂浆,砌筑前应重新拌和;已经凝结的砂浆要作废弃处理,绝不允许使用。

应当注意的是,用于砌筑不吸水底面的砂浆,成型试件时应采用有底试模,而用于砌筑多孔吸水底面的砂浆,成型试件时应采用无底试模。

2. 冬季施工时砂浆的强度保证

冬季施工的砂浆,应要求施工单位采取防冻措施,以保证砂浆的强度满足设计要求。

1)材料

砌块要干净,无冰霜附着;砂中不得含有冰块或冻结团块;遇水浸泡后受冻的砌块不能

使用。

2)保温法砌筑

(1)砌体在暖棚中砌筑时,要符合下列规定:

①砌块的温度要在5℃以上;

②砂子和水加温后拌制的砂浆,其温度不得低于15℃;

③室内地面的温度不得低于5℃;

④砂浆的保温时间,要以达到其抗冻强度的时间为准,室外气温、暖棚气温及砂浆温度,每昼夜定时检查不少于3次;

⑤养护时要洒水,保持砌体湿润。

(2)冬季施工前后气温突然降低时,对正在施工的砌体,应要求施工单位采取应急措施。

①拌和砂浆的材料加热,水温不得低于80℃,砂子温度不得低于40℃,使砂浆温度不低于20℃;

②拌制砂浆的速度与砌筑进度密切配合,随拌随用;

③对砌完部分,要用保温材料覆盖,气温低于5℃时,不能洒水养护。

(3)为加速砂浆硬化,缩短保温时间,可建议施工单位在水泥砂浆中掺加氯化钙等早强剂,其掺量要通过试验确定。

3)抗冻砂浆砌筑

氯化钠或氯化钙的掺量超过早强用量的水泥砂浆,称为抗冻砂浆。对抗冻砂浆的检查要注意以下几点:

(1)抗冻砂浆在严寒地区要采用硅酸盐水泥或普通水泥。抗冻砂浆所用砂子的细度模数要尽量大。

(2)抗冻砂浆使用时的温度不得低于5℃。当一天中的最低气温低于-15℃时,承重砌体的砂浆强度按常温提高一级。

(3)用抗冻砂浆砌筑的砌体,要求施工单位在砌筑后进行覆盖,但不得浇水。

(4)抗冻砂浆的抗冻剂掺量要通过试验确定(表5-4),对抗冻剂掺量的检查,每工作班不少于1次。

抗冻砂浆的抗冻剂参考掺量(%)　　表5-4

项次	抗冻剂类别 \ 预计砌后7d内最低气温(℃)	-5	-10	-15	-20
1	单盐氯化钠	6	10	—	—
2	单盐氯化钙	6	10	—	—
3	氯化钠+氯化钙	3+3	6+4	8+5	10+5

注:1. 掺量按拌和水质量的百分数计。

2. 表中掺量可根据具体情况和强度增长速度要求,参照可靠经验或通过试验增减;不允许有严重析盐的砌体,应采用较小的掺量。

3. 本表系用于石砌体,当用于砖砌体时掺量可酌减。

4. 第3项为两种氯盐同时混合掺用。

(5)桥梁支座垫石不能采用抗冻砂浆。

第三节　砂浆材料试验检测监理汇总表

砂浆材料试验检测监理汇总表见表 5-5。

砂浆材料试验检测监理汇总表　　表 5-5

项目	技术要求	允许误差	检测频率	检测方法	监理程序	认可程序	备注
水泥	强度	≥规定值	每批次(≤500t)至少检测一次,发现有问题时随时检测	JTG/T E30—2005	每批进料应有产品质保书。施工单位按自检频率自检,填表上报试验监理工程师,监理人员按规定频率抽检	驻地监理工程师认可	
	安定性	必须合格					
	凝结时间	必须合格					
砂子	粒径小于砂缝宽度的 1/5 ~ 1/4。强度等级≥M5 时,含泥量≤5%;强度等级<M5 时,含泥量≤7%	小于技术要求规定值	每一料源(≤500t)检测一次	JTG/T E42—2005	施工单位按自检频率自检,填表上报试验监理工程师,监理人员按规定频率抽检		
配合比	设计强度等级,和易性	符合设计要求	工程开工前一个月进行试配	JTG/T E42—2005	施工单位试配合格后报给试验监理工程师,监理试验室作复检试验		
强度	设计要求	满足合格强度要求	①重要及主体砌筑物每工作班取 2 组;②一般及次要砌筑物,每工作班取 1 组;③拱圈砂浆应同时制取与砌体同条件养护的试件	JTG/T E42—2005	施工单位自检,监理人员抽检	驻地监理工程师认可	砂浆一般在拌和后 3 ~ 4h 内用完;气温超过 30℃ 时在 2 ~ 3h 内用完

第六章 钢材试验检测的监理

钢材是工程建设中常用的三大建筑材料之一，是建设公路桥梁的主要建筑材料。钢材在桥梁中往往承受着主要的或较大的(设计)荷载。钢材质量的好坏，直接影响到桥梁的结构安全和正常运行，影响到桥梁的使用年限。因此，在选材和性能检测时，必须严肃认真，把好质量关。

钢是一种铁碳合金，含碳量低于2%的通常称之为钢。由于冶炼方法、化学成分、有害杂质及用途不同，钢材可分为不同的种类。按冶炼炉型不同，钢材可分为：平炉钢、氧气转炉钢、电炉钢等，其中以电炉钢质量最好，氧气转炉钢质量最差。按脱氧程度不同可分为：沸腾钢、半镇静钢、镇静钢和特殊镇静钢，以镇静钢和特殊镇静钢质量最好。按含碳量不同可分为：低碳钢(含碳量<0.25%)、中碳钢(含碳量0.25%~0.55%)、高碳钢(含碳量>0.60%)。按合金元素含量不同可分为：低合金钢(合金元素总量<5%)、中合金钢(合金元素总量5%~10%)、高合金钢(合金元素总量>10%)。按有害杂质含量不同可分为：普通钢(钢中磷含量不大于0.045%，硫含量不大于0.055%)、优质钢(钢中磷含量不大于0.035%，硫含量不大于0.035%)、高级优质钢(钢中磷含量不大于0.030%，硫含量不大于0.030%)。按用途不同可分为：结构钢、工具钢、特殊钢。

桥梁工程用钢应具备下列技术要求。

(1)良好的综合力学性能：桥梁结构在使用中承受复杂的交通荷载，同时在无遮盖的条件下经受大气条件下的严酷环境考验，必须具有良好的综合机械性能。除具有较高的屈服点与抗拉强度外，还应具有良好的塑性、冷弯、冲击韧性和抵抗振动应力的疲劳强度以及低温(-40℃)冲击韧性。

(2)良好的焊接性：由于近代焊接技术的发展，桥梁钢结构趋向于采用焊接来代替铆接结构，以加快施工速度和节约钢材。桥梁在焊接后不易整体热处理，因此要求钢材具有良好的焊接性，亦即焊接的连接部分应强而韧，其强度和韧性应不低于或略低于焊件本身，以防止产生硬化脆裂和内应力过大等现象。

(3)良好的抗蚀性：桥梁长期暴露于大气中，所以要求桥梁用钢具有良好的抵抗大气因素腐蚀的性能。

桥梁用钢主要有：碳素结构钢和低合金高强度结构钢。

第一节 钢材试验检测监理的内容和工作流程

一、钢材试验检测的内容

钢材试验检测监理的内容主要有：普通碳素结构钢的机械性能和化学成分；低合金高强度

结构钢的机械性能和化学成分；热轧钢筋的机械性能；预应力混凝土用钢丝（包括钢绞线）的机械性能等。

钢材的机械性能主要有：屈服强度、抗拉强度、塑性、冲击韧性及冷弯性能。

二、钢材试验检测监理的工作流程

钢材试验检测监理的工作流程如图 6-1 所示。

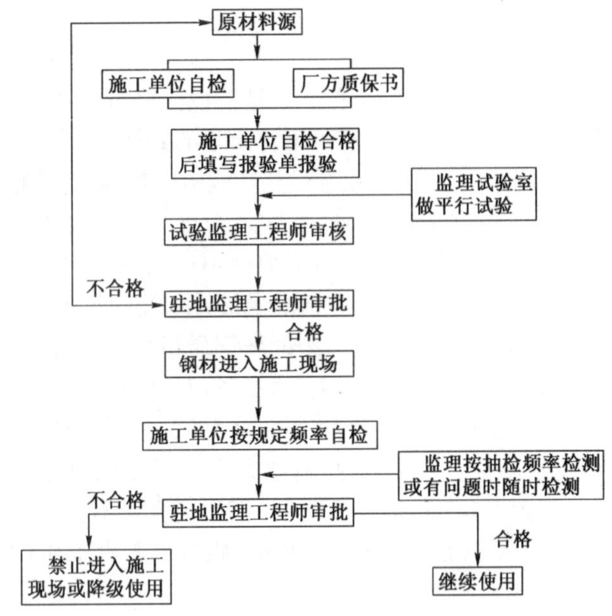

图 6-1　钢材试验检测监理工作流程

第二节　钢材试验检测监理的要点

一、碳素结构钢的技术要求

碳素结构钢在供应时应同时保证钢材的化学成分和机械性能。

1. 碳素结构钢的化学成分

不同牌号的碳素结构钢的化学成分（熔炼分析）应符合表 6-1 的规定。

碳素结构钢的化学成分（熔炼分析）　　表 6-1

牌　号	统一数字代号①	等级	厚度或直径(mm)	脱氧方法	化学成分(质量分数)(%)　≤				
					C	Si	Mn	P	S
Q195	U11952	—	—	F、Z	0.12	0.30	0.50	0.035	0.040
Q215	U12152	A	—	F、Z	0.15	0.35	1.20	0.045	0.050
	U12155	B							0.045

续上表

牌号	统一数字代号[①]	等级	厚度或直径(mm)	脱氧方法	化学成分(质量分数)(%) ≤				
					C	Si	Mn	P	S
Q235	U12352	A	—	F、Z	0.22	0.35	1.40	0.045	0.050
	U12355	B			0.20[②]				0.045
	U12358	C		Z	0.17			0.040	0.040
	U12359	D		TZ				0.035	0.035
Q275	U12752	A	—	F、Z	0.24	0.35	1.50	0.045	0.050
	U12755	B	≤40	Z	0.21			0.045	0.045
			>40		0.22				
	U12758	C	—	Z	0.20			0.040	0.040
	U12759	D		TZ				0.035	0.035

注:①为镇静钢、特殊镇静钢牌号的统一数字,沸腾钢牌号的统一数字代号如下:

Q195F——U11950;

Q215F——U12150,Q215BF——U12153;

Q235F——U12350,Q235BF——U12353;

Q275F——U12750。

②经需方同意,Q235B 的碳含量可不大于 0.22%。

2. 碳素结构钢的力学性能

碳素结构钢的力学性能和冲击韧性应符合表 6-2 的规定,弯曲性能应符合表 6-3 的规定。

碳素结构钢的力学性能和冲击韧性 表 6-2

牌号	等级	屈服强度 R_{eH}^{a}(N/mm^2) ≥						抗拉强度 R_m^b (N/mm^2)	断后伸长率 A(%) ≥					冲击试验(V 形缺口)	
		厚度(或直径)(mm)							厚度(或直径)(mm)					温度(℃)	冲击吸收功(纵向)(J)≥
		≤16	>16~40	>40~60	>60~100	>100~150	>150~200		≤40	>40~60	>60~100	>100~150	>150~200		
Q195	—	195	185	—	—	—	—	315~430	33	—	—	—	—	—	—
Q215	A	215	205	195	185	175	165	335~450	31	30	29	27	26	—	—
	B													+20	27
Q235	A	235	225	215	215	195	185	370~500	26	25	24	22	21	—	—
	B													+20	27[c]
	C													0	
	D													-20	
Q275	A	275	265	255	245	225	215	410~540	22	21	20	18	17	—	—
	B													+20	27
	C													0	
	D													-20	

注:1. Q195 的屈服强度值仅供参考,不作交货条件。

2. 厚度大于 100mm 的钢材,抗拉强度下限允许降低 20N/mm^2。宽带钢(包括剪切钢板)抗拉强度上限不作交货条件。

3. 厚度小于 25mm 的 Q235 级钢材,如供方能保证冲击吸收功值合格,经需方同意,可不做检验。

碳素结构钢的弯曲性能 表 6-3

牌 号	试样方向	冷弯试验 180°, $B=2a$	
		钢材厚度(或直径)(mm)	
		≤60	>60~100
		弯心直径 d	
Q195	纵	0	—
	横	$0.5a$	
Q215	纵	$0.5a$	$1.5a$
	横	a	$2a$
Q235	纵	a	$2a$
	横	$1.5a$	$2.5a$
Q275	纵	$1.5a$	$2.5a$
	横	$2a$	$3a$

注:1. B 为试样宽度,a 为试样厚度(或直径)。

2. 钢材厚度(或直径)大于 100mm 时,弯曲试验由双方协商确定。

二、低合金高强度结构钢的技术要求

1. 低合金高强度结构钢的化学成分

(1)低合金高强度结构钢的化学成分应符合表 6-4 的规定。

低合金高强度结构钢的化学成分 表 6-4

<table>
<tr><td rowspan="3">牌号</td><td rowspan="3">质量等级</td><td colspan="15">化学成分[a,b](质量分数)(%)</td></tr>
<tr><td rowspan="2">C</td><td rowspan="2">Si</td><td rowspan="2">Mn</td><td>P</td><td>S</td><td>Nb</td><td>V</td><td>Ti</td><td>Cr</td><td>Ni</td><td>Cu</td><td>N</td><td>Mo</td><td>B</td><td>Ala</td></tr>
<tr><td colspan="11">≤</td><td>≥</td></tr>
<tr><td rowspan="5">Q345</td><td>A</td><td rowspan="3">≤0.02</td><td rowspan="5">≤0.50</td><td rowspan="5">≤1.70</td><td>0.035</td><td>0.035</td><td rowspan="5">0.07</td><td rowspan="5">0.15</td><td rowspan="5">0.20</td><td rowspan="5">0.30</td><td rowspan="5">0.50</td><td rowspan="5">0.30</td><td rowspan="5">0.012</td><td rowspan="5">0.10</td><td rowspan="5">—</td><td rowspan="2">—</td></tr>
<tr><td>B</td><td>0.035</td><td>0.035</td></tr>
<tr><td>C</td><td>0.030</td><td>0.030</td><td rowspan="3">0.015</td></tr>
<tr><td>D</td><td rowspan="2">≤0.18</td><td>0.030</td><td>0.025</td></tr>
<tr><td>E</td><td>0.025</td><td>0.020</td></tr>
<tr><td rowspan="5">Q390</td><td>A</td><td rowspan="5">≤0.20</td><td rowspan="5">≤0.50</td><td rowspan="5">≤1.70</td><td>0.035</td><td>0.035</td><td rowspan="5">0.07</td><td rowspan="5">0.20</td><td rowspan="5">0.20</td><td rowspan="5">0.30</td><td rowspan="5">0.50</td><td rowspan="5">0.30</td><td rowspan="5">0.015</td><td rowspan="5">0.10</td><td rowspan="5">—</td><td rowspan="2">—</td></tr>
<tr><td>B</td><td>0.035</td><td>0.035</td></tr>
<tr><td>C</td><td>0.030</td><td>0.030</td><td rowspan="3">0.015</td></tr>
<tr><td>D</td><td>0.030</td><td>0.025</td></tr>
<tr><td>E</td><td>0.025</td><td>0.020</td></tr>
</table>

续上表

牌号	质量等级	化学成分①②(质量分数)(%)														
		C	Si	Mn	P	S	Nb	V	Ti	Cr	Ni	Cu	N	Mo	B	Ala
					≤											≥
Q420	A				0.035	0.035										—
	B				0.035	0.035										
	C	≤0.02	≤0.50	≤1.70	0.030	0.030	0.07	0.20	0.20	0.30	0.80	0.30	0.015	0.20	—	
	D				0.030	0.025										0.015
	E				0.025	0.020										
Q460	C				0.030	0.030										
	D	≤0.20	≤0.60	≤1.80	0.030	0.025	0.11	0.20	0.20	0.30	0.80	0.55	0.015	0.20	0.004	0.015
	E				0.025	0.020										
Q500	C				0.030	0.030										
	D	≤0.18	≤0.60	≤1.80	0.030	0.025	0.11	0.12	0.20	0.60	0.80	0.55	0.015	0.20	0.004	0.015
	E				0.025	0.020										
Q550	C				0.030	0.030										
	D	≤0.18	≤0.60	≤2.00	0.030	0.025	0.11	0.12	0.20	0.80	0.80	0.80	0.015	0.30	0.004	0.015
	E				0.025	0.020										
Q620	C				0.030	0.030										
	D	≤0.18	≤0.60	≤2.00	0.030	0.025	0.11	0.12	0.20	1.00	0.80	0.80	0.015	0.30	0.004	0.015
	E				0.025	0.020										
Q690	C				0.030	0.030										
	D	≤0.18	≤0.60	≤2.00	0.030	0.025	0.11	0.12	0.20	1.00	0.80	0.80	0.015	0.30	0.004	0.015
	E				0.025	0.020										

注:①型材及棒材 P、S 含量可提高 0.005%,其中 A 级钢上限可为 0.045%。

②当细化晶粒元素组合加入时,20(Nb + V + Ti) ≤0.22%,20(Mo + Cr) ≤0.30%。

(2)各牌号除 A 级钢以外,当以热轧、控轧状态交货时,其最大碳当量值应符合表 6-5 的规定;当以正火、正火轧制、正火加回火状态交货时,其最大碳当量值应符合表 6-6 的规定;当以热机械轧制(TMCA)或热机械轧制加回火状态交货时,其最大碳当量值应符合表 6-7 的规定。碳当量(CEV)应由熔炼分析成分并采用式(6-1)计算。

$$CEV = C + Mn/6 + (Cr + Mo + V)/5 + (Ni + Cu)/15 \tag{6-1}$$

热轧、控轧状态交货钢材碳当量　　表 6-5

牌　号	碳当量(CEV)(%)		
	公称厚度或直径 ≤63mm	公称厚度或直径 63 ~250mm	公称厚度 >250mm
Q345	≤0.44	≤0.47	≤0.47
Q390	≤0.45	≤0.48	≤0.48
Q420	≤0.45	≤0.48	≤0.48
Q460	≤0.46	≤0.49	—

正火、正火轧制、正火加回火状态交货钢材的碳当量　　表6-6

牌　　号	碳当量(CEV)(%)		
	公称厚度或直径≤63mm	公称厚度或直径63～250mm	公称厚度>250mm
Q345	≤0.45	≤0.48	≤0.48
Q390	≤0.46	≤0.48	≤0.48
Q420	≤0.48	≤0.50	≤0.52
Q460	≤0.53	≤0.54	≤0.55

热机械轧制(TMCP)或热机械轧制加回火状态交货钢材的碳当量　　表6-7

牌　　号	碳当量(CEV)(%)		
	公称厚度或直径≤63mm	公称厚度或直径63～250mm	公称厚度>250mm
Q345	≤0.44	≤0.45	≤0.45
Q390	≤0.46	≤0.47	≤0.47
Q420	≤0.46	≤0.47	≤0.47
Q460	≤0.47	≤0.48	≤0.48
Q500	≤0.47	≤0.48	≤0.48
Q550	≤0.47	≤0.48	≤0.48
Q620	≤0.48	≤0.49	≤0.49
Q690	≤0.49	≤0.49	≤0.49

(3)热机械轧制(TMCP)或热机械轧制加回火状态交货钢材的碳含量不大于0.12%时,可采用焊接裂纹敏感性指数(Pcm)代替碳当量评估钢材的可焊性。Pcm应由熔炼分析成分并采用式(6-2)计算,其值应符合表6-8的规定。

$$Pcm = C + Si/30 + Mn/20 + Cu/20 + Ni/60 + Cr/20 + Mo/15 + V/10 + 5B \tag{6-2}$$

经供需双方协商,可指定采用碳当量或焊接裂纹敏感性指数作为衡量可焊性的指标,当未指定时,供方可任选其一。

热机械轧制(TMCP)或热机械轧制加回火状态交货钢材Pcm值　　表6-8

牌　　号	Pcm(%)	牌　　号	Pcm(%)
Q345	≤0.20	Q500	≤0.25
Q390	≤0.20	Q550	≤0.25
Q420	≤0.20	Q620	≤0.25
Q460	≤0.20	Q690	≤0.25

2. 力学性能及工艺性能

1)拉伸试验

钢材拉伸试验的性能应符合表6-9的规定。

钢材的拉伸性能

表 6-9

牌号	质量等级	拉伸试验①②③																					
		以下公称厚度(直径,边长)下屈服强度(R_{aL})(MPa)									以下公称厚度(直径,边长)抗拉强度(R_m)(MPa)							断后伸长率 A(%) 公称厚度(直径,边长)					
		≤16mm	>16~40mm	>40~63mm	>63~80mm	>80~100mm	>100~150mm	>150~200mm	>200~250mm	>250~400mm	≤40mm	>40~63mm	>63~80mm	>80~100mm	>100~150mm	>150~250mm	>250~400mm	≤40mm	>40~63mm	>63~100mm	>100~150mm	>150~250mm	>250~400mm
Q345	A	≥345	≥335	≥325	≥315	≥305	≥285	≥275	≥265	—	470~630	470~630	470~630	470~630	450~600	450~600	—	≥20	≥19	≥19	≥18	≥17	—
	B																						
	C																	≥21	≥20	≥20	≥19	≥18	
	D									≥265							450~600						≥17
	E																						
Q390	A	≥390	≥370	≥350	≥330	≥330	≥310	—	—	—	490~650	490~650	490~650	490~650	470~620	—	—	≥20	≥19	≥19	≥18	—	—
	B																						
	C																						
	D																						
	E																						
Q420	A	≥420	≥400	≥380	≥360	≥360	≥340	—	—	—	520~680	520~680	520~680	520~680	500~650	—	—	≥19	≥18	≥18	≥18	—	—
	B																						
	C																						
	D																						
	E																						

续上表

牌号	质量等级	拉伸试验①②③																					
		以下公称厚度（直径，边长）下屈服强度（R_{aL}）（MPa）									以下公称厚度（直径，边长）抗拉强度（R_m）（MPa）							断后伸长率 A（%）公称厚度（直径，边长）					
		≤16mm	>16～40mm	>40～63mm	>63～80mm	>80～100mm	>100～150mm	>150～200mm	>200～250mm	>250～400mm	≤40mm	>40～63mm	>63～80mm	>80～100mm	>100～150mm	>150～250mm	>250～400mm	≤40mm	>40～63mm	>63～100mm	>100～150mm	>150～250mm	>250～400mm
Q460	C	≥460	≥440	≥420	≥400	≥400	≥380	—	—	—	550～720	550～720	550～720	550～720	530～700	—	—	≥17	≥16	≥16	≥16	—	—
	D																						
	E																						
Q500	C	≥500	≥480	≥470	≥450	≥440	—	—	—	—	610～770	600～760	590～750	540～730	—	—	—	≥17	≥17	≥17	—	—	—
	D																						
	E																						
Q550	C	≥550	≥530	≥520	≥500	≥490	—	—	—	—	670～830	620～810	600～790	590～780	—	—	—	≥16	≥16	≥16	—	—	—
	D																						
	E																						
Q620	C	≥620	≥600	≥590	≥570	—	—	—	—	—	710～880	690～880	670～860	—	—	—	—	≥15	≥15	≥15	—	—	—
	D																						
	E																						
Q690	C	≥690	≥670	≥660	≥640	—	—	—	—	—	770～940	750～920	730～900	—	—	—	—	≥14	≥14	≥14	—	—	—
	D																						
	E																						

注：①当屈服不明显时，可测量 $R_{p0.2}$ 代替下屈服强度。

②宽度不小于 600mm 扁平材，拉伸试验取横向试样；宽度小于 600mm 的扁平材、型材及棒材取纵向试样，断后伸长率最小值相应提高 1%（绝对值）。

③厚度 >250～400mm 的数值适用于扁平材。

2）夏比（V 形）冲击试验

钢材的夏比（V 形）冲击试验的试验温度和冲击吸收能量应符合表 6-10 的规定。

夏比（V 形）冲击试验的试验温度和冲击吸收能量　　表 6-10

<table>
<tr><th rowspan="3">牌　号</th><th rowspan="3">质量等级</th><th rowspan="3">试验温度（℃）</th><th colspan="3">冲击吸收能量 KV_g（J）</th></tr>
<tr><th colspan="3">公称厚度（直径、边长）</th></tr>
<tr><th>12～150mm</th><th>>150～250mm</th><th>>250～400mm</th></tr>
<tr><td rowspan="4">Q345</td><td>B</td><td>20</td><td rowspan="4">≥34</td><td rowspan="4">≥27</td><td rowspan="2">—</td></tr>
<tr><td>C</td><td>0</td></tr>
<tr><td>D</td><td>-20</td><td rowspan="2">27</td></tr>
<tr><td>E</td><td>-40</td></tr>
<tr><td rowspan="4">Q390</td><td>B</td><td>20</td><td rowspan="4">≥34</td><td rowspan="4">—
—
—
—</td><td rowspan="4">—
—
—
—</td></tr>
<tr><td>C</td><td>0</td></tr>
<tr><td>D</td><td>-20</td></tr>
<tr><td>E</td><td>-40</td></tr>
<tr><td rowspan="4">Q420</td><td>B</td><td>20</td><td rowspan="4">≥34</td><td rowspan="4">—
—
—
—</td><td rowspan="4">—
—
—
—</td></tr>
<tr><td>C</td><td>0</td></tr>
<tr><td>D</td><td>-20</td></tr>
<tr><td>E</td><td>-40</td></tr>
<tr><td rowspan="3">Q460</td><td>C</td><td>0</td><td rowspan="3">≥34</td><td>—</td><td>—</td></tr>
<tr><td>D</td><td>-20</td><td>—</td><td>—</td></tr>
<tr><td>E</td><td>-40</td><td>—</td><td>—</td></tr>
<tr><td rowspan="3">Q500、Q550、Q620、Q690</td><td>C</td><td>0</td><td>≥55</td><td>—</td><td>—</td></tr>
<tr><td>D</td><td>-20</td><td>≥47</td><td>—</td><td>—</td></tr>
<tr><td>E</td><td>-40</td><td>≥31</td><td>—</td><td>—</td></tr>
</table>

注：冲击试验取纵向试样。

3）弯曲试验

当需方要求做弯曲试验时，弯曲试验应符合表 6-11 的规定。当供方保证弯曲合格时，可不做弯曲试验。

弯曲试验　　表6-11

牌号	试样方向	180°弯曲试验 [d=弯心直径,a=试样厚度(直径)]	
		钢材厚度(直径,边长)	
		≤16mm	>16~100mm
Q345 Q390 Q420 Q460	宽度不小于600mm扁平材,拉伸试验取横向试样,宽度小于600mm扁平材、型材及棒材,拉伸试验取纵向试样	2a	3a

3.表面质量

钢材的表面质量应符合相关产品标准的规定。

三、钢筋混凝土和预应力混凝土用钢筋和钢丝

1.热轧钢筋

1)钢筋混凝土用热轧光圆钢筋

(1)分级与牌号:钢筋按屈服强度特征值分为235级、300级。钢筋牌号的构成及其含义见表6-12。

热轧光圆钢筋的牌号　　表6-12

产品名称	牌号	牌号构成	英文字母含义
热轧光圆钢筋	HPB235	由HPB+屈服强度特征值构成	HPB-热轧光圆钢筋的英文(Hot rolled Plain Bars)缩写
	HPB300		

(2)牌号与化学成分:钢筋牌号及化学成分(熔炼分析)应符合表6-13的规定。

热轧光圆钢筋的化学成分　　表6-13

牌号	化学成分(质量分数)(%)≤				
	C	Si	Mn	P	S
HPB235	0.22	0.30	0.65	0.045	0.050
HPB300	0.25	0.55	1.50		

(3)力学性能:钢筋的屈服强度 R_{cl}、抗拉强度 R_m、断后伸长率 A、最大总伸长率 A_{gt} 等力学性能特征值应符合表6-14的规定。

热轧光圆钢筋的力学性能　　表6-14

牌号	R_{cl}(MPa)	R_m(MPa)	A(%)	A_{gt}(%)	冷弯试验180° d-弯芯直径; a-钢筋公称直径
	≥				
HPB235	235	370	25.0	10.0	$d=a$
HPB300	300	420			

(4)弯曲性能:按表6-14规定的弯芯直径弯曲180°后,钢筋受弯曲部位表面不得产生

裂纹。

2)钢筋混凝土用热轧带肋钢筋

(1)分类、牌号:热轧带肋钢筋按屈服强度特征值分为335级、400级、500级。钢筋牌号的构成及其含义见表6-15。

热轧带肋钢筋牌号 表6-15

类别	牌号	牌号构成	英文字母含义
普通热轧钢筋	HRB335 HRB400 HRB500	由HRB+屈服强度特征值构成	HRB-热轧带肋钢筋的英文(Hot rolled Ribbed Bars)缩写
细晶粒热轧钢筋	HRBF335 HRBF400 HRBF500	由HRBF+屈服强度特征值构成	HRBF-在热轧带肋钢筋的英文缩写后加"细"的英文(Fine)首位字母

(2)牌号与化学成分。钢筋牌号及化学成分和碳当量(熔炼分析)应符合表6-16的规定。根据需要,钢中还可加入V、Nb、Ti等元素。

热轧带肋钢筋的化学成分 表6-16

牌号	化学成分(质量分数)(%) ≤					
	C	Si	Mn	P	S	Ceq
HRB335 HRBF335	0.25	0.80	1.60	0.045	0.045	0.52
HRB400 HRBF400						0.54
HRB500 HRBF500						0.55

(3)力学性能:钢筋的屈服强度R_{cl}、抗拉强度R_m、断后伸长率A、最大总伸长率A_{gt}等力学性能特征值应符合表6-17的规定。

热轧带肋钢筋的力学性能 表6-17

牌号	R_{gL}(MPa)	R_m(MPa)	A(%)	A_{gt}(%)
	≥			
HRB335 HRBF335	335	455	17	7.5
HRB400 HRBF400	400	540	16	
HRB500 HRBF500	500	630	15	

直径28~40mm各牌号钢筋的断后伸长率A可降低1%;直径大于40mm各牌号钢筋的断后伸长A可降低2%。

有较高要求的抗震结构适用牌号为:在表6-15中已有牌号加E(例如HRB400E、

HRBF400E)的钢筋,该类钢筋除应满足以下要求外,其他要求与相对应的已有牌号钢筋相同。

①钢筋实测抗拉强度与实测屈服强度之比 R_m^o/R_{mL}^o 不大于1.25。

②钢筋实测屈服强度与实测屈服强度特征值之比 R_{cL}^o/R_{cL} 不小于1.30。

③钢筋的最大力总伸长率 A_{gt} 不小于9%。

对于没有明显屈服强度的钢筋,屈服强度特征值 R_{cL} 应采用规定非比例延伸强度 $R_{p0.2}$。

(4)工艺性能:按表6-18规定的弯心直径弯曲180°后,钢筋受弯曲部位表面不得产生裂纹。

热轧带肋钢筋的弯心直径(单位:mm)　　表6-18

牌　号	公称直径 d	弯芯直径 D
HRB335 HRBF335	6~25	3d
	28~40	4d
	>40~50	5d
HRB400 HRBF400	6~25	4d
	28~40	5d
	>40~50	6d
HRB500 HRBF500	6~25	6d
	28~40	7d
	>40~50	8d

(5)表面质量:钢筋表面不得有裂纹、结疤和折痕。钢筋表面允许有凸块,但不得超过横肋的高度,钢筋表面上其他缺陷的深度和高度不得大于所在部位尺寸的允许偏差。

2. 冷轧带肋钢筋

冷轧带肋钢筋是热轧盘条经冷轧或冷拔减径后在其表面冷轧成三面有肋的钢筋。国家标准《冷轧带肋钢筋》(GB 13788—2008)规定,冷轧带肋钢筋分为CRB550、CRB650、CRB800、CRB970四个牌号。CRB550为普通钢筋混凝土用钢筋,其余牌号为预应力混凝土用钢筋。

冷轧带肋钢筋用盘条的参考牌号和化学成分(熔炼分析)见表6-19,60钢的Ni、Cr、Cu含量(质量分数)各不大于0.25%。

冷轧带肋钢筋用盘条的参考牌号和化学成分(熔炼分析)　　表6-19

钢筋牌号	盘条牌号	化学成分(质量分数)(%)					
		C	Si	Mn	V、Ti	S	P
CRB550 CRB650	Q215	0.09~0.15	≤0.30	0.25~0.55	—	≤0.050	≤0.045
	Q235	0.14~0.22	≤0.30	0.30~0.65	—	≤0.050	≤0.045

续上表

钢筋牌号	盘条牌号	化学成分(质量分数)(%)					
		C	Si	Mn	V、Ti	S	P
CRB800	24MnTi	0.19~0.27	0.17~0.37	1.20~1.60	Ti:0.01~0.05	≤0.045	≤0.045
	20MnSi	0.17~0.25	0.40~0.80	1.20~1.60	—	≤0.045	≤0.045
CRB970	41MnSiV	0.37~0.45	0.60~1.10	1.00~1.40	V:0.05~0.12	≤0.045	≤0.045
	60	0.57~0.65	0.17~0.37	0.50~0.80	—	≤0.045	≤0.045

冷轧带肋钢筋的力学性能和工艺性能应符合表6-20的规定，钢筋的强屈比比值 $R_m/R_{p0.2}$ 应不小于1.03。反复弯曲试验的弯曲半径应符合表6-21的规定，且弯曲部位表面不得产生裂纹。

冷轧带肋钢筋的力学性能和工艺性能　　表6-20

牌　号	$R_{P0.2}$(MPa)≥	R_m(MPa)≥	伸长率(%)≥		弯曲试验180°	反复弯曲试验	应力松弛初始应力应相当于公称抗拉强度的70%
			$A_{11.0}$	A_{100}			1 000h松弛率(%)　≥
CRB550	500	550	8.0	—	$D=3d$	—	—
CRB650	585	650	—	4.0	—	3	8
CRB800	720	800	—	4.0	—	3	8
CRB970	875	970	—	4.0	—	3	8

注：表中 D 为弯心直径，d 为钢筋公称直径。

反复弯曲试验的弯曲半径(单位:mm)　　表6-21

钢筋公称直径	4	5	6
弯曲半径	10	15	15

3.热处理钢筋

热处理钢筋又称调质钢筋，是采用热轧螺纹钢筋经淬火和回火调质处理制成。热处理钢筋的力学性能应符合表6-22的规定。

预应力混凝土用热处理钢筋的力学性能　　表6-22

公称直径(mm)	牌　号	$\sigma_{p0.2}$(MPa)　≥	σ_b(MPa)　≥	伸长度 δ_{10}(%)
6	$40Si_2Mn$	1 325	1 476	6
8.2	$48Si_2Mn$			
10	$45Si_2Cr$			

钢筋表面不得有肉眼可见的裂纹、结疤、折叠；允许有凸块，但不得超过横肋高度的凸块；表面允许有不影响使用的缺陷，但不得沾有油污。

4.预应力混凝土用钢棒(筋)

预应力混凝土用钢棒的性能应符合表6-23~表6-25的要求。

钢棒的公称直径、横截面积、质量及性能 表 6-23

表面形状类型	公称直径 D_0 (mm)	公称横截面积 S_0 (mm^2)	横截面积 S(mm^2)		每米参考质量 (g/m)	抗拉强度 R_m (MPa) ≥	规定非比例伸长应力 $R_{p0.2}$ (MPa) ≥	弯曲性能	
			最小	最大				性能要求	弯曲半径(mm)
光圆	6	28.3	26.8	29.0	222	对所有规格钢棒 1 080 1 230 1 420 1 570	对所有规格钢棒 930 1 080 1 280 1 420	反复弯曲不少于4次/180°	15
	7	38.5	36.3	39.5	302				20
	8	50.3	47.5	51.5	394				20
	10	78.5	74.1	80.4	616				25
	11	95.0	93.1	97.4	746			弯曲160°~180°后弯曲处无裂纹	弯芯直径为钢棒公称直径的10倍
	12	113	106.8	115.8	887				
	13	133	130.3	136.3	1044				
	14	154	145.6	157.8	1209				
	16	201	190.2	206.0	1578				
螺旋槽	7.1	40	39.0	41.7	314			—	
	9	64	62.4	66.5	502				
	10.7	90	87.5	93.6	707				
	12.6	125	121.5	129.9	981				
螺旋肋	6	28.3	26.8	29.0	222			反复弯曲不少于4次/180°	15
	7	38.5	36.3	39.5	302				20
	8	50.3	47.5	51.5	394				20
	10	78.5	74.1	80.4	616				25
	12	113	106.8	115.8	888			弯曲160°~180°后弯曲处无裂纹	弯芯直径为钢棒公称直径的10倍
	14	154	145.6	157.8	1209				
带肋	6	28.3	26.8	29.0	222			—	
	8	50.3	47.5	51.5	394				
	10	78.5	74.1	80.4	616				
	12	113	106.8	115.8	887				
	14	154	145.6	157.8	1 209				
	16	201	190.2	206.0	1 578				

伸长特性要求　　表 6-24

延性级别	最大力总伸长率 A_{gt}(%)　≥	断后伸长率($L_a=8d$) A(%)　≥	延性级别	最大力总伸长率 A_{gt}(%)　≥	断后伸长率($L_a=8d$) A(%)　≥
延性 35	3.5	7.0	延性 25	2.5	5.0

注:1. 日常检验可用断后伸长率,仲裁试验以最大力总伸长率为准。

2. 最大力伸长率标距 $L_o=200$mm。

3. 断后伸长率标距 L_a 为钢棒公称直径的 8 倍,$L_a=8d$。

最 大 松 弛 值　　表 6-25

初始应力为公称抗拉强度的百分数(%)	1 000h 松弛值(%)	
	普通松弛 N	低松弛 L
70	4.0	2.0
60	2.0	1.0
80	9.0	4.5

5. 预应力混凝土用钢丝

预应力混凝土用优质钢丝具有强度高、柔性好、松弛率低、耐蚀等特点,适用于各种特殊要求的预应力结构。

(1)消除应力钢丝:消除应力钢丝的力学性能应符合表 6-26 的规定。

(2)刻痕钢丝:刻痕钢丝的力学性能应符合表 6-27 的规定。

(3)冷拉钢丝:冷拉钢丝的力学性能应符合表 6-28 的规定。

消除应力钢丝(光圆及螺肋)的力学性能　　表 6-26

<table>
<tr><th rowspan="4">公称直径 d_0 (mm)</th><th rowspan="4">抗拉强度 σ_b (MPa)　≥</th><th colspan="2" rowspan="3">规定非比例伸长应力 $\sigma_{p0.2}$ (MPa)　≥</th><th rowspan="4">最大力下总伸率 ($L_0=200$mm) δ_{gt}(%)　≥</th><th rowspan="4">弯曲次数 (次/180°) ≥</th><th rowspan="4">弯曲半径 R(mm)</th><th colspan="3">应力松弛性能</th></tr>
<tr><th rowspan="2">初始应力相当于抗拉强度的百分数(%)</th><th colspan="2">1 000h 后应力松弛率 r(%)　≤</th></tr>
<tr><th>WLR</th><th>WNR</th></tr>
<tr><th>WLR</th><th>WNR</th><th colspan="3">对所有规格</th></tr>
<tr><td>4.00</td><td>1 470</td><td>1 290</td><td>1 250</td><td rowspan="13">3.5</td><td>3</td><td>10</td><td rowspan="13">60
70
80</td><td rowspan="13">1.0
2.0
4.5</td><td rowspan="13">4.5
8
12</td></tr>
<tr><td rowspan="2">4.80</td><td>1 570</td><td>1 380</td><td>1 330</td><td rowspan="4">4</td><td rowspan="4">15</td></tr>
<tr><td>1 670</td><td>1 470</td><td>1 410</td></tr>
<tr><td rowspan="2">5.00</td><td>1 770</td><td>1 560</td><td>1 500</td></tr>
<tr><td>1 860</td><td>1 640</td><td>1 580</td></tr>
<tr><td>6.00</td><td>1 470</td><td>1 290</td><td>1 250</td><td>4</td><td>15</td></tr>
<tr><td rowspan="2">6.25</td><td>1 570</td><td>1 380</td><td>1 330</td><td rowspan="2">4</td><td rowspan="2">20</td></tr>
<tr><td>1 670</td><td>1 470</td><td>1 410</td></tr>
<tr><td>7.00</td><td>1 770</td><td>1 560</td><td>1 500</td><td>4</td><td>20</td></tr>
<tr><td>8.00</td><td>1 470</td><td>1290</td><td>1 250</td><td>4</td><td>20</td></tr>
<tr><td>9.00</td><td>1 570</td><td>1 380</td><td>1 330</td><td>4</td><td>25</td></tr>
<tr><td>10.00</td><td rowspan="2">1 470</td><td rowspan="2">1 290</td><td rowspan="2">1 250</td><td>4</td><td>25</td></tr>
<tr><td>12.00</td><td>4</td><td>30</td></tr>
</table>

消除应力刻痕钢丝的力学性能 表 6-27

公称直径 d_0 (mm)	抗拉强度 R_b (MPa) ≥	规定非比例伸长应力 $\sigma_{p0.2}$ (MPa) ≥		最大力下总伸率 (L_0 = 200mm) δ_{gt}(%) ≥	弯曲次数 (次/180°) ≥	弯曲半径 R(mm)	应力松弛性能		
							初始应力相当于抗拉强度的百分数(%)	1 000h 后应力松弛率 r(%) ≤	
		WLR	WNR					WLR	WNR
							对所有规格		
≤5.0	1 470	1 290	1 250	3.5	3	15	60	1.5	4.5
	1 570	1 380	1 330				70	2.5	8
	1 670	1 470	1 410				80	4.5	12
	1 770	1 560	1 500						
	1 860	1 640	1 580						
>5.0	1 470	1 290	1 250			20			
	1 570	1 380	1 330						
	1 670	1 470	1 410						
	1 770	1 560	1 500						

冷拉钢丝的力学性能 表 6-28

公称直径 d_0 (mm)	抗拉强度 R_b (MPa) ≥	规定非比例伸长应力 $\sigma_{p0.2}$ (MPa) ≥	最大力下总伸率 (L_0 = 200mm) δ_{gt}(%) ≥	弯曲次数 (次/180°) ≥	弯曲半径 R(mm)	断面收缩率 ϕ(%) ≥	每 210mm 扭矩的扭转次数 n ≥	初始应力相当于 70% 公称抗拉强度时，1 000h 后应力松弛率 r(%) ≤
3.00	1 470	1 100	1.5	4	7.5	—	—	8
4.00	1 570	1 180		4	10	35	8	
5.00	1 670	1 250		4	15		8	
	1 770	1 330						
6.00	1470	1 100		5	15	30	7	
7.00	1 570	1 180		5	20		6	
8.00	1670	1 250		5	20		5	
	1 770	1 330						

(4)表面质量：钢丝表面不得有裂纹、小刺、机械损伤、氧化皮和油污。回火成品表面允许有回火颜色。除非另有协议，表面允许有浮锈，但不得锈蚀成肉眼可见的麻坑。

消除应力的伸直性：取 1m 的钢丝，其弦与弧的最大自然矢高，光面钢丝不大于 20mm，刻痕钢丝不大于 30mm。

6. 预应力混凝土用钢绞线

1)力学性能

预应力混凝土用钢绞线的力学性能见表 6-29 ~ 表 6-31。

供方在保证1 000h松弛值合格的基础上，可进行10h的松弛试验，在初始应力相当于公称抗拉强度70%时，松弛率应不大于1.5%。

2）表面质量

（1）成品钢绞线的表面不得带有润滑剂、油渍等降低钢绞线与混凝土黏结力的物质。钢绞线表面允许有轻微的锈蚀，但不得锈蚀成肉眼可见的麻坑。

（2）钢绞线的伸直性：取弦长1m的钢绞线，放在一平面上，其弦与弧内侧最大自然矢高不大于25mm。

1×2结构钢绞线力学性能　　表6-29

钢绞线结构	钢绞线公称直径 D_n(mm)	抗拉强度 R_m(MPa) ≥	整根钢绞线的最大力 F_m(kN) ≥	规定非比例延伸力 $F_{p0.2}$(kN) ≥	最大力总伸长率(L_o≥400mm) A_{gt}(%) ≥	应力松弛性能：初始负荷相当于公称最大力的百分数(%)	应力松弛性能：1 000h后应力松弛率 r(%) ≤
1×2	5.00	1 570	15.4	13.9	对所有规格	对所有规格	对所有规格
		1 720	16.9	15.2			
		1 860	18.3	16.5			
		1 960	19.2	17.3			
	5.80	1 570	20.7	18.6			
		1 720	22.7	20.4		60	1.0
		1 860	24.6	22.1			
		1 960	25.9	23.3			
	8.00	1 470	36.9	33.2			
		1 570	39.4	35.5	3.5		
		1 720	43.2	38.9		70	2.5
		1 860	46.7	42.0			
		1 960	49.2	44.3			
	10.00	1 470	57.8	52.0			
		1 570	61.7	55.5		80	4.5
		1 720	67.6	60.8			
		1 860	73.1	65.8			
		1 960	77.0	69.3			
	12.00	1 470	83.1	74.8			
		1 570	88.7	79.8			
		1 720	97.2	87.5			
		1 860	105	94.5			

注：规定非比例延伸力 $F_{p0.2}$ 值不小于整根钢绞线公称最大力 F_m 的90%。

1×3 结构钢绞线力学性能 表 6-30

钢绞线结构	钢绞线公称直径 D_n(mm)	抗拉强度 R_m(MPa) ≥	整根钢绞线的最大力 F_m (kN) ≥	规定非比例延伸力 $F_{p0.2}$ (kN) ≥	最大力总伸长率(L_o≥400mm) A_{gt}(%) ≥	应力松弛性能：初始负荷相当于公称最大力的百分数(%)	应力松弛性能：1 000h 后应力松弛率 r(%) ≤
1×3	6.20	1 570	31.1	28.0	对所有规格	对所有规格	对所有规格
		1 720	34.1	30.7			
		1 860	36.8	33.1			
		1 960	38.8	34.9			
	6.50	1 570	33.3	30.0			
		1 720	36.5	32.9		60	1.0
		1 860	39.4	35.5			
		1 960	41.6	37.5			
	8.60	1 470	55.4	49.9			
		1 570	59.2	53.3	3.5	70	2.5
		1 720	64.8	58.3			
		1 860	70.1	63.1			
		1 960	73.9	66.5			
	8.74	1 570	60.6	54.6		80	4.5
		1 670	64.5	58.1			
		1 860	71.8	64.6			
	10.80	1 470	86.6	78.0			
		1 570	92.5	83.3			
		1 720	101	90.9			
		1 860	110	99.0			
		1 960	115	104			
	12.90	1 470	125	123			
		1 570	133	120			
		1 720	146	131			
		1 860	158	142			
		1 960	166	149			
1×3I	8.74	1 570	60.6	54.6			
		1 670	64.5	58.1			
		1 860	71.8	64.6			

注：规定非比例延伸力 $F_{p0.2}$ 值不小于整根钢绞线公称最大力 F_m 的 90%。

1×7 结构钢绞线力学性能 表 6-31

钢绞线结构	钢绞线公称直径 D_n(mm)	抗拉强度 R_m(MPa) ≥	整根钢绞线的最大力 F_m(kN) ≥	规定非比例延伸力 $F_{p0.2}$(kN) ≥	最大力总伸长率(L_o≥400mm) A_{gt}(%) ≥	应力松弛性能	
						初始负荷相当于公称最大力的百分数(%)	1 000h 后应力松弛率 r(%) ≤
1×7	9.50	1 720	94.3	84.9	对所有规格	对所有规格	对所有规格
		1 860	102	91.8			
		1 960	107	963			
	11.10	1 720	128	115			
		1 860	138	124			
		1 960	145	131			
	12.70	1 720	170	153			
		1 860	184	166		60	1.0
		1 960	193	174			
	15.20	1 470	206	185			
		1 570	220	198			
		1 670	234	211			
		1 720	241	217		70	2.5
		1 860	260	234			
		1 960	274	253	3.5		
	15.70	1 770	266	239			
		1 860	279	251		80	4.5
	17.80	1 570	327	294			
		1 860	353	318			
(1×7)C	12.70	1 860	208	187			
	15.20	1 820	300	270			
	18.00	1 720	384	346			

注:规定非比例延伸力 $F_{p0.2}$ 值不小于整根钢绞线公称最大力 F_m 的 90%。

7. 精轧螺纹钢筋

1)力学性能

精轧螺纹钢筋的力学性能见表 6-32。

2)表面质量

钢筋的表面不得有横向裂纹、结疤和折叠,钢筋表面允许有不影响力学性能和连接的缺陷。

精轧螺纹钢筋的力学性能　　表 6-32

级　别	屈服强度 R_{eL}(MPa)	抗拉强度 R_m(MPa)	断裂伸长率 A(%)	最大力下总伸长率 A_{gt}(%)	应力松弛性能	
	≥				初始应力	1 000h 后应力松弛率 r_t(%)
PSB785	785	980	7	3.5	$0.8R_{eL}$	≤3
PSB830	830	1 030	6			
PSB930	930	1 080	6			
PSB1080	1 080	1 230	6			

注：供方在保证钢筋 1 000h 松弛性能合格的基础上，可进行 10h 松弛试验，初始应力为公称屈服强度的 80%，松弛率不大于 1.5%。

四、钢筋焊接用焊条

钢筋电弧焊所采用的焊条其性能应符合低碳钢和低合金钢电焊条标准的有关规定，其牌号应符合设计要求，设计未作规定时，可参照表 6-33 选用。

钢筋焊条牌号选用　　表 6-33

钢筋牌号	电弧焊接头形式			
	帮条焊 搭接焊	坡口焊 熔槽帮条焊 预埋件穿孔塞焊	窄间隙焊	钢筋与钢板搭接焊 预埋件 T 形角焊
R235	E4303	E4303	E4316,E4315	E4303
HRB335	E4303	E5003	E5016,E5015	E4303
HRB400	E5003	E5503	E6016,E6015	E5003
HRB500	E5003	E5503	—	—

第三节　钢材试验检测监理汇总表

钢材试验检测监理汇总表见表 6-34。

钢材试验检测监理汇总表　　表 6-34

项　目		技术要求	检测频率	检测方法	监理程序	认可程序
碳素结构钢	化学成分 力学性能 工艺性能	见表 6-1 ~ 表 6-3	每批(同一截面尺寸，同一炉罐号)不大于 60t 取样 1 次	GB 700—2006	①检查钢材出厂质量合格证或进口钢材的商检证； ②施工单位按自检频率取样，经认可的试验室出具的试验报告； ③监理人员按抽检频率取样试验；	由驻地监理工程师书面认可
低合金高强度结构钢	化学成分 力学性能 工艺性能	见表 6-4、表 6-9、表 6-11		GB 1591—2008		
钢筋混凝土用钢筋	热轧钢筋的化学成分、机械性能，冷轧钢筋的机械性能	见表 6-13、表 6-14、表 6-16 ~ 表 6-21		GB 1499.1—2008 GB 1499.2—2007 GB 13788—2008		

续上表

项　目		技术要求	检测频率	检测方法	监理程序	认可程序
预应力混凝土用钢筋和钢丝	预应力混凝土用钢棒的力学性能	见表6-23～表6-25	每批(同一截面尺寸,同一炉罐号)不大于20t取样1次	GB/T 5223.3—2005	④当材质可疑时,应随时检测并上报	由驻地监理工程师书面认可
	预应力混凝土用钢丝的力学性能	见表6-26～表6-28	逐盘做抗拉强度、伸长率和弯曲试验,从每盘钢丝上任一端截去不少于500mm后再取2个试样,分别做拉力和反复弯曲试验	GB/T 5223—2002		
	钢绞线的力学性能	见表6-29～表6-31	每批(同一牌号,同一规格、同一生产工艺制作的钢绞线组成)不大于60t任取3盘试样	GB/T 5224—2003		
	精轧螺纹钢筋的力学性能	见表6-32	同上	GB/T 20065—2006		
焊条	牌号	见表6-33	—	—	检查出厂合格证书,施工单位应填表报试验监理工程师,并随时检查焊条牌号是否与所焊钢筋级别相一致;监理人员随时检查	由驻地监理工程师书面认可

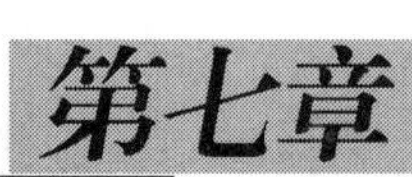

第七章 沥青及矿料试验检测的监理

沥青是一种有机胶结材料。在公路工程中,沥青材料主要用于与矿料及其他外掺剂按要求的比例混合拌和后,铺筑成各种沥青路面。沥青路面的性能好坏和使用年限的长短,与选用沥青的质量、矿料(包括粗、细集料和填料)的质量、外掺剂的质量有直接关系。因此,必须对沥青及其他原材料的质量进行严格的试验检测监理,确保所用的原材料质量合格。

第一节 沥青及矿料试验检测监理的内容和工作流程

一、沥青及矿料试验检测监理的内容

1. 沥青材料

沥青材料试验检测监理的内容可分为沥青料源的试验检测监理和施工过程中的试验检测监理。

(1)选择料源时,应根据沥青的技术要求逐项试验检测,经检验评定合格后方可使用,不应采用供应商提供的试验检测报告或商检报告代替现场试验检测。不同沥青的检验内容详见第二节表7-1、表7-5、表7-7 ~ 表7-10。

(2)施工过程中,沥青材料试验检测监理的内容有:

①石油沥青:针入度、延度、软化点。

②煤沥青:黏度。

③乳化沥青:蒸发残留物含量、蒸发残留物针入度。

④改性沥青:针入度、软化点、低温延度、弹性恢复、显微镜观察(现场改性沥青)、离析试验(成品改性沥青)。

⑤改性乳化沥青:蒸发残留物含量、蒸发残留物针入度、软化点、延度。

2. 矿料

矿料试验检测监理的内容可分为料源的试验检测监理和施工过程中的试验检测监理。

(1)选择料源时应根据工程要求的矿料的技术要求逐项试验检测,检测内容详见第二节表7-12 ~ 表7-19。

(2)施工过程中,矿料试验检测监理的内容有:

①粗集料：外观（石料品种、含量等）、针片状颗粒含量、颗粒组成、压碎值、磨光值、洛杉矶磨耗率、含水率等。

②细集料：颗粒组成、含水率、含泥量、砂当量、松堆积密度等。

3. 纤维稳定剂

沥青混合料中掺加的纤维稳定剂的试验检测监理的内容详见第二节表7-20～表7-22。施工过程中主要监理其掺量。

二、沥青及矿料试验检测监理的工作流程

沥青材料试验检测监理的工作流程见图7-1。

矿料试验检测监理的工作流程见图7-2。

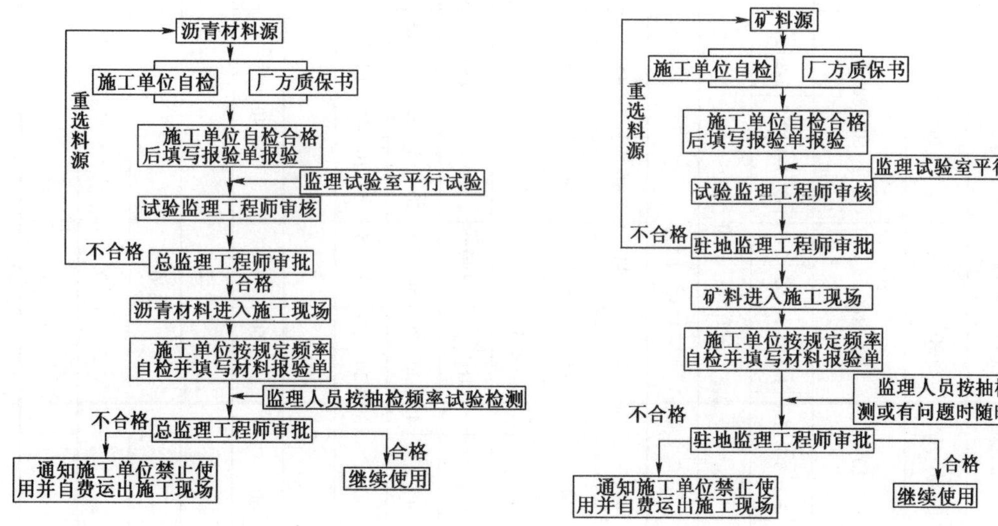

图7-1　沥青材料试验检测监理的工作流程

图7-2　矿料试验检测监理的工作流程

第二节　沥青及矿料试验检测监理的要点

一、沥青材料的技术要求和适用范围

沥青材料在沥青混合料中的作用是把散粒状的矿料胶结成一个整体，必须具有一定的技术要求。不同沥青品种、相同品种不同等级沥青的技术性能是不同的，其适用范围也不同，因此，在选用时必须重视。在公路工程中，常用的沥青品种有：道路石油沥青、煤沥青、液体石油沥青、乳化沥青、改性沥青和改性乳化沥青等。

1. 道路石油沥青的技术要求和适用范围

道路石油沥青的技术要求应符合表7-1规定的，各沥青等级的适用范围应符合表7-2的规定。经建设单位同意，沥青的PI值、60℃动力黏度、10℃延度可作为选择性指标。

道路石油沥青技术要求

表 7-1

<table>
<tr><td rowspan="3">指　标</td><td rowspan="3">单位</td><td rowspan="3">等级</td><td colspan="17">沥 青 标 号</td><td rowspan="3">试验方法①</td></tr>
<tr><td rowspan="2">160 号</td><td rowspan="2">130 号</td><td colspan="3" rowspan="2">110 号</td><td colspan="5" rowspan="2">90 号</td><td colspan="5" rowspan="2">70 号③</td><td rowspan="2">50 号</td><td rowspan="2">30 号</td></tr>
<tr></tr>
<tr><td>针入度(25℃,5s,100g)</td><td>0.1mm</td><td></td><td>140 ~ 200</td><td>120 ~ 140</td><td colspan="3">100 ~ 120</td><td colspan="5">80 ~ 100</td><td colspan="5">60 ~ 80</td><td>40 ~ 60</td><td>20 ~ 40</td><td>T 0604</td></tr>
<tr><td>适用的气候分区⑥</td><td></td><td></td><td>注④</td><td>注④</td><td>2-1</td><td>2-2</td><td>3-2</td><td>1-1</td><td>1-2</td><td>1-3</td><td>2-2</td><td>2-3</td><td>1-3</td><td>1-4</td><td>2-2</td><td>2-3</td><td>2-4</td><td>1-4</td><td>注④</td><td>JTG F40—2004 附录 A⑤</td></tr>
<tr><td rowspan="2">针入度指数 PI②</td><td rowspan="2"></td><td>A</td><td colspan="17">-1.5 ~ +1.0</td><td rowspan="2">T 0604</td></tr>
<tr><td>B</td><td colspan="17">-1.8 ~ +1.0</td></tr>
<tr><td rowspan="3">软化点(R&B)　≥</td><td rowspan="3">℃</td><td>A</td><td>38</td><td>40</td><td colspan="3">43</td><td colspan="3">45</td><td colspan="2">44</td><td colspan="2">46</td><td colspan="3">45</td><td>49</td><td>55</td><td rowspan="3">T 0606</td></tr>
<tr><td>B</td><td>35</td><td>39</td><td colspan="3">42</td><td colspan="3">43</td><td colspan="2">42</td><td colspan="2">44</td><td colspan="3">43</td><td>46</td><td>53</td></tr>
<tr><td>C</td><td>35</td><td>37</td><td colspan="3">41</td><td colspan="5">42</td><td colspan="5">43</td><td>45</td><td>50</td></tr>
<tr><td>60℃动力黏度　≥</td><td>Pa · s</td><td>A</td><td>—</td><td>60</td><td colspan="3">120</td><td colspan="3">160</td><td colspan="2">140</td><td colspan="2">180</td><td colspan="3">160</td><td>200</td><td>260</td><td>T 0620</td></tr>
<tr><td rowspan="2">10℃延度　≥</td><td rowspan="2">cm</td><td>A</td><td>50</td><td>50</td><td colspan="3">40</td><td>45</td><td>30</td><td>20</td><td>30</td><td>20</td><td>20</td><td>15</td><td>25</td><td>20</td><td>15</td><td>15</td><td>10</td><td rowspan="4">T 0605</td></tr>
<tr><td>B</td><td>30</td><td>30</td><td colspan="3">30</td><td>30</td><td>20</td><td>15</td><td>20</td><td>15</td><td>15</td><td>10</td><td>20</td><td>15</td><td>10</td><td>10</td><td>8</td></tr>
<tr><td rowspan="2">15℃延度　≥</td><td rowspan="2">cm</td><td>A、B</td><td colspan="15">100</td><td>80</td><td>50</td></tr>
<tr><td>C</td><td>80</td><td>80</td><td colspan="3">60</td><td colspan="5">50</td><td colspan="5">40</td><td>30</td><td>20</td></tr>
<tr><td rowspan="3">含蜡量(蒸馏法)　≥</td><td rowspan="3">%</td><td>A</td><td colspan="17">2.2</td><td rowspan="3">T 0615</td></tr>
<tr><td>B</td><td colspan="17">3.0</td></tr>
<tr><td>C</td><td colspan="17">4.5</td></tr>
<tr><td>闪点　≥</td><td>℃</td><td></td><td colspan="5">230</td><td colspan="5">245</td><td colspan="7">260</td><td>T 0611</td></tr>
</table>

续上表

指　标	单位	等级	沥青标号							试验方法[①]
			160 号	130 号	110 号	90 号	70 号[③]	50 号	30 号	
溶解度　≥	%		99.5							T 0607
密度(15℃)	g/cm^3		实测记录							T 0603
TFOT 或(RTFOT)后[⑤]质量变化　≤	%		±0.8							T 0610 或 T 0609
残留针入度比　≥	%	A	48	54	55	57	61	63	65	T 0604
		B	45	50	52	54	58	60	62	
		C	40	45	48	50	54	58	60	
残留延度(10℃)　≥	cm	A	12	12	10	8	6	4	—	T 0605
		B	10	10	8	6	4	2	—	
残留延度(15℃)　≥	cm	C	40	35	30	20	15	10	—	T 0605

注:①试验方法按照现行《公路工程沥青及沥青混合料试验规程》(JTJ 052—2000)规定方法执行。用于仲裁试验要求取 PI 时的 5 个温度的针入度关系的相关系数不得小于 0.997。

②经建设单位同意,表中 PI 值、60℃动力黏度、10℃延度可作为选择性指标,也可不作为施工质量检验指标。

③70 号沥青可根据需要要求供应商提供针入度范围为 60~70 或 70~80 的沥青,50 号沥青可要求提供针入度范围 40~50 或 50~60 的沥青。

④30 号沥青仅适用于沥青稳定层。130 号和 160 号沥青除寒冷地区可直接在中低级公路上直接使用外,通常用作乳化沥青、稀释沥青、改性沥青的基质沥青。

⑤老化试验以 TFOT 为准,也可以 RTFOT 代替。

⑥气候分区见表 7-3 和表 7-4。

道路石油沥青的适用范围 表 7-2

沥青等级	适用范围
A 级沥青	各个等级的公路，适用于任何场合和层次
B 级沥青	1. 高速公路、一级公路沥青下面层及以下的层次，二级及二级以下公路的各个层次； 2. 用作改性沥青、乳化沥青、改性乳化沥青、稀释沥青的基质沥青
C 级沥青	三级及三级以下公路的各个层次

沥青路面气候分区 表 7-3

气候区名		最热月平均最高气温(℃)	年极端最低气温(℃)	备注
1-1	夏炎热冬严寒	>30	< -37.0	
1-2	夏炎热冬寒		-37.0 ~ -21.5	
1-3	夏炎热冬冷		-21.5 ~ -9.0	
1-4	夏炎热冬温		> -9.0	
2-1	夏热冬严寒	20 ~ 30	< -37.0	
2-2	夏热冬寒		-37.0 ~ -21.5	
2-3	夏热冬冷		-21.5 ~ -9.0	
2-4	夏热冬温		> -9.0	
3-1	夏凉冬严寒	<20	< -37.0	不存在
3-2	夏凉冬寒		-37.0 ~ -21.5	
3-3	夏凉冬冷		-21.5 ~ -9.0	不存在
3-4	夏凉冬温		> -9.0	不存在

沥青及沥青混合料气候分区指标 表 7-4

气候区名		温度(℃)		雨量(mm)
		最热月平均最高气温	年极端最低气温	年降雨量
1-1-4	夏炎热冬严寒干旱	>30	< -37.0	<250
1-2-2 1-2-3 1-2-4	夏炎热冬寒湿润 夏炎热冬寒半干 夏炎热冬寒干旱	>30	-37.0 ~ -21.5	500 ~ 1 000 250 ~ 500 <250
1-3-1 1-3-2 1-3-3 1-3-4	夏炎热冬冷潮湿 夏炎热冬冷湿润 夏炎热冬冷半干 夏炎热冬冷干旱	>30	-21.5 ~ -9.0	>1 000 500 ~ 1 000 250 ~ 500 <250
1-4-1 1-4-2	夏炎热冬温潮湿 夏炎热冬温湿润	>30	> -9.0	>1 000 500 ~ 1 000
2-1-2 2-1-3 2-1-4	夏热冬严寒湿润 夏热冬严寒半干 夏热冬严寒干旱	20 ~ 30	< -37.0	500 ~ 1 000 250 ~ 500 <250
2-2-1 2-2-2 2-2-3 2-2-4	夏热冬寒潮湿 夏热冬寒湿润 夏热冬寒半干 夏热冬寒干旱	20 ~ 30	-37.0 ~ -21.5	>1 000 500 ~ 1 000 250 ~ 500 <250

续上表

气候区名		温度(℃)		雨量(mm)
		最热月平均最高气温	年极端最低气温	年降雨量
2-3-1 2-3-2 2-3-3 2-3-4	夏热冬冷潮湿 夏热冬冷湿润 夏热冬冷半干 夏热冬冷干旱	20～30	-21.5～-9.0	>1 000 500～1 000 250～500 <250
2-4-1 2-4-2 2-4-3	夏热冬温潮湿 夏热冬温湿润 夏热冬温半干	20～30	>-9.0	>1 000 500～1 000 250～500
3-1-1 3-1-2	夏凉冬寒潮湿 夏凉冬寒湿润	<20	-37.0～-21.5	>1 000 500～1 000

沥青路面所用的沥青标号，应根据地区气候条件、公路等级、交通条件及在结构层中的层位和受力特点、施工方法等，结合当地的施工经验，经技术论证后确定。若现场沥青的标号不符合使用要求，可采用几种不同标号的沥青掺配的调和沥青，并由试验确定掺配比例，掺配后的沥青必须混合均匀，并符合表7-1的技术要求。

2.乳化沥青的技术要求和适用范围

乳化沥青的技术要求应符合表7-5的规定，乳化沥青的品种和适用范围见表7-6。

道路用乳化沥青技术要求　　表7-5

试验项目		单位	品种及代号										试验方法
			阳离子				阴离子				非离子		
			喷洒用			拌和用	喷洒用			拌和用	喷洒用	拌和用	
			PC-1	PC-2	PC-3	BC-1	PA-1	PA-2	PA-3	BA-1	PN-2	BN-1	
破乳速度			快裂	慢裂	快裂或中裂	慢裂或中裂	快裂	慢裂	快裂或中裂	慢裂或中裂	慢裂	慢裂	T 0658
粒子电荷			阳离子(+)				阴离子(-)				非离子		T 0653
筛上残留物(1.18mm筛)　≤		%	0.1				0.1				0.1		T 0652
黏度	恩格拉黏度 E_{25}		2～10	1～6	1～6	2～30	2～10	1～6	1～6	2～30	1～6	2～30	T 0622
	道路标准黏度 $C_{25.3}$	a	10～25	8～20	8～20	10～60	10～25	8～20	8～20	10～60	8～20	10～60	T 0621
蒸发残留物	残留分含量　≥	%	50	50	50	55	50	50	50	55	50	55	T 0651
	溶解度　≥	%	97.5				97.5				97.5		T 0607
	针入度(25℃)	0.1mm	50～200	50～300	45～150		50～200	50～300	45～150		50～300	60～300	T 0604
	延度(15℃)　≥	cm	40				40				40		T 0605
与粗集料的黏附性，裹覆面积　≥			2/3			—	2/3			—	2/3	—	T 0654

续上表

<table>
<tr><th rowspan="4">试验项目</th><th rowspan="4">单位</th><th colspan="10">品种及代号</th><th rowspan="4">试验方法</th></tr>
<tr><th colspan="4">阳离子</th><th colspan="4">阴离子</th><th colspan="2">非离子</th></tr>
<tr><th colspan="3">喷洒用</th><th>拌和用</th><th colspan="3">喷洒用</th><th>拌和用</th><th>喷洒用</th><th>拌和用</th></tr>
<tr><th>PC-1</th><th>PC-2</th><th>PC-3</th><th>BC-1</th><th>PA-1</th><th>PA-2</th><th>PA-3</th><th>BA-1</th><th>PN-2</th><th>BN-1</th></tr>
<tr><td>与粗、细粒式集料拌和试验</td><td></td><td colspan="3">—</td><td>均匀</td><td colspan="3">—</td><td>均匀</td><td colspan="2">—</td><td>T 0659</td></tr>
<tr><td>水泥拌和试验的筛上剩余 ≥</td><td>%</td><td colspan="4">—</td><td colspan="4">—</td><td>—</td><td>3</td><td>T 0657</td></tr>
<tr><td>常温储存稳定性：
1d ≤
5d ≤</td><td>%</td><td colspan="4">1
5</td><td colspan="4">1
5</td><td colspan="2">1
5</td><td>T 0655</td></tr>
</table>

注：1. P为喷洒型，B为拌和型，C、A、N分别表示阳离子、阴离子、非离子乳化沥青。
2. 黏度可选用恩格拉黏度计或沥青标准黏度计之一测定。
3. 表中的破乳速度与集料的黏附性、拌和试验的要求、所使用的石料品种有关，质量检验时应采用工程上实际的石料进行试验，仅进行乳化沥青产品质量评定时可不要求此三项指标。
4. 储存稳定性根据施工实际情况选用试验时间，通常采用5d，乳液生产后能在当天使用时也用1d的稳定性。
5. 当乳化沥青需要在低温冰冻条件下储存或使用时，尚需按T 0656进行－5℃低温储存稳定性试验，要求没有粗颗粒、不结块。
6. 如果乳化沥青是将高浓度产品运到现场经稀释后使用时，表中的蒸发残留物等各项指标指稀释前乳化沥青的要求。
7. 试验方法按照现行《公路工程沥青及沥青混合料试验规程》（JTJ 052—2000）规定方法执行。

乳化沥青的品种和适用范围 表7-6

分类	品种及代号	适用范围
阳离子乳化沥青	PC-1	表处、贯入式路面及下封层用
	PC-2	透层油及基层养生用
	PC-3	黏层油用
	BC-1	稀浆封层或冷拌沥青混合料用
阴离子乳化沥青	PA-1	表处、贯入式路面及下封层用
	PA-2	透层油及基层养生用
	PA-3	黏层油用
	BA-1	稀浆封层或冷拌沥青混合料用
非离子乳化沥青	PN-2	黏层油用
	BN-1	与水泥集料同时使用（基层路拌或再生）

3. 液体石油沥青的技术要求和适用范围

液体石油沥青的技术要求应符合表7-7的规定，它主要用于透层、黏层及拌制常温铺筑的沥青混合料。

道路用液体石油沥青技术要求　　表 7-7

试验项目		单位	快凝		中凝						慢凝						试验方法①
			AL(R)-1	AL(R)-2	AL(M)-1	AL(M)-2	AL(M)-3	AL(M)-4	AL(M)-5	AL(M)-6	AL(S)-1	AL(S)-2	AL(S)-3	AL(S)-4	AL(S)-5	AL(S)-6	
黏度	$C_{25.5}$	s	<20	—	<20	—	—	—	—	—	<20	—	—	—	—	—	T 0621
	$C_{60.5}$	s	—	5~15	—	5~15	16~25	26~40	41~100	101~200	—	5~15	16~25	26~40	41~100	101~200	
蒸馏体积	225℃前	%	>20	>15	<10	<7	<3	<2	0	0	—	—	—	—	—	—	T 0632
	315℃前	%	>35	>30	<35	<25	<17	<14	<8	<5	—	—	—	—	—	—	
	360℃前	%	>45	>35	<50	<35	<30	<25	<20	<15	<40	<35	<25	<20	<15	<5	
蒸馏后残留物	针入度(25℃)	0.1 mm	60~200	60~200	100~300	100~300	100~300	100~300	100~300	100~300	—	—	—	—	—	—	T 0604
	延度(25℃)	cm	>60	>60	>60	>60	>60	>60	>60	>60	—	—	—	—	—	—	T 0605
	浮漂度(5℃)	s	—	—	—	—	—	—	—	—	<20	>20	>30	>40	>45	>50	T 0631
闪点(TOC 法)		℃	>30	>30	>65	>65	>65	>65	>65	>65	>70	>70	>100	>100	>120	>120	T 0633
含水率　≤		%	0.2	0.2	0.2	0.2	0.2	0.2	0.2	0.2	2.0	2.0	2.0	2.0	2.0	2.0	T 0612

注:①试验方法按照现行《公路工程沥青及沥青混合料试验规程》(JTJ 052—2000)规定方法执行。

4. 煤沥青的技术要求及适用范围

1)煤沥青的技术要求

煤沥青的技术要求应符合表 7-8 的规定。

道路用煤沥青的技术要求　　表 7-8

试验项目			T-1	T-2	T-3	T-4	T-5	T-6	T-7	T-8	T-9	试验方法①
黏度(s)	$C_{30,5}$		5~25	26~70								T 0621
	$C_{30,10}$				5~25	26~50	51~120	121~200				
	$C_{50,10}$								10~75	76~200		
	$C_{60,10}$										35~65	
蒸馏试验,馏出量(%)	170℃前	≤	3	3	3	2	1.5	1.5	1.0	1.0	1.0	T 0641
	270℃前	≤	20	20	20	15	15	15	10	10	10	
	300℃前	≤	15~35	15~35	30	30	25	25	20	20	15	
300℃蒸馏残留物软化点(环球法)(℃)			30~45	30~45	35~65	35~65	35~65	35~65	40~70	40~70	40~70	T 0606
水分(%)		≤	1.0	1.0	1.0	1.0	1.0	0.5	0.5	0.5	0.5	T 0612
甲苯不溶物(%)		≤	20	20	20	20	20	20	20	20	20	T 0646
萘含量(%)		≤	5	5	5	4	4	3.5	3	2	2	T 0645
焦油酸含量(%)		≤	4	4	3	3	2.5	2.5	1.5	1.5	1.5	T 0642

注:①试验方法按照现行《公路工程沥青及沥青混合料试验规程》(JTJ 052—2000)规定方法执行。

2)煤沥青的适用范围

道路用煤沥青主要适用于下列情况:

(1)各级公路各种基层上的透层,宜采用 T-1 或 T-2 级煤沥青,其他等级不符合喷洒要求的可适当稀释使用。

(2)三级及三级以下公路铺筑表面处治或贯入式沥青路面,宜采用 T-5、T-6 或 T-7。

(3)与道路石油沥青、乳化沥青混合使用,以改善渗透性。

道路煤沥青的标号根据气候条件、施工温度、使用目的选用。

5. 改性沥青的技术要求

改性沥青是采用各种措施使沥青的性能得到改善的沥青,它是由基质沥青与一种或几种改性剂通过适宜的加工工艺形成的混合物。各类聚合物改性沥青的技术要求应符合表 7-9 的规定,其 PI 值可作为选择性指标。当使用表列以外的聚合物及复合改性沥青时,可通过试验研究制定相应的技术要求。

聚合物改性沥青的技术要求 表 7-9

指标	单位	SBS 类(I 类)				SBR 类(II 类)			EVA、PE 类(III 类)				试验方法
		I-A	I-B	I-C	I-D	II-A	II-B	II-C	III-A	III-B	III-C	III-D	
针入度 25℃,100g,5s	0.1mm	>100	80~100	60~80	40~60	>100	80~100	60~80	>80	60~80	40~60	30~40	T 0604
针入度指数 PI ≥		-1.2	-0.8	-0.4	0	-1.0	-0.8	-0.6	-1.0	-0.8	-0.6	-0.4	T 0604
延度 5℃,5cm/min ≥	cm	50	40	30	20	60	50	40	—				T 0605
软化点 $T_{R\&B}$ ≥	℃	45	50	55	60	45	48	50	48	52	56	60	T 0606
运动黏度①135℃ ≤	Pa·s	3											T 0625 T 0619
闪点 ≥	℃	230				230			230				T 0611
溶解度 ≥	%	99				99			—				T 0607
弹性恢复 25℃ ≥	%	55	60	65	75	—			—				T 0662
黏韧性 ≥	N·m	—				5			—				T 0624
韧性 ≥	N·m	—				2.5			—				T 0624
储存稳定性②离析,48h 软化点差 ≤	℃	2.5				—			无改性剂明显析出、凝聚				T 0661
TFOT(或 RTFOT)后残留物													
质量变化 ≤	%	±1.0											T 0610 或 T 0609
针入度 25℃ ≥	%	50	55	60	65	50	55	60	50	55	58	60	T 0604
延度 5℃ ≥	cm	30	25	20	15	30	20	10	—				T 0605

注:①表中 135℃运动黏度可采用《公路工程沥青及沥青混合料试验规程》(JTJ 052—2000)中的"沥青布氏旋转黏度试验方法(布洛克菲尔德黏度计法)"进行测定。若在不改变改性沥青物理力学性质并符合安全条件的温度下易于泵送和拌和,或经证明适当提高泵送和拌和温度时能保证改性沥青的质量,容易施工,可不要求测定。

②储存稳定性指标适用于工厂生产的成品改性沥青。现场制作的改性沥青对储存稳定性指标可不作要求,但必须在制作后,保持不间断地搅拌或泵送循环,保证使用前没有明显的离析。

制造改性沥青的基质沥青应与改性剂有良好的配伍性，其质量宜符合表7-1中A级或B级道路石油沥青的技术要求。供应商在提供改性沥青的质量报告时应提供基质沥青的质量检验报告或沥青样品。

用作改性剂的SBR胶乳中的固体物含量不宜少于45%，使用中严禁长时间暴晒或遭冰冻。

改性沥青的剂量以改性剂占改性沥青总量的百分数计算，胶乳改性沥青的剂量应以扣除水分以后的固体物含量计算。

6. 改性乳化沥青的技术要求和适用范围

改性乳化沥青的技术要求应符合表7-10的规定。不同品种的改性乳化沥青的适用范围见表7-11。

改性乳化沥青技术要求 表7-10

试验项目			单位	品种及代号		试验方法
				PCR	BCR	
破乳速度			—	快裂或中裂	慢裂	T 0658
粒子电荷			—	阳离子(+)	阳离子(+)	T 0653
筛上剩余量(1.18mm)		≤	%	0.1	0.1	T 0652
黏度	恩格拉黏度 E_{25}		—	1~10	3~30	T 0622
	沥青标准黏度 $C_{25.3}$		s	8~25	12~60	T 0621
蒸发残留物	含量	≥	%	50	60	T 0651
	针入度(100g,25℃,5s)		0.1mm	40~120	40~100	T 0604
	软化点	≥	℃	50	53	T 0606
	延度(5℃)	≥	cm	20	20	T 0605
	溶解度(三氯乙烯)	≥	%	97.5	97.5	T 0607
与矿粉的黏附性,裹覆面积		≥	-	2/3	-	T 0654
储存稳定性	1d	≤	%	1	1	T 0655
	5d	≤	%	5	5	T 0655

注：1. 破乳速度与集料黏附性、拌和试验、所使用的石料品种有关。工程上施工质量检验时应采用实际的石料试验，仅进行产品质量评定时可不对这些指标提出要求。

2. 当用于填补车辙时，BCR蒸发残留物的软化点宜提高至不低于55℃。

3. 储存稳定性根据施工实际情况选择试验天数，通常采用5d，乳液生产后能在第二天使用完时也可选用1d。个别情况下，改性乳化沥青5d的储存稳定性难以满足要求，如果经搅拌后能够达到均匀一致并不影响正常使用，此时要求改性乳化沥青运至工地后存放在附有搅拌装置的储存罐内，并不断地进行搅拌，否则不准使用。

4. 当改性乳化沥青或特种改性乳化沥青需要在低温冰冻条件下储存或使用时，尚需按T 0656进行-5℃低温储存稳定性试验，要求没有粗颗粒、不结块。

改性乳化沥青的品种和适用范围 表7-11

品种		代号	适用范围
改性乳化沥青	喷洒型改性乳化沥青	PCR	黏层、封层、桥面防水黏结层用
	拌和用乳化沥青	BCR	改性稀浆封层和微表处用

二、矿料的技术要求

1. 粗集料的技术要求

沥青面层用粗集料包括碎石、破碎砾石、筛选砾石、钢渣、矿渣等，但高速公路和一级公路不得使用筛选砾石和矿渣。粗集料必须由具有生产许可证的采石场生产或施工单位自行加工。

粗集料应该洁净、干燥、表面粗糙，技术要求应符合表7-12的规定。当单一规格集料的技术指标达不到表中规定，而按照集料配合比计算的技术指标符合规定时，工程上允许使用。对受热易变质的集料，宜采用经拌和机烘干后的集料进行检验。

沥青混合料用粗集料技术要求 表7-12

指标		单位	高速公路及一级公路		其他等级公路	试验方法
			表面层	其他层次		
石料压碎值	≤	%	26	28	30	T 0316
洛杉矶磨耗损失	≤	%	28	30	35	T 0317
表观相对密度		—	2.60	2.50	2.45	T 0304
吸水率	≤	%	2.0	3.0	3.0	T 0304
坚固性	≤	%	12	12	—	T 0314
针片状颗粒含量(混合料) 其中粒径大于9.5mm 其中粒径小于9.5mm	≤ ≤ ≤	%	15 12 18	18 15 20	20 — —	T 0312
水洗法，粒径小于0.075mm颗粒含量	≤	%	1	1	1	T 0310
软石含量	≤	%	3	5	5	T 0320

注：1. 坚固性试验可根据需要进行。

2. 用于高速公路、一级公路时，多孔玄武岩的视密度可放宽至2.45t/m^3，吸水率可放宽至3%，但必须得到建设单位的批准，且不得用于SMA路面。

3. 对S14即3～5规格的粗集料，针片状颗粒含量可不予要求，粒径小于0.075mm颗粒含量可放宽到3%。

粗集料的颗粒粒径规格应符合表7-13的规定。

沥青混合料用粗集料颗粒粒径规格 表7-13

规格名称	公称粒径(mm)	通过下列筛孔(mm)的质量百分率(%)												
		106	75	63	53	37.5	31.5	26.5	19.0	13.2	9.5	4.75	2.36	0.6
S1	40～75	100	90～100	—	—	0～15	—	0～5						
S2	40～60		100	90～100	—	0～15	—	0～5						
S3	30～60		100	90～100	—	—	0～15	—	0～5					
S4	25～50			100	90～100	—	—	0～15	—	0～5				
S5	20～40				100	90～100	—	—	0～15	—	0～5			
S6	15～30					100	90～100	—	—	0～15	—	0～5		
S7	10～30					100	90～100	—	—	—	0～15	0～5		

续上表

规格名称	公称粒径(mm)	通过下列筛孔(mm)的质量百分率(%)												
		106	75	63	53	37.5	31.5	26.5	19.0	13.2	9.5	4.75	2.36	0.6
S8	10~25						100	90~100	—	0~15	—	0~5		
S9	10~20							100	90~100	—	0~15	0~5		
S10	10~15								100	90~100	0~15	0~5		
S11	5~15								100	90~100	40~70	0~15	0~5	
S12	5~10									100	90~100	0~15	0~5	
S13	3~10									100	90~100	40~70	0~20	0~5
S14	3~5										100	90~100	0~15	0~3

高速公路、一级公路沥青路面表面层(或磨耗层)的粗集料磨光值应符合表7-14的要求。除SMA、OGFC路面外,允许在硬质粗集料中掺加部分较小粒径的、磨光值达不到要求的粗集料,其最大掺加比例由磨光值试验确定。

粗集料与沥青的黏附性、磨光值技术要求　　表7-14

雨量气候区	1(潮湿区)	2(湿润区)	3(半干区)	4(干旱区)	试验方法
年降雨量(mm)	>1 000	1 000~500	500~250	<250	—
粗集料磨光值PSV ≥ 高速公路、一级公路表面层	42	40	38	36	T 0321
粗集料与沥青的黏附性 ≥ 高速公路、一级公路表面层 高速公路、一级公路的其他层次及其他等级公路的各个层次	 5 4	 4 4	 4 3	 3 3	 T 0616 T 0663

粗集料与沥青的黏附性应符合表7-14的要求,当使用不符合要求的粗集料时,宜掺加消石灰、水泥,或用饱和石灰水处理后使用,必要时可同时在沥青中掺加耐热、耐水、长期性能好的抗剥落剂,也可采用改性沥青的措施,使沥青混合料的水稳定性检验达到要求。掺加外加剂的剂量由沥青混合料的水稳定性检验确定。

采用破碎砾石时,破碎砾石的破碎面应符合表7-15的要求。

粗集料颗粒对破碎面的要求　　表7-15

路面部位或混合料类型	具有一定数量破碎面颗粒的含量(%)		试验方法
	1个破碎面	2个或2个以上破碎面	
沥青路面表面层 高速公路、一级公路 ≥ 其他等级公路 ≥	 100 80	 90 60	T 0346
沥青路面下面层、基层 高速公路、一级公路 ≥ 其他等级公路 ≥	 90 70	 80 50	
SMA混合料 ≥	100	90	
贯入式路面 ≥	80	60	

注:筛选砾石仅适用于三级及三级以下公路的沥青表面处治路面。

经过破碎且存放期超过6个月以上的钢渣，可作为粗集料使用。除吸水率允许适当放宽外，各项技术指标应符合表7-12的要求。钢渣在使用前应进行活性检验，要求钢渣中的游离氧化钙含量不大于3%，浸水膨胀率不大于2%。

2. 细集料的技术要求

沥青路面的细集料包括天然砂、机制砂、石屑。细集料必须由具有生产许可证的采石场、采砂场生产。

细集料应洁净、干燥、无风化、无杂质，并有适当的颗粒级配，其技术要求应符合表7-16的规定。细集料的洁净程度，天然砂以粒径小于0.075mm颗粒含量的百分数表示，石屑和机制砂以砂当量(适用于0~4.75mm)或亚甲蓝值(适用于0~2.36mm或0~0.15mm)表示。

沥青混合料用细集料技术要求 表7-16

项　目		单位	高速公路、一级公路	其他等级公路	试验方法
表观相对密度	≥	—	2.50	2.45	T 0328
坚固性(粒径>0.3mm部分)	≥	%	12	—	T 0340
含泥量(粒径<0.075mm的含量)	≤	%	3	5	T 0333
砂当量	≥	%	60	50	T 0334
亚甲蓝值	≤	g/kg	25	-	T 0349
棱角性(流动时间)	≥	s	30	-	T 0345

注：坚固性试验可根据需要进行。

天然砂可采用河砂或海砂，通常宜采用粗、中砂，其规格应符合表7-17的规定。砂的含泥量超过规定时应水洗后使用，海砂中的贝壳类材料必须筛除。热拌密级配沥青混合料中，天然砂的用量通常不宜超过集料总量的20%；SMA和OGFC混合料中不宜使用天然砂。

沥青混合料用天然砂颗粒粒径规格 表7-17

筛孔尺寸(mm)	通过各筛孔的质量百分率(%)		
	粗砂	中砂	细砂
9.5	100	100	100
4.75	90~100	90~100	90~100
2.36	65~95	75~90	85~100
1.18	35~65	50~90	75~100
0.6	15~30	30~60	60~84
0.3	5~20	8~30	15~45
0.15	0~10	0~10	0~10
0.075	0~5	0~5	0~5

石屑是采石场破碎石料时通过4.75mm或2.36mm的筛下部分，其颗粒粒径规格应符合表7-18的要求。高速公路和一级公路的沥青混合料，宜将S14与S16组合使用，S15可在沥青稳定碎石基层或其他等级公路中使用。

沥青混合料用机制砂或石屑颗粒粒径规格 表7-18

规格	公称粒径（mm）	水洗法通过各筛孔的质量百分率(%)							
		9.5	4.75	2.36	1.18	0.6	0.3	0.15	0.075
S15	0~5	100	90~100	60~90	40~75	20~55	7~40	2~20	0~10
S16	0~3		100	80~100	50~80	25~60	8~45	0~25	0~15

注：当生产石屑采用喷水抑制扬尘工艺时，应特别注意粉料含量不得超过表中要求。

3. 填料的技术要求

沥青混合料的矿粉必须是采用石灰岩或岩浆岩中的强基性岩石等憎水性石料经磨细得到的矿粉，原石料中的泥土杂质应除净。矿粉应干燥、洁净，能自由地从矿粉仓流出，其技术要求应符合表7-19的规定。

沥青混合料用矿粉技术要求 表7-19

项　　目		单位	高速公路、一级公路	其他等级公路	试验方法
表观密度	≥	t/m^3	2.50	2.45	T 0352
含水率	≤	%	1	1	T 0103 烘干法
粒度范围 <0.6mm <0.15mm <0.075mm		% % %	100 90~100 75~100	100 90~100 70~100	T 0351
外观		—	无团粒结块		目测
亲水系数		—	<1		T 0353
塑性指数		—	<4		T 0354
加热安定性		—	实测记录		T 0355

拌和机的粉尘可作为矿粉的一部分回收使用。但每盘用量不得超过填料总量的25%，掺有粉尘填料的塑性指数不得大于4。

粉煤灰作为填料使用时，用量不得超过填料总量的50%，粉煤灰的烧失量应小于12%，与矿粉混合后的塑性指数应小于4，其余质量要求与矿粉相同。高速公路、一级公路的沥青面层不宜采用粉煤灰做填料。

4. 纤维稳定剂的技术要求

在沥青混合料中掺加的纤维稳定剂宜选用木质素纤维、矿物纤维、聚合物纤维等。木质素纤维的技术要求应符合表7-20的规定。

木质素纤维的技术要求 表7-20

序号	项　　目			技术指标
1	长度(mm)			<6.0
2	筛分析(%)	冲气筛分析	0.150mm 筛通过率	70±10
		普通网筛分析	0.850mm 筛通过率	85±10
			0.425mm 筛通过率	65±10
			0.106mm 筛通过率	30±10

续上表

序号	项　　目	技术指标
3	灰分含量(%)	18±5,无挥发物
4	pH值	7.5±1.0
5	吸油率(%)	≥纤维自身质量的5倍
6	含水率(%)(以重量计)	<5
7	耐热性,210℃,2h	颜色、体积基本无变化,热失重≤6%

聚合物纤维根据其原材料的不同,有淡黄、白色以及其他颜色,不得有污迹和杂质。

聚合物纤维的技术要求应符合表7-21的规定。聚合物长纤维的技术要求应符合表7-22的规定。

聚合物纤维的技术要求　　表7-21

序　　号	项　　目	技术指标
1	直径(mm)	0.010~0.025
2	长度(mm)	6±1.5, 12±1.5
3	抗拉强度(MPa)	≥500
4	断裂伸长率(%)	≥15
5	耐热性,210℃,2h	体积无变化

聚合物长纤维的技术要求　　表7-22

序　　号	项　　目	技术指标
1	直径(mm)	0.010~0.025
2	长度(mm)	19±1.5,38±1.5,54±1.5
3	抗拉强度(MPa)	≥500
4	断裂伸长率(%)	≥8
5	耐热性,210℃,2h	体积无变化

第三节　沥青及矿料试验检测监理汇总表

沥青料源的检测频率:同一批次、同一规格标号的沥青按表7-1、表7-5、表7-7~表7-9的内容做一次全面检测。由监理方和承包方共同取样,在监理人员在场的情况下,施工单位做试验,并填写报验单;监理试验室按规定的频率抽检。试验结果由试验监理工程师审核、总监代表或总监理工程师审定。

矿料(包括粗集料、细集料和填料)料源的检测频率:每个料源、每种规格的矿料以1 000m^3为一批次(小于1 000m^3也作为一批次)。每个批次应按表7-12、表7-14、表7-16和表7-19的要求做一次全面检测,监理方和承包方共同取样,在监理人员在场的情况下,施工单位做试验,并填写报验单;监理试验室按规定的频率抽检。试验结果由试验监理工程师认可,驻地监理工程师审批。

施工过程中的原材料试验项目、检测频率(自检)和认可程序见表7-23。抽检频率按自检频率的20%计。

沥青及矿料试验检测监理汇总表　　表 7-23

材料	技术要求	技术要求与检验误差	检测频率		检测方法	监理程序	认可程序
			高速公路、一级公路	其他等级公路			
粗集料	石料品种、针片状颗粒含量、含泥量	见表 7-12、表 7-14	随时	随时	JTG E42—2005	施工单位在监理人员在场的情况下取样、试验，填报验单报试验监理工程师，监理根据需要抽检	由驻地监理工程师认可
	压碎值 磨光值 洛杉矶磨耗值		必要时	必要时			
	颗粒组成	符合规定要求	必要时	必要时			
	含水率		必要时	必要时			
细集料	砂当量 颗粒组成 含水率 堆积密度	见表 7-16 ~ 表 7-18	必要时	必要时			
矿粉	外观	见表 7-19	随时	随时			
	粒径 < 0. 075mm 颗粒含量 含水率		必要时	必要时			
道路石油沥青	针入度 软化点 延度	满足设计要求或见表 7-1	每 2 ~ 3d 测 1 次	每周 1 次	JTJ 052—2000	监理和施工单位双方共同取样，施工单位自检后报试验监理工程师，监理按规定频率抽检	总监理工程师认可
	含蜡量		必要时	必要时			
煤沥青	黏度	满足设计要求或见表 7-8	1 次/50t	1 次/100t			
乳化沥青	蒸发残留物含量 蒸发残留物针入度	满足设计要求或见表 7-5	1 次/50t	1 次/100t			
改性沥青	针入度	见表 7-9	每天 1 次	每天 1 次			
	软化点		每天 1 次	每天 1 次			
	低温延度 弹性恢复		必要时	必要时			
	显微镜观察		随时	随时			
	离析试验		每周 1 次	每周 1 次			
改性乳化沥青	蒸发残留物含量 蒸发残留物针入度 蒸发残留物软化点	见表 7-10	每 2 ~ 3d 测 1 次	每周 1 次			
	蒸发残留物延度		必要时	必要时			

注：1. 表列内容是在材料进场时已按“批”对材料进行全面试验检测的基础上，对日常施工过程质量检查的项目与要求。
2. “必要时”是指施工单位、监理和质量监督部门、建设单位等各个部门对其质量发生怀疑，提出需要检测时，或是根据需要商定的检测频率。
3. “随时”是指需要经常检测的项目，其检测频率可根据材料来源或质量波动情况，由建设单位及监理确定。

第八章 沥青混合料试验检测的监理

沥青混合料是由沥青与不同粒径的集料按一定比例配合成符合规定级配要求的矿料拌合物物的总称，在我国主要指热拌热铺的沥青混凝土混合料和热拌热铺的沥青碎石混合料，它广泛用于各种道路的路面面层。沥青路面具有较高的强度和稳定性，铺筑的路面表面平整、坚实、无接缝，行车平稳。但其缺点是温度稳定性差，高温季节强度下降，易出现车辙、推移、波浪等破坏，低温季节易开裂等。沥青路面的这些特性除了与沥青材料和其他原材料的性能和质量有关外，还与沥青混合料的配合比设计、沥青混合料的技术性能和施工质量有直接的关系。因此，必须对沥青混合料的质量进行严格监理。

第一节 沥青混合料试验检测监理的内容和工作流程

一、沥青混合料试验检测监理的内容

1. 施工前沥青混合料的配合比设计

沥青混合料的配合比设计是为了确定满足沥青混合料技术要求的最佳沥青用量、确定矿料的颗粒组成及满足矿料颗粒组成要求时各级矿料的掺配比例。

2. 各项参数检测

施工过程中，应对热拌沥青混合料的稳定度、流值和密度进行检测，对沥青含量或油石比及拌合物的温度进行检测；对沥青混合料矿料级配进行检测并进行外观检查。

3. 压实度检测

对沥青混合料压实后的压实度进行检测。

二、沥青混合料试验检测监理的工作流程

沥青混合料试验检测监理的工作流程如图 8-1 所示。

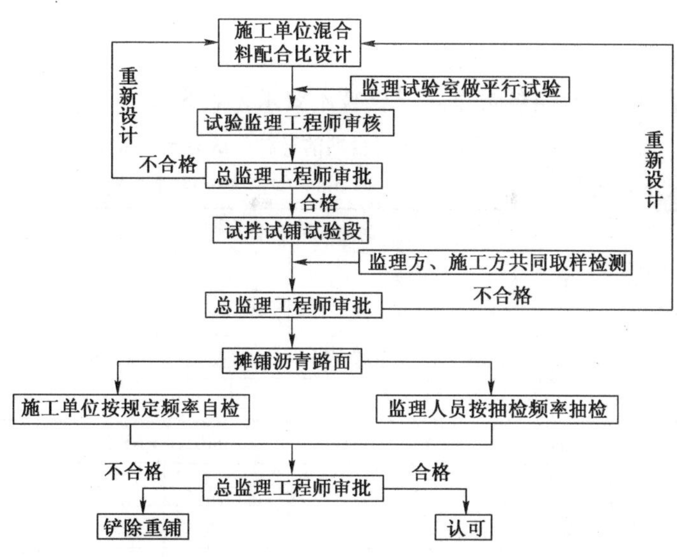

图 8-1 沥青混合料试验检测监理工作流程

第二节 热拌沥青混合料试验检测监理的要点

一、热拌沥青混合料马歇尔试验技术要求

1. 热拌沥青混合料的种类

热拌沥青混合料(HMA)适用于各种等级公路的沥青路面。其种类按集料公称最大粒径、矿料级配、空隙率划分,见表 8-1。

热拌沥青混凝土混合料种类 表 8-1

混合料类型	密级配			开级配		半开级配	公称最大粒径(mm)	最大粒径(mm)
	连续级配		间断级配	间断级配				
	沥青混凝土	沥青稳定碎石	沥青玛蹄脂碎石	排水式沥青磨耗层	排水式沥青碎石基层	沥青碎石		
特粗式	—	ATB-40	—	—	ATPB-40	—	37.5	53.0
粗粒式	—	ATB-30	—	—	ATPB-30	—	31.5	37.5
	AC-25	ATB-25	—	—	ATPB-25	—	26.5	31.5
中粒式	AC-20	—	SMA-20	—	—	AM-20	19.0	26.5
	AC-16	—	SMA-16	OGFC-13	—	AM-16	16.0	19.0
细粒式	AC-13	—	SMA-13	OGFC-13	—	AM-13	13.2	16.0
	AC-10	—	SMA-10	OGFC-10	—	AM-10	9.5	13.2
砂粒式	AC-5	—	—	—	—	—	4.75	9.5
设计空隙度(%)	3~5	3~6	3~4	>18	>18	6~12	—	—

注:设计空隙率可按配合比设计要求适当调整。

2. 热拌沥青混合料马歇尔试验技术要求

1)密级配沥青混凝土混合料的技术要求

密级配沥青混凝土混合料的马歇尔试验技术要求见表8-2。

密级配沥青混凝土混合料的马歇尔试验技术要求 表8-2

(本表适用于公称最大粒径≤26.5mm的密级配沥青混凝土混合料)

试验指标		单位	高速公路、一级公路				其他等级公路	行人道路
			夏炎执区(1-1、1-2、1-3、1-4区)		夏热区及夏凉区(2-1、2-2、2-3、2-4、3-2区)			
			中轻交通	重载交通	中轻交通	重载交通		
击实次数(双面)		次	75				50	50
试件尺寸		mm	ϕ101.6×63.5					
空隙率VV	深约90mm以内	%	3~5	4~6	2~4	3~5	3~6	2~4
	深约90mm以下	%	3~6		2~4	3~6	3~6	—
稳定度MS ≥		kN	8				5	3
流值FL		mm	2~4	1.5~4	2~4.5	2~4	2~4.5	2~5
矿料间隙率VMA(%) ≥	设计空隙率(%)		相应于以下公称最大粒径(mm)的最小VMA及VFA技术要求(%)					
			26.5	19	16	13.2	9.5	4.75
	2		10	11	11.5	12	13	15
	3		11	12	12.5	13	14	16
	4		12	13	13.5	14	15	17
	5		13	14	14.5	15	16	18
	6		14	15	15.5	16	17	19
沥青饱和度VFA(%)			55~70	65~75			70~85	

注:1. 对空隙率大于5%的夏季炎热区重载交通路段,施工时应至少提高压实度1个百分点。

2. 当设计的空隙率不是整数时,由内插确定要求的VMA最小值。

3. 对改性沥青混合料,马歇尔试验的流值可适当放宽。

2)沥青稳定碎石混合料的技术要求

沥青稳定碎石混合料的技术要求见表8-3。

沥青稳定碎石混合料马歇尔试验配合比设计技术要求 表8-3

试验指标	单位	密级配基层(ATB)		半开级配面层(AM)	排水式开级配磨耗层(OGFC)	排水式开级配基层(ATPB)
公称最大粒径	mm	26.5	≥31.5	≤26.5	≤26.5	所有尺寸
马歇尔试件尺寸	mm	ϕ101.6×63.5	ϕ152.4×95.3	ϕ101.6×63.5	ϕ101.6×63.5	ϕ152.4×95.3
击实次数(双面)	次	75	112	50	50	75
空隙率VV	%	3~6		6~10	≥18	≥18
稳定度 ≥	kN	7.5	15	3.5	3.5	—

续上表

试验指标	单位	密级配基层(ATB)		半开级配面层(AM)	排水式开级配磨耗层(OGFC)	排水式开级配基层(ATPB)
流值	mm	1.5~4	实测	—	—	—
沥青饱和度 VFA	%	55~70		40~70	—	—
密级配基层 ATB 的矿料间隙率 VMA(%) ≥		设计空隙率(%)		ATB-40	ATB-30	ATB-25
		4		11	11.5	12
		5		12	12.5	13
		6		13	13.5	14

注:干旱地区,可将密级配沥青稳定碎石基层的空隙率适当放宽到8%。

3)SMA 混合料的技术要求

SMA 混合料的马歇尔试验配合比设计技术要求见表8-4。

SMA 混合料的马歇尔试验配合比设计技术要求　　表8-4

试验项目		单位	技术要求		试验方法
			不使用改性沥青	使用改性沥青	
马歇尔试件尺寸		mm	ϕ101.6×63.5		T 0702
马歇尔试件击实次数①		—	两面击实50次		T 0702
空隙率 VV②		%	3~4		T 0705
矿料间隙率 VMA②	≥	%	17.0		T 0705
粗集料骨架间隙率$VCA^{②}_{max}$	≤	—	VCA_{DRC}		T 0705
沥青饱和度 VFA		%	75~85		T 0705
稳定度④	≥	kN	5.5	6.0	T 0709
流值		mm	2~5	—	T 0709
谢伦堡沥青析漏试验的结合料损失		%	≤0.2	≤0.1	T 0732
肯特堡飞散试验的结合料损失		%	≤20	≤15	T 0733

注:①对集料坚硬不易击碎,通行重载交通的路段,也可将击实次数增加为双面75次。

②对高温稳定性要求较高的重载交通路段或炎热地区,设计空隙率允许放宽到4.5%,VMA允许放宽到16.5%(SMA-16)或16%(SMA-19),VFA允许放宽到到70%。

③试验粗集料骨架间隙率VCA的关键性筛孔对SMA-19、SMA-16是指4.75mm,对SMA-13、SMA-10是指2.36mm。

④稳定度难达到要求时,允许放宽到5.0kN(非改性)或5.5kN(改性),但动稳定度检验必须合格。

4)OGFC 混合料的技术要求

OGFC 混合料的技术要求见表8-5。

OGFC 混合料的技术要求　　表8-5

试验项目		单位	技术要求	试验方法
马歇尔试件尺寸		mm	ϕ101.6×63.5	T 0702
马歇尔试件击实次数		—	两面击实50次	T 0702
空隙率		%	18~25	T 0705
马歇尔稳定度	≥	kN	3.5	T 0709
析漏损失		%	<0.3	T 0732
肯特堡飞散损失		%	<20	T 0733

5)热拌热铺沥青混合料的性能要求

热拌热铺沥青混合料应具有以下性能:

(1)足够的沥青用量,以保证路面的耐久性。

(2)良好的混合料稳定性,既能满足交通要求,又不出现变形和位移。

(3)压实后的混合料有适当的空隙率,既能允许交通荷载的少量附加压实,又不出现泛油、渗透、失稳以及水分和空气侵入现象。

(4)足够的和易性,保证混合料有效地进行摊铺而不出现离析现象。

二、热拌沥青混合料的配合比设计

热拌沥青混合料密级配沥青混凝土及沥青稳定碎石混合料的配合比设计应通过目标配合比设计、生产配合比设计及生产配合比验证三个阶段,确定沥青混合料的材料品种及配合比、矿料级配、最佳沥青用量,采用马歇尔试验配合比设计方法。如采用其他方法设计沥青混合料时,应按 JTG F40—2004 规范进行马歇尔试验及各项配合比设计检验,并报告不同设计方法的试验结果。

热拌沥青混合料的目标配合比设计宜按图 8-2 的步骤进行。

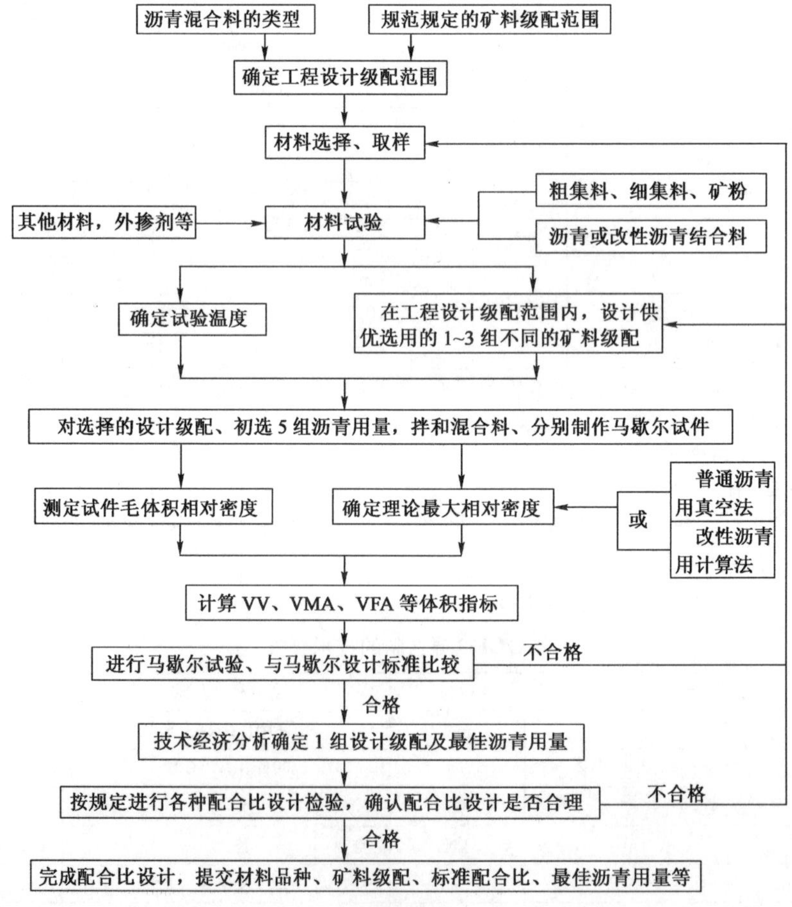

图 8-2 热拌配沥青混合料目标配合比设计流程图

1. 目标配合比设计阶段

该阶段的配合比设计可分为矿质混合料配合组成设计和沥青最佳用量确定两部分，现介绍如下。

1）矿质混合料的配合组成设计

矿质混合料组成设计的目的是根据工程实际使用的材料，选配一个足够密实度、并具有较高内摩阻力的矿质混合料。通常采用《公路沥青路面施工技术规范》（JTG F40—2004）推荐的矿质混合料级配范围来确定，其步骤如下。

（1）确定工程设计级配范围。沥青路面工程的混合料设计级配范围由工程设计文件或招标文件规定，密级配沥青混合料的设计级配宜在表8-6～表8-12规定的级配范围内，根据公路等级、工程性质、气候条件、交通条件、材料品种等因素，通过对条件大体相当的工程使用情况进行调查研究后调整确定，必要时允许超出规范级配范围。密级配沥青稳定碎石混合料可直接以《公路沥青路面施工技术规范》（JTG F40—2004）规定的级配范围作工程设计级配范围使用。经确定的工程设计级配范围是配合比设计的依据，不得随意变更。

粗型和细型密级配沥青混凝土的关键性筛孔通过率　　表8-6

混合料类型	公称最大粒径（mm）	用以分类的关键性筛孔（mm）	粗型密级配		细型密级配	
			名称	关键性筛孔通过率（%）	名称	关键性筛孔通过率（%）
AC-25	26.5	4.75	AC-25C	<40	AC-25F	>40
AC-20	19	4.75	AC-20C	<45	AC-20F	>45
AC-16	16	2.36	AC-16C	<38	AC-16F	>38
AC-13	13.2	2.36	AC-13C	<40	AC-13F	>40
AC-10	9.5	2.36	AC-10C	<45	AC-10F	>45

密级配沥青混凝土混合料矿料级配范围　　表8-7

级配类型		通过下列筛孔（mm）的质量百分率（%）												
		31.5	26.5	19	16	13.2	9.5	4.75	2.36	1.18	0.6	0.3	0.15	0.075
粗粒式	AC-25	100	90～100	75～90	65～83	57～76	45～65	24～52	16～42	12～33	8～24	5～17	4～13	3～7
中粒式	AC-20	—	100	90～100	78～92	62～80	50～72	26～56	16～44	12～33	8～24	5～17	4～13	3～7
	AC-16	—	—	100	90～100	76～92	60～80	34～62	20～48	13～36	9～26	7～18	5～14	4～8
细粒式	AC-13	—	—	—	100	90～100	68～85	38～68	24～50	15～38	10～28	7～20	5～15	4～8
	AC-10	—	—	—	—	100	90～100	45～75	30～58	20～44	13～32	9～23	6～16	4～8
砂粒式	AC-5	—	—	—	—	—	100	90～100	55～75	35～55	20～40	12～28	7～18	5～10

沥青玛蹄脂碎石混合料矿料级配范围　　表8-8

级配类型		通过下列筛孔（mm）的质量百分率（%）											
		26.5	19	16	13.2	9.5	4.75	2.36	1.18	0.6	0.3	0.15	0.075
中粒式	SMA-20	100	90～100	72～92	62～82	40～55	18～30	13～22	12～20	10～16	9～14	8～13	8～12
	SMA-16	—	100	90～100	65～85	45～65	20～32	15～24	14～22	12～18	10～15	9～14	8～12

续上表

级配类型		通过下列筛孔(mm)的质量百分率(%)											
		26.5	19	16	13.2	9.5	4.75	2.36	1.18	0.6	0.3	0.15	0.075
细粒式	SMA-13	—	—	100	90～100	50～75	20～34	15～26	14～24	12～20	10～16	9～15	8～12
	SMA-10	—	—	—	100	90～100	28～60	20～32	14～26	12～22	10～18	9～16	8～13

开级配排水式磨耗层混合料矿料级配范围 表8-9

级配类型		通过下列筛孔(mm)的质量百分率(%)										
		19	16	13.2	9.5	4.75	2.36	1.18	0.6	0.3	0.15	0.075
中粒式	OGFC-16	100	90～100	70～90	45～70	12～30	10～22	6～18	4～15	3～12	3～8	2～6
	OGFC-13	—	100	90～100	60～80	12～30	10～22	6～18	4～15	3～12	3～8	2～6
细粒式	OGFC-10	—	—	100	90～100	50～70	10～22	6～18	4～15	3～12	3～8	2～6

密级配沥青碎石混合料矿料级配范围 表8-10

级配类型		通过下列筛孔(mm)的质量百分率(%)														
		53	37.5	31.5	26.5	19	16	13.2	9.5	4.75	2.36	1.18	0.6	0.3	0.15	0.075
特粗式	ATB-40	100	90～100	75～92	65～85	49～71	43～63	37～57	30～50	20～40	15～32	10～25	8～18	5～14	3～10	2～6
	ATB-30	—	100	90～100	70～90	53～72	44～66	39～60	31～51	20～40	15～32	10～25	8～18	5～14	3～10	2～6
粗粒式	ATB-25	—	—	100	90～100	60～80	48～68	42～62	32～52	20～40	15～32	10～25	8～18	5～14	3～10	2～6

半开级配沥青碎石混合料矿料级配范围 表8-11

级配类型		通过下列筛孔(mm)的质量百分率(%)											
		26.5	19	16	13.2	9.5	4.75	2.36	1.18	0.6	0.3	0.15	0.075
中粒式	AM-20	100	90～100	60～85	50～75	40～65	15～40	5～22	2～16	1～12	0～10	0～8	0～5
	AM-16	—	100	90～100	60～85	45～68	18～40	6～25	3～18	1～14	0～10	0～8	0～5
细粒式	AM-13	—	—	100	90～100	50～80	20～45	8～28	4～20	2～16	0～10	0～8	0～6
	AM-10	—	—	—	100	90～100	35～65	10～35	5～22	2～16	0～12	0～9	0～6

开级配沥青碎石混合料矿料级配范围 表8-12

级配类型		通过下列筛孔(mm)的质量百分率(%)														
		53	37.5	31.5	26.5	19	16	13.2	9.5	4.75	2.36	1.18	0.6	0.3	0.15	0.075
特粗式	ATPB-40	100	70～100	66～90	55～85	43～75	32～70	20～65	12～50	0～3	0～3	0～3	0～3	0～3	0～3	0～3
	ATPB-30	—	100	80～100	70～95	53～85	36～80	26～75	14～60	0～3	0～3	0～3	0～3	0～3	0～3	0～3
粗粒式	ATPB-25	—	—	100	80～100	60～100	45～90	30～82	16～70	0～3	0～3	0～3	0～3	0～3	0～3	0～3

调整工程设计级配范围宜遵循下列原则：

①首先按表8-6确定采用粗型(C型)或细型(F型)的混合料。对夏季温度高、高温持续

时间长、重载交通多的路段，宜选用粗型密级配沥青混合料（AC-C 型），并取较高的设计空隙率。对冬季温度低、且低温持续时间长的地区，或者重载交通量较少的路段，宜选用细型密级配沥青混合料（AC-F 型），并取较低的设计空隙率。

②为确保高温抗车辙能力，同时兼顾低温抗裂性能的需要，配合比设计时宜适当减少公称最大粒径附近的粗集料用量，减少 0.6mm 以下部分细粉的用量，使中等粒径集料较多，形成 S 型级配曲线，并取中等或偏高水平的设计空隙率。

③确定各层的工程设计级配范围时应考虑不同层位的功能需要，经组合设计的沥青路面应能满足耐久、稳定、密水、抗滑等要求。

④根据公路等级和施工设备控制水平确定的工程设计级配范围应比《公路沥青路面施工技术规范》（JTG F40—2004）规定的级配范围窄。其中，4.75mm 和 2.36mm 通过率的上下限差值宜小于 12%。

⑤沥青混合料的配合比设计应充分考虑施工性能，使沥青混合料容易摊铺和压实，避免造成严重的离析。

（2）矿料配合比设计。高速公路和一级公路沥青路面矿料配合比设计宜借助电子计算机的电子表格用试配法进行，其他等级公路沥青路面也可参照进行。

矿料级配曲线按《公路工程沥青及沥青混合料试验规程》（JTJ 052—2000）T 0725 的方法绘制（图 8-3）。以原点与通过集料最大粒径 100% 的点的连线作为沥青混合料的最大密度线，见表 8-13 和表 8-14。

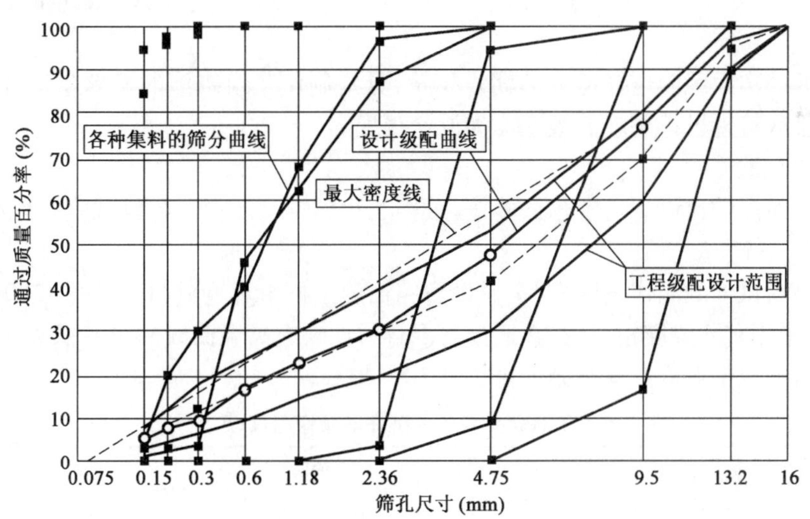

图 8-3　矿料级配曲线示例

泰勒曲线横坐标　　表 8-13

d_i	0.075	0.15	0.3	0.6	1.18	2.36	4.75	9.5
$x=d_i^{0.45}$	0.312	0.426	0.582	0.795	1.077	1.472	2.016	2.754
d_i	13.2	16	19	26.5	31.5	37.5	53	63
$x=d_i^{0.45}$	3.193	3.482	3.762	4.370	4.723	5.109	5.969	6.452

矿料级配设计计算表示例　　表 8-14

筛孔（%）	10~20（%）	5~10（%）	3~5（%）	石屑（%）	黄砂（%）	矿粉（%）	消石灰（%）	合成级配	工程设计级配范围		
									中值	下限	上限
16	100	100	100	100	100	100	100	100.0	100	100	100
13.2	88.6	100	100	100	100	100	100	96.7	95	90	100
9.5	16.6	99.7	100	100	100	100	100	76.6	70	60	80
4.75	0.4	8.7	94.9	100	100	100	100	47.7	41.5	30	53
2.36	0.3	0.7	3.7	97.2	87.9	100	100	30.6	30	20	40
1.18	0.3	0.7	0.5	67.8	62.2	100	100	22.8	22.5	15	30
0.6	0.3	0.7	0.5	40.5	46.4	100	100	17.2	16.5	10	23
0.3	0.3	0.7	0.5	30.2	3.7	99.8	99.2	9.5	12.5	7	18
0.15	0.3	0.7	0.5	20.6	3.1	96.2	97.6	8.1	8.5	5	12
0.075	0.2	0.6	0.3	4.2	1.9	84.7	95.6	5.5	6	4	8
配合比	28	26	14	12	15	3.3	1.7	100.0	—	—	—

对高速公路和一级公路，宜在工程设计级配范围内计算 1~3 组粗细不同的配合比，绘制设计级配曲线，分别位于工程设计级配范围的上方、中值及下方。设计合成级配不得有太多的锯齿形交错，且在 0.3~0.6mm 范围内不出现“驼峰”。当反复调整不能满意时，宜更换材料重新设计。

根据当地的实践经验选择适宜的沥青用量，分别制作几组级配的马歇尔试件测定 VMA，初选一组满足或接近设计要求的级配作为设计级配。

2）马歇尔试验

沥青混合料配合比设计马歇尔试验按《公路工程沥青及沥青混合料试验规程》（JTJ 052—2000）T 0709 执行。

沥青混合料试件的制作温度按《公路沥青路面施工技术规范》（JTG F40—2004）规定的方法确定，并与施工实际温度相一致，普通沥青混合料如缺乏黏温曲线时可参照表 8-15 执行，改性沥青混合料的成型温度在此基础上再提高 10~20℃。

热拌普通沥青混合料试件的制作温度（℃）　　表 8-15

施工工序	石油沥青的标号				
	50 号	70 号	90 号	110 号	130 号
沥青加热温度	160~170	155~165	150~160	145~155	140~150
矿料加热温度	集料加热温度比沥青温度高 10~30（填料不加热）				
沥青混合料拌和温度	150~170	145~165	140~160	135~155	130~150
试件击实成型温度	140~160	135~155	130~150	125~145	120~140

注：表中混合料温度，并非拌和机的油浴温度，应根据沥青的针入度、黏度选择，不宜都取中值。

物理参数计算如下：

（1）按式（8-1）计算矿料混合料的合成毛体积相对密度 γ_{sb}。

$$\gamma_{sb}=\frac{100}{\frac{P_1}{\gamma_1}+\frac{P_2}{\gamma_2}\cdots+\frac{P_n}{\gamma_n}} \tag{8-1}$$

式中：P_1、P_2、…、P_n——各种矿料成分的配合比例，其和为100；

γ_1、γ_2、…、γ_n——各种矿料相应的毛体积相对密度。

注：1.沥青混合料配合比设计时，均采用毛体积相对密度(无量纲)，不采用毛体积密度，故无需进行密度的水温修正。

2.生产配合比设计时，当细料仓中的材料混杂各种材料而无法采用筛分替代法时，可将0.075mm部分筛除后以统货实测值计算。

(2)按式(8-2)计算矿料的合成表观相对密度γ_{sa}。

$$\gamma_{sa}=\frac{100}{\frac{P_1}{\gamma_1'}+\frac{P_2}{\gamma_2'}\cdots+\frac{P_n}{\gamma_n'}} \tag{8-2}$$

式中：P_1、P_2、…、P_n——各种矿料成分的配合比例，其和为100；

γ_1'、γ_2'、…、γ_n'——各种矿料按试验规程方法测定的表观相对密度。

(3)按式(8-3)或按(8-4)预估沥青混合料适宜的油石比P_a或沥青用量P_b。

$$P_a=\frac{P_{a1}\times\gamma_{sb1}}{\gamma_{sb}} \tag{8-3}$$

$$P_b=\frac{P_a}{100+\gamma_{sb}}\times 100 \tag{8-4}$$

式中：P_a——预估的最佳油石比(沥青与矿料总量的百分比)，%；

P_b——预估的最佳沥青用量(沥青占混合料总量的百分数)，%；

P_{a1}——已建类似工程沥青混合料的标准油石比，%；

γ_{sb}——矿料的合成毛体积相对密度；

γ_{sb1}——已建类似工程集料的合成毛体积相对密度。

注：作为预估最佳油石比的集料密度，原工程和新工程也可均采用有效相对密度。

(4)确定矿料的有效相对密度。

对非改性沥青混合料，宜以预估的最佳油石比拌和2组混合料，采用真空法实测最大相对密度，取平均值，然后由式(8-5)反算合成矿料的有效相对密度γ_{se}。

$$\gamma_{se}=\frac{100-P_b}{\frac{100}{\gamma_t}-\frac{P_b}{\gamma_b}} \tag{8-5}$$

式中：γ_{se}——合成矿料的有效相对密度；

P_b——试验采用的沥青用量(沥青占混合料总量的百分数)，%；

γ_t——试验沥青用量条件下实测得到的最大相对密度，无量纲；

γ_b——沥青的相对密度(25℃/25℃)，无量纲。

对改性沥青及SMA等难以分散的混合料，有效相对密度宜直接由矿料的合成毛体积相对密度与合成表观相对密度按式(8-6)计算确定。其中，沥青吸收系数C值根据材料的合成吸水率由式(8-7)求得，材料的合成吸水率按式(8-8)计算。

$$\gamma_{se} = C \times \gamma_{sa} + (1 - C) \times \gamma_{sb} \tag{8-6}$$

$$C = 0.33w_x^2 - 0.2936w_x + 0.9339 \tag{8-7}$$

$$w_x = \left(\frac{1}{\gamma_{sb}} - \frac{1}{\gamma_{sa}}\right) \times 100 \tag{8-8}$$

式中：γ_{se}——合成矿料的有效相对密度；

C——合成矿料的沥青吸收系数，可按矿料的合成吸水率从式(8-7)求取；

w_x——合成矿料的吸水率，按式(8-8)求取，%；

γ_{sb}——矿料的合成毛体积相对密度，按式(8-1)求取，无量纲；

γ_{sa}——矿料的合成表观相对密度，按式(8-2)求取，无量纲。

以预估的油石比为中值，按一定间隔（对密级配沥青混合料通常为0.5%，对沥青碎石混合料可适当缩小间隔为0.3%～0.4%），取5个或5个以上不同的油石比分别成型马歇尔试件。每一组试件的试样数按现行试验规程的要求确定，对粒径较大的沥青混合料，宜增加试件数量。

注：5个不同油石比不一定选整数，例如预估油石比4.8%，可选3.8%、4.3%、4.8%、5.3%、5.8%等。采用真空法实测最大相对密度通常与此同时进行。

测定压实沥青混合料试件的毛体积相对密度γ_f和吸水率，取平均值。测试方法应遵照以下规定执行：

通常采用表干法测定毛体积相对密度；对吸水率大于2%的试件，宜改用蜡封法测定毛体积相对密度。

注：对吸水率小于0.5%的特别致密的沥青混合料，在施工质量检验时，允许采用水中重法测定的表观相对密度作为标准密度；钻孔试件也采用相同方法，但配合比设计时不得采用水中重法。

(5)确定沥青混合料的最大理论相对密度。对非改性的普通沥青混合料，在成型马歇尔试件的同时，要求用真空法实测各组沥青混合料的最大理论相对密度γ_{ti}。当只对其中一组油石比测定最大理论相对密度时，也可按式(8-9)或式(8-10)计算其他不同油石比时的最大理论相对密度γ_{ti}。

对改性沥青或SMA混合料宜按式(8-9)或式(8-10)计算各个不同沥青用量混合料的最大理论相对密度。

$$\gamma_{ti} = \frac{100 + P_{ai}}{\dfrac{100}{\gamma_{se}} + \dfrac{P_{ai}}{\gamma_b}} \tag{8-9}$$

$$\gamma_{ti} = \frac{100}{\dfrac{P_{si}}{\gamma_{se}} + \dfrac{P_{bi}}{\gamma_b}} \tag{8-10}$$

式中：γ_{ti}——相对于计算沥青用量 P_b 时沥青混合料的最大理论相对密度，无量纲；

P_{ai}——所计算的沥青混合料中的油石比，%；

P_{bi}——所计算的沥青混合料的沥青用量，$P_{bi}=P_{ai}/(1+P_{ai})\%$；

P_{si}——所计算的沥青混合料的矿料含量，$P_{si}=100-P_{bi}$，%；

γ_{se}——矿料的有效相对密度，按式(8-5)或式(8-6)计算，无量纲；

γ_b——沥青的相对密度(25℃/25℃)，无量纲。

(6)按式(8-11)～式(8-13)计算沥青混合料试件的空隙率 VV、矿料间隙率 VMA、有效沥青的饱和度 VFA 等体积指标，取 1 位小数，进行体积组成分析。

$$VV=\left(1-\frac{\gamma_f}{\gamma_t}\right)\times 100 \tag{8-11}$$

$$VMA=\left(1-\frac{\gamma_f}{\gamma_{sb}}\times P_s\right)\times 100 \tag{8-12}$$

$$VFA=\frac{VMA-VV}{VMA}\times 100 \tag{8-13}$$

式中：VV——试件的空隙率，%；

VMA——试件的矿料间隙率，%；

VFA——试件的有效沥青饱和度(有效沥青含量占 VMA 的体积比例)，%；

γ_f——测定的试件的毛体积相对密度，无量纲；

γ_t——沥青混合料的最大理论相对密度，按上述方法计算或实测得到，无量纲；

P_s——各种矿料占沥青混合料总质量的百分率之和，即 $P_s=100-P_b$，%；

γ_{sb}——矿料的合成毛体积相对密度，按式(8-1)计算。

3)确定最佳沥青用量(或油石比)

(1)按图 8-4 的方法，以油石比或沥青用量为横坐标，以马歇尔试验的各项指标为纵坐标，将试验结果点入图中，连成圆滑的曲线。确定均符合《公路沥青路面施工技术规范》(JTG F40—2004)规定的沥青混合料技术标准的沥青用量范围 $OAC_{min}\sim OAC_{max}$。选择的沥青用量范围必须涵盖设计空隙率的全部范围，并尽可能涵盖沥青饱和度的要求范围，使密度及稳定度曲线出现峰值。如果没有涵盖设计空隙率的全部范围，试验必须扩大沥青用量范围重新进行。

注：绘制曲线时含 VMA 指标，且应为下凹型曲线，但确定 $OAC_{min}\sim OAC_{max}$ 时不包括 VMA。

(2)根据试验曲线的走势，按下列方法确定沥青混合料的最佳沥青用量 OAC_1。

①在曲线图 8-4 上求取相应于密度最大值、稳定度最大值、目标空隙率(或中值)、沥青饱和度范围的中值的沥青用量 a_1、a_2、a_3、a_4。按式(8-14)取平均值作为 OAC_1。

$$OAC_1=(a_1+a_2+a_3+a_4)/4 \tag{8-14}$$

②如果在所选择的沥青用量范围未能涵盖沥青饱和度的要求范围，按式(8-15)求取 3 者的平均值作为 OAC_1。

$$OAC_1=(a_1+a_2+a_3)/3 \tag{8-15}$$

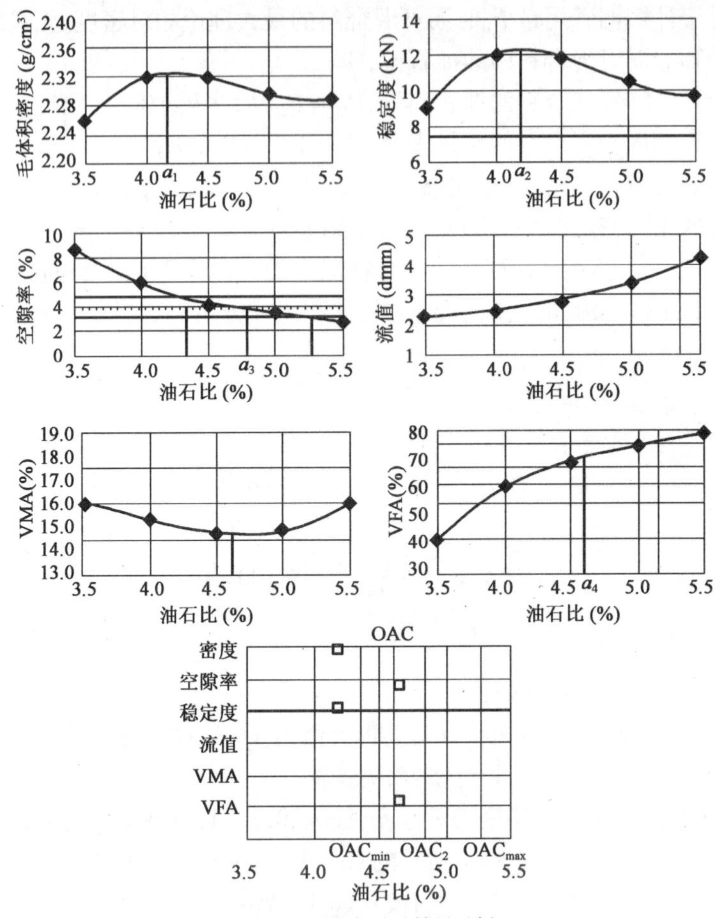

图 8-4　马歇尔试验结果示例

注：图中 a_1 =4.2%，a_2 =4.25%，a_3 =4.8%，a_4 =4.7%，OAC_1 =4.49%（由4个平均值确定），OAC_{min} =4.3%，OAC_{max} =5.3%，OAC_2 =4.8%，OAC =4.64%。此例中相对于空隙率4%的油石比为4.6%。

③对所选择试验的沥青用量范围，密度或稳定度没有出现峰值（最大值经常在曲线的两端）时，可直接以目标空隙率所对应的沥青用量 a_3 作为 OAC_1，但 OAC_1 必须介于 OAC_{min} ~ OAC_{max} 范围内，否则应重新进行配合比设计。

以各项指标均符合技术标准（不含 VMA）的沥青用量范围 OAC_{min} ~ OAC_{max} 的中值作为 OAC_2。

$$OAC_2 = \frac{1}{2}(OAC_{min} + OAC_{max}) \tag{8-16}$$

通常情况下取 OAC_1 及 OAC_2 的中值作为计算的最佳沥青用量 OAC。

$$OAC = \frac{1}{2}(OAC_1 + OAC_2) \tag{8-17}$$

按式（8-17）计算的最佳沥青用量（或油石比）OAC，从图 8-4 中得出所对应的空隙率和 VMA 值，检验是否能满足表 8-2 或表 8-3 关于最小 VMA 值的要求。OAC 宜位于 VMA 凹形曲线最小值的贫油一侧。当空隙率不是整数时，最小 VMA 按内插法确定，并将其画入图 8-4 中。

检查图 8-4 中相应于此 OAC 的各项指标是否均符合马歇尔试验技术要求。

(3)根据实践经验和公路等级、气候条件、交通情况,调整确定最佳沥青用量 OAC。

①调查当地各项条件相接近的工程的沥青用量及使用效果,论证适宜的最佳沥青用量。检查计算得到的最佳沥青用量是否与其相近,如相差甚远,应查明原因,必要时重新调整级配,进行配合比设计。

②对炎热地区公路以及高速公路、一级公路的重载交通路段,山区公路的长大坡度路段,预计有可能产生较大车辙时,宜在空隙率符合要求的范围内,将计算的最佳沥青用量减小 0.1% ~0.5% 作为设计沥青用量。此时,除空隙率外的其他指标可能会超出马歇尔试验配合比设计技术标准,配合比设计报告或设计文件必须予以说明。但配合比设计报告必须要求采用重型轮胎压路机和振动压路机组合等方式加强碾压,以使施工后路面的空隙率达到未调整前的原最佳沥青用量时的水平,且渗水系数符合要求。如果试验段试拌试铺达不到此要求时,宜调整所减小的沥青用量的幅度。

③对寒区公路、旅游公路、交通量很少的公路,最佳沥青用量可以在 OAC 的基础上增加 0.1% ~0.3%,以适当减小设计空隙率,但不得降低压实度要求。

按式(8-18)及式(8-19)计算沥青结合料被集料吸收的比例及有效沥青含量。

$$P_{ba} = \frac{\gamma_{se} - \gamma_b}{\gamma_{se} \times \gamma_{sb}} \times \gamma_b \times 100 \tag{8-18}$$

$$P_{be} = P_b - \frac{P_{ba}}{100} \times P_s \tag{8-19}$$

式中:P_{ba}——沥青混合料中被集料吸收的沥青结合料比例,%;

P_{be}——沥青混合料中的有效沥青用量,%;

γ_{se}——矿料的有效相对密度,按式(8-5)计算,无量纲;

γ_{sb}——材料的合成毛体积相对密度,按式(8-1)求取,无量纲;

γ_b——沥青的相对密度(25℃/25℃),无量纲;

P_b——沥青用量,%;

P_s——各种矿料占沥青混合料总质量的百分率之和,即 $P_s = 100 - P_b$,%。

如果需要,可按式(8-20)及式(8-21)计算有效沥青的体积百分率 V_{be} 及矿料的体积百分率 V_g。

$$V_{be} = \frac{\gamma_f \times P_{be}}{\gamma_b} \tag{8-20}$$

$$V_g = 100 - (V_{be} + VV) \tag{8-21}$$

(4)检验最佳沥青用量时的粉胶比和有效沥青膜厚度。

①按式(8-22)计算沥青混合料的粉胶比,宜符合 0.6 ~1.6 的要求。对常用的公称最大粒径为 13.2 ~19mm 的密级配沥青混合料,粉胶比宜控制在 0.8 ~1.2 范围内。

$$FB = \frac{P_{0.075}}{P_{be}} \tag{8-22}$$

式中:FB——粉胶比,沥青混合料的矿料中,0.075mm 通过率与有效沥青含量的比值,无量纲;

$P_{0.075}$——矿料级配中，0.075mm 的通过率（水洗法），%；

P_{be}——有效沥青含量，%。

②按式（8-23）计算集料的比表面积，按式（8-24）估算沥青混合料的沥青膜有效厚度。各种集料粒径的表面积系数按表 8-16 采用。

$$SA = \sum(P_i \times FA_i) \tag{8-23}$$

$$DA = \frac{P_{be}}{\gamma_b \times SA} \times 10 \tag{8-24}$$

式中：SA——集料的比表面积，m^2/kg；

P_i——各种粒径的通过百分率，%；

FA_i——相应于各种粒径的集料的表面积系数，如表 8-16 所列；

DA——沥青膜有效厚度，μm；

P_{be}——有效沥青含量，%；

γ_b——沥青的相对密度（25℃/25%），无量纲。

注：各种公称最大粒径混合料中，大于 4.75mm 尺寸集料的表面积系数 FA 取 0.004 1，且只计算一次，4.75mm 以下部分的 FA_i 如表 8-16 所示。该例的 SA = 6.60m^2/kg。若混合料的有效沥青含量为 4.65%，沥青的相对密度为 1.03，则沥青膜厚度为 DA = 4.65/(1.03 × 6.60) × 10 = 6.83(μm)。

集料的表面积系数计算示例 表 8-16

筛孔尺寸（mm）	19	16	13.2	9.5	4.75	2.36	1.18	0.6	0.3	0.15	0.075	集料比表面总和 SA（m^2/kg）
表面积系数 FA_i	0.004 1	—	—	—	0.004 1	0.008 2	0.016 4	0.028 7	0.061 4	0.122 9	0.327 7	
通过百分率 P_i（%）	100	92	85	76	60	42	32	23	16	12	6	
比表面 $FA_i \times P_i$（m^2/kg）	0.41	—	—	—	0.25	0.34	0.52	0.66	0.98	1.47	1.97	6.60

（5）配合比设计检验。对用于高速公路和一级公路的密级配沥青混合料，需在配合比设计的基础上按《公路沥青路面施工技术规范》（JTG F40—2004）要求进行各种使用性能的检验，不符合要求的沥青混合料，必须更换材料或重新进行配合比设计。其他等级公路的沥青混合料可参照执行。

配合比设计检验按计算确定的设计最佳沥青用量在标准条件下进行。按照《公路沥青路面施工技术规范》（JTG F40—2004）的方法将计算的设计沥青用量调整后作为最佳沥青用量，或者改变试验条件时，各项技术要求均应适当调整，不宜照搬。

①高温稳定性检验。对公称最大粒径等于或小于 19mm 的沥青混合料，按规定方法进行车辙试验，动稳定度应符合表 8-17 的要求。

注：对公称最大粒径大于 19mm 的密级配沥青混凝土或沥青稳定碎石混合料，由于车辙试件尺寸不能适用，不宜按现行规范方法进行车辙试验和弯曲试验。如需要检验，可加厚试件厚度或采用大型马歇尔试件。

沥青混合料车辙试验动稳定度技术要求　　表 8-17

<table>
<tr><td colspan="2">气候条件与技术指标</td><td colspan="9">相应于下列气候分区所要求的动稳定度(次/mm)</td><td rowspan="4">试验方法</td></tr>
<tr><td colspan="2" rowspan="3">七月平均最高气温(℃)及气候分区</td><td colspan="4">>30</td><td colspan="4">20 ~ 30</td><td><20</td></tr>
<tr><td colspan="4">1. 夏炎热区</td><td colspan="4">2. 夏热区</td><td>3. 夏凉区</td></tr>
<tr><td>1-1</td><td>1-2</td><td>1-3</td><td>1-4</td><td>2-1</td><td>2-2</td><td>2-3</td><td>2-4</td><td>3-2</td></tr>
<tr><td colspan="2">普通沥青混合料　≥</td><td colspan="2">800</td><td colspan="2">1 000</td><td>600</td><td colspan="3">800</td><td>600</td><td rowspan="5">T 0719</td></tr>
<tr><td colspan="2">改性沥青混合料　≥</td><td colspan="2">2 400</td><td colspan="2">2 800</td><td>2 000</td><td colspan="3">2 400</td><td>1 800</td></tr>
<tr><td rowspan="2">SMA混合料</td><td>非改性　≥</td><td colspan="9">1 500</td></tr>
<tr><td>改性　≥</td><td colspan="9">3 000</td></tr>
<tr><td colspan="2">OGFC 混合料</td><td colspan="9">1 500(一般交通路段)、3 000(重交通量路段)</td></tr>
</table>

注:1. 如果其他月份的平均最高气温高于七月时,可使用该月平均最高气温。

2. 在特殊情况下,如钢桥面铺装、重载车特别多或纵坡较大的长距离上坡路段、厂矿专用道路,可酌情提高动稳定度的要求。

3. 对因气候寒冷确需使用针入度很大的沥青(如大于 100),动稳定度难以达到要求,或因采用石灰岩等不很坚硬的石料,改性沥青混合料的动稳定度难以达到要求等特殊情况,可酌情降低要求。

4. 为满足炎热地区及重载车要求,在配合比设计采取减少最佳沥青用量的技术措施时,可适当提高试验温度或增加试验荷载进行试验,同时增加试件的碾压成型密度和施工压实度要求。

5. 车辙试验不得采用二次加热的混合料,试验必须检验其密度是否符合试验规程的要求。

6. 如需要对公称最大粒径等于和大于 26.5mm 的混合料进行车辙试验,可适当增加试件的厚度,但不宜作为评定合格与否的依据。

②水稳定性检验。按规定的试验方法进行浸水马歇尔试验和冻融劈裂试验,残留稳定度及残留强度比均必须符合表 8-18 的规定。

注:调整沥青用量后,马歇尔试件成型可能达不到要求的空隙率要求。当需要添加消石灰、水泥、抗剥离剂时,需重新确定最佳沥青用量后再次试验。

沥青混合料水稳定性检验技术要求　　表 8-18

<table>
<tr><td colspan="2">气候条件与技术指标</td><td colspan="4">相应于下列气候分区的技术要求(%)</td><td rowspan="3">试验方法</td></tr>
<tr><td colspan="2" rowspan="2">年降雨(mm)及气候分区</td><td>>1 000</td><td>500 ~ 1 000</td><td>250 ~ 500</td><td><250</td></tr>
<tr><td>1. 潮湿区</td><td>2. 湿润区</td><td>3. 半干区</td><td>4. 干旱区</td></tr>
<tr><td colspan="7">浸水马歇尔试验残留稳定度(%)　≥</td></tr>
<tr><td colspan="2">普通沥青混合料</td><td colspan="2">80</td><td colspan="2">75</td><td rowspan="4">T 0709</td></tr>
<tr><td colspan="2">改性沥青混合料</td><td colspan="2">85</td><td colspan="2">80</td></tr>
<tr><td rowspan="2">SMA 混合料</td><td>普通沥青</td><td colspan="4">75</td></tr>
<tr><td>改性沥青</td><td colspan="4">80</td></tr>
<tr><td colspan="7">冻融劈裂试验的残留强度比(%)　≥</td></tr>
<tr><td colspan="2">普通沥青混合料</td><td colspan="2">75</td><td colspan="2">70</td><td rowspan="4">T 0729</td></tr>
<tr><td colspan="2">改性沥青混合料</td><td colspan="2">80</td><td colspan="2">75</td></tr>
<tr><td rowspan="2">SMA 混合料</td><td>普通沥青</td><td colspan="4">75</td></tr>
<tr><td>改性沥青</td><td colspan="4">80</td></tr>
</table>

③低温抗裂性检验。宜对密级配沥青混合料在温度 -10℃、加载速率 50mm/min 的条件下进行弯曲试验,测定破坏强度、破坏应变、破坏劲度模量,并根据应力应变曲线的形状,综合评价沥青混合料的低温抗裂性能。其中,沥青混合料的破坏应变宜不小于表 8-19 的要求。

沥青混合料低温弯曲试验破坏应变(με)技术要求 表 8-19

气候条件与技术标准	相应于下列气候分区后要求的破坏应变(με)									试验方法
年极端最低气温(℃)及气候分区	< -37.0		-21.5 ~ -37.0			-9.0 ~ -21.5		> -9.0		
	1. 冬严寒区		2. 冬寒区			3. 冬冷区		4. 冬温区		
	1-1	2-1	1-2	2-2	3-2	1-3	2-3	1-4	2-4	
普通沥青混合料 ≥	2 600		2 300			2 000				T 0715
改性沥青混合料 ≥	3 000		2 800			2 500				

④渗水系数检验。宜利用轮碾机成型的车辙试验试件,脱模架起进行渗水试验。渗水系数应符合表 8-20 的要求。

沥青混合料试件渗水系数(mL/min)技术要求 表 8-20

级 配 类 型		渗水系数要求(mL/min)	试 验 方 法
密级配沥青混凝土	≤	120	T 0730
SMA 混合料	≤	80	
OGFC 混合料	≤	实测	

⑤钢渣活性检验。对使用钢渣的沥青混合料,应按规定的试验方法(T 0363)进行钢渣的活性及膨胀性试验,钢渣沥青混凝土的膨胀量不得超过 1.5%。

⑥根据需要,可以改变试验条件进行配合比设计检验,如按调整后的最佳沥青用量、变化最佳沥青用量 OAC ±0.3%、提高试验温度、加大试验荷载、采用现场压实度进行车辙试验,在施工后的残余空隙率(如 7% ~8%)的条件下进行水稳定性试验和渗水试验等,但不宜用《公路沥青路面施工技术规范》(JTG F40—2004)规定的技术要求进行合格评定。

(6)配合比设计报告。配合比设计报告应包括工程设计级配范围选择说明、材料品种选择与原材料质量试验结果、矿料级配、最佳沥青用量,以及各项体积指标、配合比设计检验结果等。试验报告的矿料级配曲线应按规定的方法绘制。

按调整沥青用量作为最佳沥青用量时,宜报告不同沥青用量条件下的各项试验结果,并提出对施工压实工艺的技术要求。

2. 生产配合比设计阶段

对间歇式拌和机,应按规定方法取样测试各热料仓的材料级配,确定各热料仓的配合比,供拌和机控制室使用;同时选择适宜的筛孔尺寸和安装角度,尽量使各热料仓的供料大体平衡,并取目标配合比设计的最佳沥青用量 OAC、OAC ±0.3% 等 3 个沥青用量进行马歇尔试验和试拌,通过室内试验及从拌和机取样试验,综合确定生产配合比的最佳沥青用量,由此确定的最佳沥青用量与目标配合比设计结果的差值不宜大于 ±0.2%。对连续式拌和机可省略生产配合比设计步骤。

3. 生产配合比验证阶段

拌和机按生产配合比结果进行试拌、铺筑试验段,并取样进行马歇尔试验;同时从路上钻

取芯样观察空隙率的大小，由此确定生产用的标准配合比。标准配合比的矿料合成级配中，至少应包括0.075mm、2.36mm、4.75mm及公称最大粒径筛孔的通过率接近优选的工程设计级配范围的中值，并避免在0.3～0.6mm处出现“驼峰”。对确定的标准配合比，宜再次进行车辙试验和水稳定性检验。

4. 确定施工级配允许波动范围

根据标准配合比及质量管理要求中各筛孔的允许波动范围，制订施工用的级配控制范围，用以检查沥青混合料的生产质量。

三、SMA混合料配合比设计

SMA混合料配合比设计除按下面的规定外，应遵照热拌沥青混合料配合比设计方法的规定执行。

SMA混合料的配合比设计采用马歇尔试件的体积设计方法进行，马歇尔试验的稳定度和流值并不作为配合比设计接受或者否决的唯一指标。

1. 材料选择

对用于配合比设计的各种材料按热拌沥青混合料配合比设计规定选择，其质量必须符合规定的技术要求。

除已有成功经验证明使用非改性的普通沥青能符合使用要求者外，SMA宜采用改性石油沥青，且采用比当地常用沥青更硬标号的沥青。

2. 设计矿料级配的确定

(1)设计初试级配。SMA路面的工程设计级配范围宜直接采用表8-8规定的矿料级配范围。公称最大粒径等于或小于9.5mm的SMA混合料，以2.36mm作为粗集料骨架的分界筛孔，公称最大粒径等于或大于13.2mm的SMA混合料以4.75mm作为粗集料骨架的分界筛孔。

在工程设计级配范围内，调整各种矿料比例设计3组不同粗细的初试级配，3组级配的粗集料骨架分界筛孔的通过率处于级配范围的中值、中值±3%附近，矿粉数量均为10%左右。

(2)按热拌沥青混合料配合比设计的方法计算初试级配的矿料的合成毛体积相对密度γ_{sb}、合成表观相对密度γ_{sa}、有效相对密度γ_{se}，其中，各种集料的毛体积相对密度、表观相对密度试验方法遵照热拌沥青混合料配合比设计的规定进行。

(3)把每个合成级配中小于粗集料骨架分界筛孔的集料筛除，按《公路工程集料试验规程》T 0309的规定，用捣实法测定粗集料骨架的松方毛体积相对密度γ_s，按式(8-25)计算粗集料骨架混合料的毛体积相对密度γ_{ca}。

$$\gamma_{ca}=\frac{P_1+P_2+\cdots+P_n}{\frac{P_1}{\gamma_1}+\frac{P_2}{\gamma_2}+\cdots+\frac{P_n}{\gamma_n}} \tag{8-25}$$

式中：P_1、P_2、…、P_n——粗集料骨架部分各种集料在全部矿料级配混合料中的配合比例；

γ_1、γ_2、…、γ_n——各种粗集料相应的毛体积相对密度。

(4)按式(8-26)计算各组初试级配捣实状态下的粗集料松装间隙率VCA_{DRC}

$$VCA_{DRC} = \left(1 - \frac{\gamma_s}{\gamma_{ca}}\right) \times 100 \tag{8-26}$$

式中：VCA_{DRC}——粗集料骨架的松装间隙率，%；

γ_{ca}——粗集料骨架的毛体积相对密度；

γ_s——粗集料骨架的松方毛体积相对密度。

(5)按热拌沥青混合料配合比设计的方法，预估新建工程SMA混合料适宜的油石比P_a或沥青用量为P_b，作为马歇尔试件的初试油石比。

(6)按照选择的初试油石比和矿料级配制作SMA试件，马歇尔标准击实的次数为双面50次，根据需要也可采用双面75次，一组马歇尔试件的数目不得少于4～6个。SMA马歇尔试件的毛体积相对密度由表干法测定。

(7)按式(8-27)的方法计算不同沥青用量条件下SMA混合料的最大理论相对密度。其中，纤维部分的比例不得忽略。

$$\gamma_t = \frac{100 + P_s + P_x}{\frac{100}{\gamma_{se}} + \frac{P_a}{\gamma_a} + \frac{P_x}{\gamma_x}} \tag{8-27}$$

式中：γ_{se}——矿料的有效相对密度；

P_a——沥青混合料的油石比，%；

γ_a——沥青的相对密度(25℃/25℃)，无量纲；

P_x——纤维用量，以矿料质量的百分数计，%；

γ_x——纤维稳定剂的密度，由供货商提供或由比重瓶实测得到。

(8)按式(8-28)计算SMA马歇尔混合料试件中的粗集料骨架间隙率VCA_{mix}，试件的集料各项体积指标空隙率VV、集料间隙率VMA、沥青饱和度VFA按热拌沥青混合料配合比设计的方法计算。

$$VCA_{mix} = \left(1 - \frac{\gamma_f}{\gamma_{ca}} \times P_{ca}\right) \times 100 \tag{8-28}$$

式中：P_{ca}——沥青混合料中粗集料的比例，即大于4.75mm的颗粒含量，%；

γ_{ca}——粗集料骨架部分的平均毛体积相对密度，由式(8-25)确定；

γ_f——沥青混合料试件的毛体积相对密度，由表干法测定。

(9)从3组初试级配的试验结果中选择设计级配时，必须符合$VCA_{mix} < VCA_{DRC}$及VMA > 16.5%的要求，当有1组以上的级配同时符合要求时，以粗集料骨架分界集料通过率大且VMA较大的级配为设计级配。

3. 确定设计沥青用量

(1)根据所选择的设计级配和初试油石比试验的空隙率结果，以0.2%～0.4%为间隔，调整3个不同的油石比，制作马歇尔试件，计算空隙率等各项体积指标。一组试件数不宜少于4～6个。

(2)进行马歇尔稳定度试验，检验稳定度和流值是否符合规范规定的技术要求。

(3)根据期望的设计空隙率，确定油石比，作为最佳油石比OAC。所设计的SMA混合料应符合规范规定的各项技术标准。

(4)如初试油石比的混合料体积指标恰好符合设计要求时,可以省去此步骤,但宜进行一次复核。

4. 配合比设计检验

除热拌沥青混合料配合比设计的规定项目外,SMA 混合料的配合比设计还必须进行谢伦堡析漏试验及肯特堡飞散试验。配合比设计检验应符合 SMA 混合料的技术要求。不符合要求的必须重新进行配合比设计

5. 配合比设计报告

配合比设计结束后,必须按热拌沥青混合料配合比设计的要求及时出具配合比设计报告。

四、OGFC 混合料的配合比设计

OGFC 混合料的配合比设计除按下面的规定外,应遵照热拌沥青混合料配合比设计方法的规定执行。

OGFC 混合料的配合比设计采用马歇尔试件的体积设计方法进行,并以空隙率作为配合比设计主要指标。配合比设计指标应符合 OGFC 混合料的技术要求。

OGFC 混合料配合比设计后必须对设计沥青用量进行析漏试验及肯特堡试验,并对混合料的高温稳定性、水稳定性等进行检验。配合比设计检验应符合 OGFC 混合料的技术要求。

1. 材料选择

用于 OGFC 混合料的粗集料、细集料以及石粉的质量应符合规范对表面层材料的技术要求。OGFC 宜在使用石粉的同时掺用消石灰、纤维等添加剂。

OGFC 宜采用高黏度改性沥青,其质量宜符合表 8-21 的技术要求。当实践证明采用普通改性沥青或纤维稳定剂后能符合当地条件时也允许使用。

高黏度改性沥青的技术要求　　表 8-21

试验项目		单　位	技术要求
针入度(25℃,100g,5s)	≥	0.1mm	40
软化点(TR&B)	≥	℃	80
延度(15℃)	≥	cm	50
闪点	≥	℃	260
薄膜加热试验(TFOT)后的质量变化	≥	%	0.6
黏韧性(25℃)	≥	N·m	20
韧性(25℃)	≥	N·m	15
60℃黏度	≥	Pa·s	20 000

2. 确定设计矿料级配和沥青用量

(1)按试验规程规定的方法精确测定各种原材料的相对密度,粗集料按 T 0304 方法测定,机制砂及石屑可按 T 0330 方法测定,也可以用筛出的 2.36 ~ 4.75mm 部分的毛体积相对密度代替,矿粉(含消石灰、水泥)以表观相对密度代替。

(2)以表 8-9 级配范围作为工程设计级配范围,在充分参考同类工程成功经验的基础上,

在级配范围内适配3组不同2.36mm通过率的矿料级配作为初选级配。

(3)对每一组初选的矿料级配,按式(8-29)计算集料的表面积。根据希望的沥青膜厚度,按式(8-30)计算每一组混合料的初试沥青用量P_b。通常情况下,OGFC的沥青膜厚度h宜为14μm。

$$A = (2 + 0.02a + 0.04b + 0.08c + 0.14d + 0.3e + 0.6f + 1.6g)/48.74 \quad (8\text{-}29)$$

$$P_b = h \times A \quad (8\text{-}30)$$

式中: A——集料总的表面积。

a、b、c、d、e、f、g——分别为4.75mm、2.36mm、1.18mm、0.6mm、0.3mmn、0.15mm、0.075mm筛孔的通过百分率,%。

(4)制作马歇尔试件。马歇尔试件的击实次数为双面50次。用体积法测定试件的空隙率,绘制2.36mm通过率与空隙率的关系曲线。根据期望的空隙率确定混合料的矿料级配,并再次按(3)的方法计算初始沥青用量。

(5)以确定的矿料级配和初始沥青用量拌和沥青混合料,分别进行马歇尔试验、谢伦堡析漏试验、肯特堡飞散试验、车辙试验,各项指标应符合表8-5、表8-17、表8-20的技术要求,其空隙率与期望空隙率的差值不宜超过±1%。如不符合要求,应重新调整沥青用量,拌和沥青混合料进行试验,直至符合要求为止。

(6)如各项指标均符合要求,即配合比设计已完成,出具配合比设计报告。

五、施工过程中沥青混合料的试验检测监理

施工过程中沥青混合料的试验检测监理应着重抓热拌沥青混合料的马歇尔试验(测定沥青混合料稳定度、流值、密度)、抽提试验(测定沥青混合料的沥青含量或油石比)、筛分试验(测定沥青混合料的矿料级配),加强沥青、集料的加热温度和混合料出厂温度的试验检测。

第三节　其他沥青路面材料试验检测监理的要点

一、沥青表面处治

1.沥青材料

沥青表面处治可采用道路石油沥青、乳化沥青和煤沥青,其标号应符合《公路沥青路面施工技术规范》(JTG F40—2004)的要求。

微表处必须采用改性乳化沥青,稀浆封层可采用普通乳化沥青或改性乳化沥青,其品种和技术要求应分别符合表7-5、表7-6、表7-10、表7-11的规定。

2.矿料

沥青表面处治的集料最大粒径应与处治层的厚度相等,其规格和用量宜按表8-22选用;沥青表面处治施工后,应在路侧另备S12(5~10mm)碎石或S14(3~5mm)石屑、粗砂或小砾石(2~3)m^3/1 000m^2作为初期养护用料。

沥青表面处治材料规格和用量　　表 8-22

沥青种类	类型	厚度(mm)	集料(m^2/1 000m^2)			沥青或乳液用量(kg/m^2)			
			第一层	第二层	第三层	第一次	第二次	第三次	合计用量
			规格用量	规格用量	规格用量				
石油沥青	单层	1.0 1.5	S127 ~ 9 S1012 ~ 14	—	—	1.0 ~ 1.2 1.4 ~ 1.6	—	—	1.0 ~ 1.2 1.4 ~ 1.6
	双层	1.5 2.0 2.5	S1012 ~ 14 S916 ~ 18 S818 ~ 20	S127 ~ 8 S127 ~ 8 S127 ~ 8	—	1.4 ~ 1.6 1.6 ~ 1.8 1.8 ~ 2.0	1.0 ~ 1.2 1.0 ~ 1.2 1.0 ~ 1.2	—	2.4 ~ 2.8 2.6 ~ 3.0 2.8 ~ 3.2
	三层	2.5 3.0	S818 ~ 20 S6 20 ~ 22	S10 12 ~ 14 S10 12 ~ 14	S12 7 ~ 8 S12 7 ~ 8	1.6 ~ 1.8 1.8 ~ 2.0	1.2 ~ 1.4 1.2 ~ 1.4	1.0 ~ 1.2 1.0 ~ 1.2	3.8 ~ 4.4 4.0 ~ 4.6
乳化沥青	单层	0.5	S14 7 ~ 9	—	—	0.9 ~ 1.0	—	—	0.9 ~ 1.0
	双层	1.0	S12 9 ~ 11	S14 4 ~ 6	—	1.8 ~ 2.0	1.0 ~ 1.2	—	2.8 ~ 3.2
	三层	3.0	S6 20 ~ 22	S10 9 ~ 11	S12 4 ~ 6 S14 3.5 ~ 4.5	2.0 ~ 2.2	1.8 ~ 2.0	1.0 ~ 1.2	4.8 ~ 5.4

注:1. 煤沥青表面处治的沥青用量可比石油沥青用量增加 15% ~ 20%。

2. 表中的乳液用量按乳化沥青的蒸发残留物含量 60% 计算,如沥青含量不同应予折算。

3. 在高寒地区及干旱风沙大的地区,可超出高限 5% ~ 10%。

稀浆封层和微表处应选择坚硬、粗糙、耐磨、洁净的集料。各项性能应符合表 7-12 和表 7-16的要求。其中,微表处用通过 4.75mm 筛的合成矿料的砂当量不得低于 65%,稀浆封层用通过 4.75mm 筛的合成矿料的砂当量不得低于 50%。当用于抗滑表层时,还应符合表 7-14 中有关磨光值的要求。细集料宜采用碱性石料生产的机制砂或洁净的石屑。对集料中的超粒径颗粒必须筛除。根据铺筑厚度、处治目的、公路等级等条件,按照表 8-23 选用合适的矿料级配。

稀浆封层和微表处的矿料级配　　表 8-23

筛孔尺寸(mm)	不同类型通过各筛孔的百分率(%)				
	微表处		稀浆封层		
	MS-2 型	MS-3 型	ES-1 型	ES-2 型	ES-3 型
9.5	100	100		100	100
4.75	95 ~ 100	70 ~ 90	100	95 ~ 100	70 ~ 90
2.36	65 ~ 90	35 ~ 70	90 ~ 100	65 ~ 90	35 ~ 70
1.18	45 ~ 70	28 ~ 50	60 ~ 90	45 ~ 70	28 ~ 50
0.6	30 ~ 50	19 ~ 34	40 ~ 65	30 ~ 50	19 ~ 34
0.3	18 ~ 30	12 ~ 25	25 ~ 42	18 ~ 30	12 ~ 25
0.15	10 ~ 21	7 ~ 18	15 ~ 30	10 ~ 21	17 ~ 18
0.075	5 ~ 15	5 ~ 15	10 ~ 20	5 ~ 15	5 ~ 15
一层的适宜厚度(mm)	4 ~ 7	8 ~ 10	2.5 ~ 3	4 ~ 7	8 ~ 10

3. 配合比设计

稀浆封层和微表处的混合料中乳化沥青及改性乳化沥青的用量应通过配合比设计确定。混合料的质量应符合表8-24的技术要求。

稀浆封层和微表处混合料技术要求　　表8-24

项　　目	单位	微表处	稀浆封层	试 验 方 法
可拌和时间	s	>120		手工拌和
稠度	cm	—	2~3	T 0751
黏聚力试验 30min(初凝时间) 60min(开放交通时间)	 N·m N·m	 ≥1.2 ≥2.0	(仅适用于快开放交通的稀浆封层) ≥1.2 ≥2.0	T 0754
负荷轮碾压试验(LWT) 黏附砂量 轮迹宽度变化率	 g/m^2 %	 <450 <5	(仅适用于重交通道路表层时) <450 —	T 0755
湿轮磨耗试验的磨耗值(WTAT) 浸水1h 浸水6h	 g/m^2 g/m^2	 <540 <800	 <800 —	T 0752

注:负荷轮碾压试验(LWT)的宽度变化率适用于需要修补车辙的情况。

稀浆封层和微表处混合料的配合比设计按下列步骤进行:

(1)根据选择的级配类型,按表8-23确定矿料的级配范围。计算各种集料的配合比例,使合成级配在要求的级配范围内。

(2)根据以往的经验初选乳化沥青、填料、水和外加剂用量,进行拌和试验和黏聚力试验。可拌和时间的试验温度应考虑最高施工温度,黏聚力试验的温度应考虑施工中可能遇到的最低温度。

(3)根据上述试验结果和稀浆混合料的外观状态,选择1~3个认为合理的混合料配方,按表8-24规定试验稀浆混合料的性能要求,如不符合要求,适当调整各种材料的配合比例再试验,直至符合要求为止。

(4)当设计人员经验不足时,可将初选的1~3个混合料配方分别变化不同的沥青用量(沥青用量一般在6.0%~8.5%之间),按照表8-24的要求重复试验,并分别将不同沥青用量的1h湿轮磨耗值及砂黏附量绘制成图8-5的关系曲线。以磨耗值接近表8-24中要求的沥青用量作为最小沥青用量P_{bmin},黏附量接近表8-24中要求的沥青用量为最大沥青用量P_{bmax},得出沥青用量的可选择范围P_{bmin}~P_{bmax}。

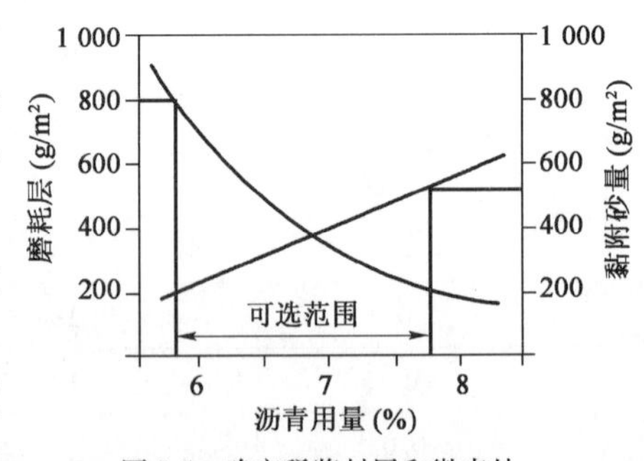

图8-5　确定稀浆封层和微表处最佳沥青用量的曲线

(5)根据经验在沥青用量的可选范围内选择适宜的沥青用量。对微表处混合料,以所选择的沥青用量检验混合料的浸水6d湿轮磨耗指标,用于车辙填充的增

加检验负荷车轮试验的宽度变化率指标，不符合要求时调整沥青用量重新试验，直至符合要求为止。

(6)根据以往经验及配合比设计试验结果，在充分考虑气候及交通特点的基础上，综合确定混合料配合比。

二、沥青贯入式路面

1. 沥青材料

沥青贯入式路面的结合料可采用道路石油沥青、煤沥青或乳化沥青，用量应按表 8-25 或表 8-26 选用。沥青标号按表 7-1、表 7-5、表 7-8 选用。

2. 集料

沥青贯入式路面的集料应选择有棱角、嵌挤性好的坚硬石料，其规格和用量宜根据贯入层厚度按表 8-25 或表 8-26 选用。当使用破碎砾石时，其破碎面应符合表 7-15 的要求。沥青贯入层主层集料中大于粒径范围中值的数量不宜少于 50%。表面不加铺拌和层的贯入式路面在施工结束后每 1 000m^2 宜另备 2 ~ 3m^3 与最后一层嵌缝料规格相同的细集料供初期养护使用。

沥青贯入式路面材料规格和用量　　表 8-25

(用量单位：集料，m^3/1 000m^2；沥青及沥青乳液，kg/m^2)

沥青品种	石油沥青					
厚度(cm)	4		5		6	
规格和用量	规格	用量	规格	用量	规格	用量
封层料	S14	3 ~ 5	S14	3 ~ 5	S13(S14)	4 ~ 6
第三遍沥青		1.0 ~ 1.2		1.0 ~ 1.2		1.0 ~ 1.2
第二遍嵌缝料	S12	6 ~ 7	S11(S10)	10 ~ 12	S11(S10)	10 ~ 12
第二遍沥青		1.6 ~ 1.8		1.8 ~ 2.0		2.0 ~ 2.2
第一遍嵌缝料	S10(S9)	12 ~ 14	S8	16 ~ 18	S8(S6)	16 ~ 18
第一遍沥青		1.8 ~ 2.1		2.4 ~ 2.6		2.8 ~ 3.0
主层石料	S5	45 ~ 50	S4	55 ~ 60	S3(S4)	66 ~ 76
沥青总用量	4.4 ~ 5.1		5.2 ~ 5.8		5.8 ~ 6.4	

沥青品种	石油沥青				乳化沥青			
厚度(cm)	7		8		4		5	
规格和用量	规格	用量	规格	用量	规格	用量	规格	用量
封层料	S13(S14)	4 ~ 6	S13(S14)	4 ~ 6	S13(S14)	4 ~ 6	S14	4 ~ 6
第五遍沥青								0.8 ~ 1.0
第四遍嵌缝料							S14	5 ~ 6
第四遍沥青						0.8 ~ 1.0		1.2 ~ 1.4
第三遍嵌缝料					S14	5 ~ 6	S12	7 ~ 9
第三遍沥青		1.0 ~ 1.2		1.0 ~ 1.2		1.4 ~ 1.6		1.5 ~ 1.7

续上表

沥青品种	石油沥青				乳化沥青			
厚度(cm)	7		8		4		5	
规格和用量	规格	用量	规格	用量	规格	用量	规格	用量
第二遍嵌缝料	S10(S11)	11~13	S10(S11)	11~13	S12	7~8	S10	9~11
第二遍沥青		2.4~2.6		2.6~2.8		1.6~1.8		1.6~1.8
第一遍嵌缝料		18~20	S6(S8)	20~22	S9	12~14	S8	10~12
第一遍沥青	S6(S8)	3.3~3.5		4.0~4.2		2.2~2.4		2.6~2.8
主层石料	S3	80~90	S1(S2)	95~100	S5	40~45	S4	50~55
沥青总用量	6.7~7.3		7.6~8.2		6.0~6.8		7.4~8.5	

注:1. 煤沥青贯入式的沥青用量可较石油沥青用量增加15%~20%。
2. 表中乳化沥青是指乳液的用量,并适用于乳液浓度约为60%的情况,如果浓度不同,用量应予换算。
3. 在高寒地区及干旱风沙大的地区,可超出高限,再增加5%~10%。

上拌下贯式路面的材料规格和用量 表8-26

(用量单位:集料,$m^3/1\,000m^2$;沥青及沥青乳液,kg/m^2)

沥青品种	石油沥青					
厚度(cm)	4		5		6	
规格和用量	规格	用量	规格	用量	规格	用量
第二遍嵌缝料	S12	5~6	S12(S11)	7~9	S12(S11)	7~8
第二遍沥青		1.4~1.6		1.6~1.8		1.6~1.8
第一遍嵌缝料	S10(S9)	12~14	S8	16~18	S8(S7)	16~18
第一遍沥青		2.0~2.3		2.6~2.8		3.2~3.4
主层石料	S5	45~50	S4	55~60	S3(S2)	66~76
沥青总用量	3.4~3.9		4.2~4.6		4.8~5.2	
沥青品种	石油沥青		乳化沥青			
厚度(cm)	7		5		6	
规格和用量	规格	用量	规格	用量	规格	用量
第四遍嵌缝料					S14	4~6
第四遍沥青						1.3~1.5
第三遍嵌缝料			S14	4~6	S12	8~10
第三遍沥青				1.4~1.6		1.4~1.6
第二遍嵌缝料	S10(S11)	8~10	S12	9~10	S9	8~12
第二遍沥青		1.7~1.9		1.8~2.0		1.5~1.7
第一遍嵌缝料	S6(S8)	18~20	S8	15~17	S6	24~26
第一遍沥青		4.0~4.2		2.5~2.7		2.4~2.6
主层石料	S2(S3)	80~90	S4	50~55	S3	50~55
沥青总用量	5.7~6.1		5.9~6.2		6.7~7.2	

注:1. 煤沥青贯入式路面的沥青用量可较石油沥青用量增加15%~20%。
2. 表中乳化沥青是指乳液的用量,并适用于乳液浓度约为60%的情况。
3. 在高寒地区及干旱风沙大的地区,可超出高限,再增加5%~10%。
4. 表面加铺拌和层部分的材料规格及沥青(或乳化沥青)用量按热拌沥青混合料(或乳化沥青)的有关规定执行。

三、施工过程中沥青混合料试验检测监理

沥青表面处治路面施工过程中应监理沥青的洒布温度、集料的规格和沥青用量（层铺法施工）。采用拌和法施工时，混合料试验检测监理内容同热拌沥青混合料的要求。

沥青贯入式路面施工过程中应监理沥青洒布温度、沥青用量及集料的规格。

稀浆封层、微表处施工过程中，应监理油石比、矿料级配和湿轮磨耗等试验检测。

第四节 公路沥青路面再生试验检测监理的要点

沥青路面在使用一定时间后，其整体性能将不能满足路用要求，但作为路用材料仍有很高的利用价值。通过路面再生，可以使其重新满足路用性能要求，既可节省大量材料资源和资金，也可避免环境污染，实现循环经济发展模式和可持续发展。

沥青路面再生利用包括：厂拌热再生、就地热再生、厂拌冷再生、就地冷再生 4 类技术。其中，就地冷再生技术按照再生材料和厚度的不同，分为沥青层就地冷再生、全深式就地冷再生两种方式。各类再生技术具有不同的适用范围，应用时应根据工程实际情况选择最适宜的再生技术种类。

沥青路面再生是指采用专用机械设备对旧沥青路面或者回收沥青路面材料（RAP）进行处理，并掺加一定比例的新集料、新沥青、再生剂（必要时）等形成路面结构层的技术。按照再生混合料拌制和施工温度的不同，沥青路面再生可以分为热再生和冷再生；按照施工场合和工艺的不同，沥青路面再生可以分为厂拌再生和就地再生。

厂拌热再生是指将回收沥青路面材料（RAP）运至沥青拌和厂（场、站），经破碎、筛分，以一定的比例与新集料、新沥青、再生剂（必要时）等拌制成热拌再生混合料铺筑路面的技术。

就地热再生是指采用专用的就地热再生设备，对沥青路面进行加热、铣刨，就地掺入一定数量的新沥青、新沥青混合料、再生剂等，经热态拌和、摊铺、碾压等工序，一次性实现对表面一定深度范围内的旧沥青混凝土路面再生的技术。它可以分为复拌再生、加铺再生两种。

（1）复拌再生：将旧沥青路面加热、铣刨，就地掺加一定数量的再生剂、新沥青、新沥青混合料，经热态拌和、摊铺、压实成型。掺加的新沥青混合料比例一般控制在 30% 以内。

（2）加铺再生：将旧沥青路面加热、铣刨，就地掺加一定数量的新沥青混合料、再生剂，拌和形成再生混合料，利用再生复拌机的第一熨平板摊铺再生混合料，利用再生复拌机的第二熨平板同时将新沥青混合料摊铺于再生混合料之上，两层一起压实成型。

厂拌冷再生：将回收沥青路面材料（RAP）运至拌和厂（场、站），经破碎、筛分，以一定的比例与新集料、沥青类再生结合料、活性填料（水泥、石灰等）、水进行常温拌和，常温铺筑形成路面结构层的沥青路面再生技术。

一、原材料

1. 沥青

1）道路石油沥青

再生混合料使用的道路石油沥青，以及制作乳化沥青、泡沫沥青使用的道路石油沥青应符合现行《公路沥青路面施工技术规范》（JTG F40—2004）的规定。

2)乳化沥青

(1)厂拌冷再生、就地冷再生使用的乳化沥青材料性能应满足表8-27的规定。

(2)通常情况下,厂拌冷再生宜采用慢裂型乳化沥青,就地冷再生宜采用中裂型或者慢裂型乳化沥青。

(3)乳化沥青应在常温下使用,使用温度不应高于60℃。

冷再生用乳化沥青技术要求 表8-27

试验项目			单位	技术要求	试验方法
破乳速度				快裂或中裂	T 0658
粒子电荷				阳离子(+)	T 0653
筛上残留量(1.18mm筛)		≤	%	0.1	T 0652
黏度	恩格拉黏度 E_{25}			2~30	T 0622
	25℃赛波特黏度 V_a		s	7~100	T 0623
蒸发残留物	残留分含量	≥	%	62	T 0651
	溶解度	≥	%	97.5	T 0607
	针入度(25℃)		0.1mm	50~300	T 0604
	延度(15℃)	≥	cm	40	T 0605
与粗集料的黏附性,裹覆面积		≥		2/3	T 0654
与粗、细粒式集料拌和试验				均匀	T 0659
常温储存稳定性	1d	≤	%	1	T 0655
	5d	≤		5	

注:恩格拉黏度和赛波特黏度指标任选其一检测。

3)泡沫沥青

厂拌冷再生、就地冷再生使用的泡沫沥青,应满足表8-28的要求。

泡沫沥青技术要求 表8-28

项目		技术要求	试验方法
膨胀率(%)	≥	10	JTG F41—2008 附录E
半衰期(s)	≥	8	JTG F41—2008 附录E

2. 沥青再生剂

沥青再生剂宜满足表8-29的要求。应根据回收沥青路面材料(RAP)中沥青老化程度、沥青含量、回收沥青路面材料(RAP)掺配比例、再生剂与沥青的配伍性,综合选择再生剂品种。

热拌沥青混合料再生剂技术要求 表8-29

检验项目	RA-1	RA-5	RA-25	RA-75	RA-250	RA-500	试验方法
60℃黏度 cSt	50~175	176~900	901~4 500	4 501~12 500	12 501~37 500	37 501~60 000	T 0619
闪点(℃)	≥220	≥220	≥220	≥220	≥220	≥220	T 0633
饱和分含量(%)	≤30	≤30	≤30	≤30	≤30	≤30	T 0618
芳香分含量(%)	实测记录	实测记录	实测记录	实测记录	实测记录	实测记录	T 0618

续上表

检验项目	RA-1	RA-5	RA-25	RA-75	RA-250	RA-500	试验方法
薄膜烘箱试验前后黏度比	≤3	≤3	≤3	≤3	≤3	≤3	T 0619
薄膜烘箱试验前后质量变化(%)	≤4,≥-4	≤4,≥-4	≤3,≥-3	≤3,≥-3	≤3,≥-3	≤3,≥-3	T 0609 或 T 0610
15℃密度	实测记录	实测记录	实测记录	实测记录	实测记录	实测记录	T 0603

注:薄膜烘箱试验前后黏度比=试样薄膜烘箱试验后黏度/试样薄膜烘箱试验前黏度。

3. 集料

(1)粗细集料质量,应满足现行《公路沥青路面施工技术规范》(JTG F40—2004)的要求。单一粗细集料质量不能满足要求,但集料混合料性能满足要求的,可以使用。

(2)热再生混合料中新旧集料混合后的集料混合料质量,应满足现行《公路沥青路面施工技术规范》(JTG F40—2004)的要求。

4. 水泥、石灰、矿粉

(1)水泥作为再生结合料或者活性添加剂时,可以采用普通硅酸盐水泥、矿渣硅酸盐水泥、火山灰硅酸盐水泥。水泥的初凝时间应在3h以上,终凝时间宜在6h以上,不应使用快硬水泥、早强水泥。水泥应疏松、干燥,无聚团、结块、受潮变质。水泥强度等级应为32.5级或42.5级。

(2)石灰作为再生结合料或者活性添加剂时,可以采用消石灰粉或者生石灰粉,石灰技术指标应符合现行《公路路面基层施工技术规范》的规定。

(3)再生混合料中使用的填料的质量技术要求,应满足现行《公路沥青路面施工技术规范》(JTG F40—2004)的要求。

5. 水

制作乳化沥青、泡沫沥青用水,以及冷再生用水均应为可饮用水。使用非饮用水,应经试验验证,不影响产品和工程质量时方可使用。

6. 回收沥青路面材料(RAP)

(1)厂拌再生时,回收沥青路面材料(RAP)必须经过预处理后方可使用。厂拌再生时经过预处理的回收沥青路面材料(RAP)以及就地再生时的回收沥青路面材料(RAP)样品,应按照表8-30、表8-31、表8-32中各项技术指标进行检测。

热再生时RAP检测项目与质量要求　　表8-30

材料	检测项目	技术要求	试验方法
RAP	含水率	实测	JTG F41—2008
	RAP级配	实测	
	沥青含量	实测	
	砂当量(%)	>55	

续上表

材　　料	检 测 项 目	技 术 要 求	试 验 方 法
RAP 中的沥青	针入度(0.1mm)	>20	抽提,《公路工程沥青及沥青混合料试验规程》(JTJ 052—2000)
	60℃黏度	实测	
	软化点	实测	
	15℃延度	实测	
RAP 中的粗集料	针片状颗粒含量、压碎值	实测	抽提,《公路工程集料试验规程》(JTG E42—2005)
RAP 中的细集料	棱角性	实测	

注:厂拌热再生 RAP 掺配比例小于 20% 时,RAP 中的沥青性能指标可不检测,RAP 中的粗集料可只检测针片状符合量。

厂拌冷再生和沥青层就地冷再生时 RAP 检测项目与技术要求　　表 8-31

材　　料	检 测 项 目	技 术 要 求	试 验 方 法
RAP	含水率	实测	JTG F41—2008 附录 A
	RAP 级配	实测	
	沥青含量	实测	
	砂当量(%)	>50	
RAP 中的沥青	针入度	实测	抽提,《公路工程沥青及沥青混合料试验规程》(JTJ 052—2000)
	60℃黏度	实测	
	软化点	实测	
	15℃延度	实测	
RAP 中的粗集料	针片状颗粒含量、压碎值	实测	抽提,《公路工程集料试验规程》(JTG E42—2005)
RAP 中的细集料	棱角性	实测	

注:冷再生用于公路等级较低或者是所处层位较低时,RAP 中的沥青性能指标和粗集料指标可有选择地检测。

全深式就地冷再生时 RAP 检测项目与技术要求　　表 8-32

材　　料	检 测 项 目	技 术 要 求	试 验 方 法
RAP	含水率	实测	JTG F41—2008 附录 A
	RAP 级配	实测	
	沥青含量	实测	
	塑性指数	实测	公路土工试验规程(JTG E40—2007)

(2)再生混合料设计级配范围。

①乳化沥青冷再生混合料设计级配范围宜满足表 8-33 的要求。

乳化沥青冷再生混合料工程设计级配范围　　表 8-33

筛孔尺寸(mm)	各筛孔的通过率(%)			
	粗粒式	中粒式	细粒式 A	细粒式 B
37.5	100	—	—	—
26.5	80～100	100	—	—
19	—	90～100	100	—

续上表

筛孔尺寸(mm)	各筛孔的通过率(%)			
	粗粒式	中粒式	细粒式 A	细粒式 B
13.2	60~80	—	90~100	100
9.5	—	60~80	60~80	90~100
4.75	25~60	35~65	45~75	60~80
2.36	15~45	20~50	25~55	35~65
0.3	3~20	3~21	6~25	6~25
0.075	1~7	2~8	2~9	2~10

②使用泡沫沥青作为再生结合料的厂拌冷再生、就地冷再生,泡沫沥青冷再生混合料设计级配范围,宜满足表8-34的要求。

泡沫沥青冷再生混合料工程设计级配范围　　表8-34

筛孔尺寸(mm)	各筛孔的通过率(%)		
	粗粒式	中粒式	细粒式
37.5	100	—	—
26.5	85~100	100	—
19	—	90~100	100
13.2	60~85	—	90~100
9.5	—	60~85	—
4.75	25~65	35~65	45~75
2.36	30~55	30~55	30~55
0.3	10~30	10~30	10~30
0.075	6~20	6~20	6~20

③用于高速公路和一级公路基层时,无机结合料稳定冷再生混合料级配宜满足表8-35中1号级配范围要求,用作底基层时宜满足表8-35中2号级配范围要求;用于二级及二级以下公路时,再生混合料级配宜满足表8-35中3号级配范围要求。

无机结合料稳定冷再生混合料级配范围　　表8-35

筛孔尺寸(mm)	通过各筛孔的质量百分率(%)		
	1	2	3
37.5	—	100	90~100
31.5	100	—	—
26.5	90~100	—	66~100
19	72~89	—	54~100
9.5	47~67	—	39~100
4.75	29~49	50~100	28~84
2.36	17~35	—	20~70
1.18	—	—	14~57
0.6	8~22	17~100	8~47
0.075	0~7	0~30	0~30

二、冷再生混合料设计技术要求

1. 乳化沥青冷再生混合料设计

乳化沥青冷再生混合料设计指标应满足表8-36的要求。乳化沥青冷再生混合料中，乳化沥青添加量折合成纯沥青后占混合料其余部分干质量的百分比一般为1.5%～3.5%，水泥等活性填料剂量一般不超过1.5%。

乳化沥青冷再生混合料设计技术要求　　表8-36

试验项目			技术要求
空隙率(%)			9～14
劈裂试验(15℃)	劈裂强度(MPa)	≥	0.40(基层、底基层)、0.50(下面层)
	干湿劈裂强度比(%)	≥	75
马歇尔稳定度试验(40℃)	马歇尔稳定度(kN)	≥	5.0(基层、底基层)、6.0(下面层)
	浸水马歇尔稳定度残留(%)	≥	75
冻融劈裂强度比TSR(%)		≥	70

注：1. 任选劈裂试验和马歇尔稳定度试验之一作为设计要求，推荐使用劈裂试验。
2. 空隙率宜控制在12%以内。

2. 泡沫沥青冷再生混合料设计

泡沫沥青冷再生混合料设计指标应满足表8-37的要求。泡沫沥青冷再生混合料中，泡沫沥青添加量折合成纯沥青后占混合料其余部分干质量的百分比一般为1.5%～3.5%，水泥等活性填料剂量一般不超过1.5%。

泡沫沥青冷再生混合料设计技术要求　　表8-37

试验项目			技术要求
空隙率(%)			9～14
劈裂试验(15℃)	劈裂强度(MPa)	≥	0.40(基层、底基层)、0.50(下面层)
	干湿劈裂强度比(%)	≥	75
马歇尔稳定度试验(40℃)	马歇尔稳定度(kN)	≥	5.0(基层、底基层)、6.0(下面层)
	浸水马歇尔稳定度残留(%)	≥	75
冻融劈裂强度比TSR(%)		≥	70

注：任选劈裂试验和马歇尔稳定度试验之一作为设计要求，推荐使用劈裂试验。

3. 无机结合料稳定冷再生混合料设计

(1)无机结合料稳定冷再生混合料，按照现行《公路路面基层施工技术规范》(JTJ 034—2000)水泥(石灰)稳定土混合料设计方法进行混合料设计。

(2)经配合比设计确定的无机结合料稳定冷再生混合料性能应满足表8-38的技术要求。

无机结合料稳定冷再生混合料技术要求 表 8-38

检测项目		再生结合料类型			
		水泥		石灰	
		高速公路和一级公路	二级及二级以下公路	高速公路和一级公路	二级及二级以下公路
无侧限抗压强度(MPa)	基层	3~5	2.5~3	—	≥0.8
	底基层	1.5~2.5	1.5~2.0	≥0.8	0.5~0.7

三、再生混合料配合比设计方法

1. 再生混合料设计参数确定

(1)沥青路面结构设计中,再生层材料的设计参数应采用工程实际使用材料的实测参数。

(2)路面结构设计时,在尚无试验数据情况下,可参照以下规定确定设计参数:

①厂拌热再生、就地热再生、使用水泥石灰的全深式就地冷再生,按照《公路沥青路面设计规范》(JTG D50—2006)附录 E 确定设计参数。

②使用乳化沥青、泡沫沥青的厂拌冷再生、就地冷再生按照表 8-39 确定设计参数。

冷再生材料设计参数 表 8-39

级配类型	抗压模量(MPa)		15℃劈裂强度(MPa)
	20℃	15℃	
粗粒式	800~1 200	1 000~1 400	0.4~0.5
中粒式	1 000~1 400	1 400~1 800	0.4~0.6
细粒式	1 000~1 400	1 400~1 800	0.5~0.7

2. 厂拌热再生混合料配合比设计方法

厂拌热再生混合料包括厂拌热再生密级配沥青混合料及沥青稳定碎石混合料。厂拌热再生混合料的配合比设计应通过目标配合比设计、生产配合比设计、生产配合比验证三个阶段,确定回收沥青路面材料(RAP)的掺配比例、新材料的品种及配合比、矿料级配、最佳沥青用量。

厂拌热再生混合料的目标配合比设计宜按照图 8-6 的步骤进行。

厂拌热再生混合料一般采用马歇尔设计方法进行配合比设计。如果采用其他设计方法设计,应按照马歇尔设计方法进行设计检验,满足要求时方可使用。

生产配合比设计可参照下面的方法和步骤进行。

1)确定工程设计级配范围

根据公路等级、气候条件、交通特点,充分借鉴成功经验,确定工程设计级配范围。工程设计级配范围应符合现行《公路沥青路面施工技术规范》(JTG F40—2004)规定的相应热拌沥青混合料级配范围。

2)确定回收沥青路面材料(RAP)掺配比例

根据工程需要、回收沥青路面材料(RAP)特性等,选择回收沥青路面材料(RAP)的掺配比例。

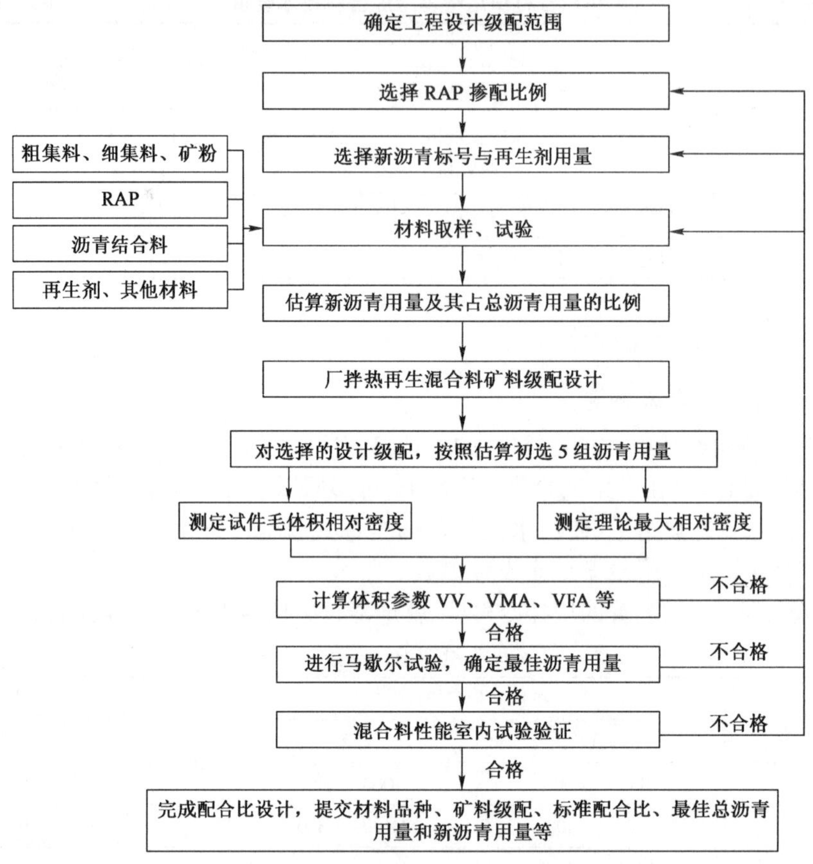

图8-6　厂拌热再生混合料目标配合比设计流程图

3)选择新沥青标号和再生剂用量

(1)确定再生沥青目标标号。

厂拌热再生混合料,目标标号根据公路等级、混合料使用的层位、工程的气候条件、交通量、设计车速等条件,选取与当地同等条件道路相一致的沥青标号作为再生沥青目标标号。回收沥青路面材料(RAP)掺配比例较大时,也可以根据实际情况,适当降低沥青目标标号一个等级。

(2)确定新沥青标号。

①根据回收沥青路面材料(RAP)的性质、掺配比例,参照表8-40选择新沥青。

再生混合料新沥青选择　　表8-40

建议新沥青等级 \ RAP含量(%) \ 回收沥青等级	$P\geqslant30$	$P=20\sim30$	$P=10\sim20$
沥青选择不需要变化	<20	<15	<10
选择新沥青标号比正常高半个等级,即针入度10(0.1mm)	20~30	15~25	10~15
根据新旧沥青混合调和法则确定	>30	>25	>15

注:表中的P代表25℃的针入度(0.1mm)。

②需要根据新旧沥青混合调和法则确定新沥青标号的，按照下式确定新沥青（再生剂）的黏度。

$$\lg\lg\eta_{mix} = (1-\alpha)\lg\lg\eta_{old} + \alpha\lg\lg\eta_{new} \tag{8-31}$$

式中：η_{mix}——混合后沥青的60℃黏度，Pa·s；

η_{old}——混合前旧沥青的60℃黏度，Pa·s；

η_{new}——混合前新沥青或再生剂的60℃黏度，Pa·s；

α——新沥青的比例，$\alpha = P_{nb}/P_b$。

③根据黏度η_{new}确定新沥青标号。如需新沥青和再生剂配合使用的，新沥青与再生剂的掺配比例可按照上式计算。应首先选择合适标号的新沥青，存在下列情形之一的可使用再生剂：

a. 计算得到所需的新沥青标号过高，市场供应存在问题；

b. 回收沥青路面材料（RAP）掺配比例较大或者回收沥青路面材料（RAP）中旧沥青含量较高。

④根据计算得到的新旧沥青掺配比例和再生剂掺量，进行新旧沥青掺配试验，试验验证再生沥青标号。

4）计算新沥青用量P_{nb}及其占总沥青用量P_b的比例

（1）估计再生混合料的沥青总用量。回收沥青路面材料（RAP）掺量不超过20%时，热再生混合料的总沥青用量与没有掺加回收沥青路面材料（RAP）的沥青混合料基本一致，可以根据工程材料特性、气候特点、交通量等条件，结合当地的工程经验进行估计。

也可按下式估计沥青总用量：

$$P_b = 0.035a + 0.045b + Kc + F \tag{8-32}$$

式中：P_b——估计的混合料中的总沥青用量，%；

K——系数；当0.075mm筛孔通过率为6%～10%时，$K=0.18$；当0.075mm筛孔通过率等于或小于5%时，$K=0.20$；

a——2.36mm筛孔以上集料的比例，%；

b——通过2.36mm筛孔且留在0.075mm筛孔上集料的比例，%；

c——通过0.075mm筛孔矿料的比例，%；

F——常数，$F=0～2.0$，取决于集料的吸水率，缺乏资料时采用0.7。

（2）估算新沥青用量P_{nb}。

按照下式计算再生混合料的新沥青用量P_{nb}：

$$P_{nb} = P_{ob} - P_b \times n/100 \tag{8-33}$$

式中：P_b——热再生混合料的总沥青用量，%；

P_{ob}——RAP中的沥青含量，%；

n——RAP掺配比例，%。

（3）不同档次的回收沥青路面材料（RAP），其沥青含量需要分别计算再相加。

5）矿料配合比设计

（1）根据回收沥青路面材料（RAP）的老化程度、含水率、回收沥青路面材料（RAP）矿料的级配变异情况以及工程的实际情况、沥青混合料类型、拌和设备的类型与加热干燥能力、新集料的性质等，确定新集料与回收沥青路面材料（RAP）的掺配比例。回收沥青路面材料（RAP）掺配比例一般为15% ~30%。

（2）将粗、细回收沥青路面材料（RAP）中的矿料分别作为再生混合料中的一种矿料进行矿料配合比设计。

（3）确定最佳新沥青用量

以估算的新沥青用量 P_{nb} 为中值，用 P_{nb}、$P_{nb}\pm0.5\%$、$P_{nb}\pm1.0\%$ 这5个沥青用量水平，按照《公路沥青路面施工技术规范》（JTG F40—2004）的马歇尔方法确定最佳新沥青用量OAC。

6）配合比设计检验

按照《公路沥青路面施工技术规范》（JTG F40—2004）热拌沥青混合料配合比设计方法的有关规定，进行配合比设计检验。

3.就地热再生混合料配合比设计方法

1）确定工程设计级配范围

在规定的级配范围内，根据公路等级、工程性质、交通特点、材料品种等因素，通过对条件大体相当的工程使用情况进行调查研究后确定，特殊情况下允许超出规范要求级配范围。经确定的工程设计级配范围是配合比设计的依据，不得随意变更。

2）矿料级配设计

（1）根据旧沥青路面材料的矿料级配和拟定的设计级配范围，确定掺加的新沥青混合料的矿料级配。

（2）当再生混合料配合比不能满足级配要求时，应综合考虑再生厚度、新沥青混合料的掺配比例和级配、再生沥青性能、再生混合料性能等，调整级配范围。

（3）再生混合料一般需掺加新沥青混合料，以改善原路面矿料级配。

3）确定再生剂用量

（1）充分考虑再生路面的气候、交通特点、层位、纵横坡、超高等因素，确定旧沥青再生的目标标号。

（2）根据旧沥青再生的目标标号，用如下的试配法进行旧沥青再生试验：将再生剂按一定间隔的等差数列比例掺入旧沥青，测定再生沥青的三大指标，绘制变化曲线，用内插法初步确定再生剂用量。

就地热再生混合料配合比设计框图见图8-7。

（3）在满足再生沥青技术指标的前提下，宜少用再生剂。一般情况下，掺加新沥青的标号可选择现行《公路沥青路面施工技术规范》（JTG F40—2004）中规定的该地区的新沥青标号；当选择掺加高标号的新沥青时，可适当减少再生剂的用量。掺加的新沥青技术指标必须符合现行《公路沥青路面施工技术规范》（JTG F40—2004）的规定。

4）确定最佳新沥青用量

（1）按照现行《公路沥青路面施工技术规范》（JTG F40—2004）的方法确定最佳新沥青用量。

（2）新沥青用量与新集料的比值即为掺加的新沥青混合料的油石比。

5）配合比设计检验

按照现行《公路沥青路面施工技术规范》（JTG F40—2004）的方法进行配合比设计检验。

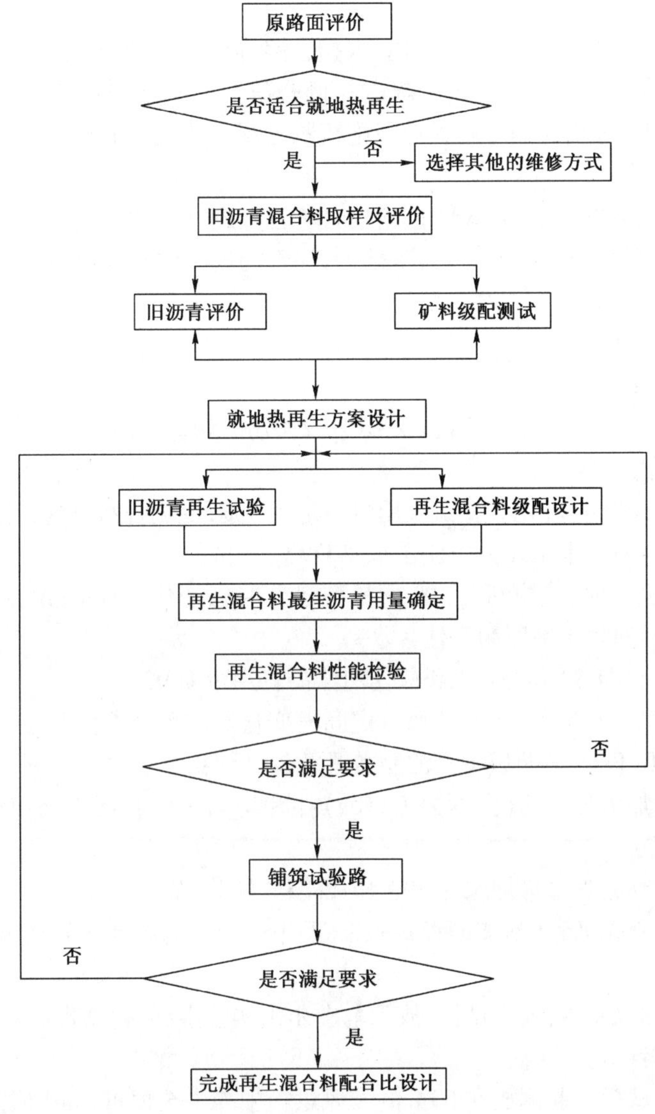

图 8-7　就地热再生混合料配合比设计框图

6）试验路检验再生混合料性能

（1）就地热再生混合料的性能必须经试验路检验。

（2）试验路检验项目主要有：现场再生沥青的技术指标，马歇尔稳定度，再生混合料的级配、动稳定度，浸水马歇尔残留稳定度，冻融劈裂强度比等，检验其是否满足设计和《公路沥青路面施工技术规范》（JTG F40—2004）的要求。

4. 乳化沥青（泡沫沥青）冷再生混合料配合比设计方法

厂拌冷再生混合料配合比设计时，回收沥青路面材料（RAP）应从处理后的回收沥青路面材料（RAP）料堆取样，就地冷再生混合料配合比设计时，回收沥青路面材料（RAP）应从原路面采用铣刨机铣刨取样，如使用其他取样方式，还应使用上述标准取样方法进行设计检验。

就地冷再生混合料配合比设计应通过试验路段进行检验。

1)确定工程设计级配范围

在表 8-33、表 8-34 规定的级配范围内,根据公路等级、工程性质、交通特点、材料品种等因素,通过对条件大体相当的工程使用情况进行调查研究后确定,特殊情况下允许超出表 8-33 或表 8-34 级配范围。经确定的工程设计级配范围是配合比设计的依据,不得随意变更。

2)矿料级配设计

(1)测得回收沥青路面材料(RAP)、新集料等各组成材料的级配。

(2)以回收沥青路面材料(RAP)为基础,掺加不同比例的新集料,使合成级配满足工程设计级配的要求。

(3)合成级配曲线应平顺。

3)确定最佳含水率

参照现行《公路土工试验规程》(JTG E40—2007)T 0131 的方法,对合成矿料进行击实试验,确定最佳含水率。

(1)使用乳化沥青时,乳化沥青试验用量可定为 4%,变化含水率进行击实试验,获得最大干密度时,其混合料的含水率即为最佳含水率 OWC。

(2)使用泡沫沥青时,泡沫沥青试验用量可定为 3%,变化含水率进行击实试验,获得最大干密度时,其混合料的含水率即为最佳含水率 OWC。

4)确定最佳乳化沥青用量 OEC 和最佳泡沫沥青用量 OAC

(1)以预估的沥青用量为中值,按照一定间隔变化形成 5 个乳化沥青(泡沫沥青)用量,保持最佳含水率 OWC 不变,按照以下方法制备马歇尔试件:

①向拌和机内加入足够的(大约为 1 150g)拌和均匀含回收沥青路面材料(RAP)的混合集料。

②按照计算得到的加水量加水,拌和均匀,拌和时间一般为 1min。

③按照计算的乳化沥青(泡沫沥青)量加入乳化沥青(泡沫沥青),拌和均匀,拌和时间一般为 1min。

④将拌和均匀的混合料装入试模,放到马歇尔击实仪上,乳化沥青试样双面各击实 50 次,泡沫沥青试样双面各击实 75 次。

⑤将试样连同试模一起侧放在 60℃的鼓风烘箱中养生至恒重,养生时间一般不少于 40h。

⑥将试模从烘箱中取出,乳化沥青试样应立即放置到马歇尔击实仪上,双面各击实 25 次,然后侧放在地面上,在室温下冷却至少 12h,然后脱模;泡沫沥青试样直接侧放冷却 12h 后脱模。

(2)测定试件的毛体积相对密度 γ_f,宜采用现行《公路工程沥青及沥青混合料试验规程》(JTJ 052—2000)T 0707 蜡封法。用其他方法测定试件的毛体积密度前,应对该试验方法进行验证。

(3)对于乳化沥青混合料,在成型马歇尔试件的同时,用现行《公路工程沥青及沥青混合料试验规程》(JTJ 052—2000)T 0711 真空法实测各组再生混合料的最大理论相对密度 γ_t。

(4)将各组油石比试件进行 15℃劈裂试验、浸水 24h 的劈裂试验(或者是马歇尔稳定度和浸水马歇尔稳定度试验)。浸水 24h 劈裂试验的试验方法为:将试件完全浸泡在 25℃恒温水浴中 23h,再在 15℃恒温水浴中完全浸泡 1h,然后取出试件立即进行 15℃的劈裂试验。

(5)根据劈裂强度试验和浸水劈裂强度试验结果(或者是马歇尔稳定度和浸水马歇尔稳定度试验结果),结合工程经验,综合确定最佳乳化沥青用量 OEC 或者是最佳泡沫沥青用量 OAC。

(6)使用乳化沥青时,OEC 处的混合料空隙率应满足表 8-36 的要求,否则应重新进行设计。

(7)按照现行《公路工程沥青及沥青混合料试验规程》(JTJ 052—2000)T 0729 冻融劈裂试验方法对混合料性能进行检验,试验结果应满足表 8-36、表 8-37 的要求。

四、施工过程的试验检测监理

再生混合料路面施工过程的试验检测监理主要内容如下。

厂拌热再生混合料路面有:RAP 级配、RAP 含水率、压实度均值、再生混合料摊铺温度。

就地热再生混合料路面有:再生剂用量、压实度均值、再生混合料摊铺温度。

厂拌冷再生混合料路面施工前有:乳化沥青、泡沫沥青、矿料、RAP 级配等的技术指标。

厂拌冷再生混合料路面施工中有:压实度、空隙率、15℃劈裂强度、干湿劈裂强度比、马歇尔稳定度、残留稳定度、冻隔劈裂强度比、含水率、沥青含量、矿料级配。

水泥、石灰全深式就地冷再生混合料路面有:压实度、含水率、级配、水泥或石灰剂量、抗压强度。

第五节　沥青混合料试验检测监理汇总表

沥青混合料试验检测监理汇总表见表 8-41。公路沥青路面再生路面试验检测监理汇总表见表 8-42。

沥青混合料试验检测监理汇总表　　表 8-41

路面类型	项　目	技术要求与允许误差		检测频度及单点检验评价方法	检测方法	监理程序	认可程序
		高速公路、一级公路	其他公路				
热拌沥青混合料	沥青、集料的加热温度	符合施工规范要求		逐盘检测评定	要求传感器自动检测、显示并打印	施工单位自检,监理人员旁站	驻地监理工程师认可
	混合料出厂温度			逐盘检测评定	要求传感器自动检测、显示并打印,出厂时逐车按 T 0981 人工检测		

续上表

路面类型	项目		技术要求与允许误差 高速公路、一级公路	技术要求与允许误差 其他公路	检测频度及单点检验评价方法	检测方法	监理程序	认可程序
热拌沥青混合料	矿料级配	0.075mm ≤2.36mm ≥4.75mm	±2%(2%) ±5%(4%) ±6%(5%)	—	逐盘在线检测	计算机采集数据计算	监理方、承包方共同取样,在监理人员在场的情况下,施工单位做试验并填写报表,监理按规定频率抽检	驻地监理工程师认可
		0.075mm ≤2.36mm ≥4.75mm	±1% ±2% ±2%	—	逐盘检测,每天汇总一次取平均值评定	总量检验		
		0.075mm ≤2.36mm ≥4.75mm	±2%(2%) ±5%(3%) ±6%(4%)	±2% ±6% ±7%	每台拌和机每天1~2次,以两个试样的平均值评定	T 0725		
	沥青用量		±0.3%	—	逐盘在线检测	计算机采集数据计算		
			±0.1%	—	逐盘检测,每天汇总一次取平均值评定	总量检验		
			±0.3%	±0.4%	每台拌和机每天1~2次,以两个试样的平均值评定	T 0721、T 0722 抽提		
	马歇尔试验的空隙率、稳定度、流值		符合规范要求		每台拌和机每天1~2次,以4~6个试样的平均值评定	T 0702、T 0709、JTG F40—2004 附录B、附录C		
	浸水马歇尔试验		符合规范要求		必要时(试样数量同马歇尔试验)	T 0702、T 0709	监理方、承包方共同取样,在监理人员在场的情况下,施工单位做试验并填写报表	
	车辙试验		符合规范要求		必要时(以3个试样的平均值评定)	T 0719		
	配合比设计		符合规范要求或设计要求		在沥青路面开工前,或原材料改变时须进行配合比设计	JTJ 052—2000	施工单位在开工前1个月向总监代表上报配合比设计及有关沥青混合料特性的详细书面报告;监理试验室做平行试验	试验监理工程师审核,总监理工程师书面批准

续上表

路面类型	项　目		技术要求与允许误差		检测频度及单点检验评价方法	检测方法	监理程序	认可程序
			高速公路、一级公路	其他公路				
沥青表面处治	集料及沥青用量		±10%	—	每日1次，逐日评定	每日施工长度的实际用量与计划用量比较，T 0982	监理方、承包方共同取样，在监理人员在场的情况下，施工单位做试验并填写报表，监理人员按规定频率抽检	专业监理工程师认可
	沥青洒布温度		符合规范要求	—	每日1次评定	温度计测量		
沥青贯入式路面	集料及沥青用量		—	符合规范要求	每日1次总量评定	每日施工长度的实际用量与计划用量比较，T 0982		
	沥青洒布温度		—	符合规范要求	每日1次评定	温度计测量		
稀浆封层、微表处	油石比		—	符合规范要求	每日1次总量评定	每日实际沥青用量与总集料数量，总量检验		
	矿料级配	0.075mm	±2%	±2%	每日1次取2个试样筛分的平均值	T 0725		驻地监理工程师认可
		0.15mm	±3%	±3%				
		0.3mm	±4%	±4%				
		0.6、1.18、2.36、4.75、9.5mm	±5%	±5%				
	湿轮磨耗试验		符合设计要求	符合设计要求	每周1次	T 0752		

注：括号内的数字是对SMA的要求。

公路沥青路面再生路面试验检测监理汇总表 表 8-42

路面类型	项目		技术要求与允许误差：高速公路、一级公路	技术要求与允许误差：其他公路	检测频度及单点检验评价方法	检测方法	监理程序	认可程序
沥青路面厂拌热再生路面	RAP材料	RAP 级配	符合设计要求		每天 1 次	JTG F41—2008 附录 A	施工单位按自检频度自检，监理人员抽检	施工单位自检合格上报，监理人员抽检合格后，驻地监理工程师认可
		RAP 含水率(%)	<3					
		加热温度	适当提高，但<200℃		逐盘检测评定	传感器自动检测，显示并打印	施工单位自检，监理人员旁站	现场专业监理工程师认可
	混合料	出厂温度	比普通热拌沥青混合料提高 5 ~ 15℃			传感器自动检测，显示并打印，出厂时逐车按T 0981人工检测		
		摊铺温度	比普通热拌沥青混合料提高 5 ~ 15℃		随时检测	温度计		
		压实温度	比普通热拌沥青混合料提高 5 ~ 15℃					
		其他检测项目同普通热拌沥青混合料	同普通热拌沥青混合料		同普通热拌沥青混合料	同普通热拌沥青混合料	施工单位按自检频度自检，监理人员抽检	施工单位自检合格上报，监理人员抽检合格后，驻地监理工程师认可
沥青路面就地热再生路面	再生剂用量		随时		适时调整，总量控制	每天计算	施工单位自检，监理人员旁站	施工单位自检合格上报，监理人员试验检测合格后由专业监理工程师认可
	压实度均值		1 ~ 2 次/d		最大理论密度的 94%	T 0924，JTG F40—2004 附录 E	施工单位按自检频度自检，监理人员抽检	
	再生混合料摊铺温度		随时		>120℃	温度计测量	施工单位自检，监理人员旁站	

续上表

<table>
<tr><th rowspan="2">路面类型</th><th rowspan="2" colspan="2">项 目</th><th colspan="2">技术要求与允许误差</th><th rowspan="2">检测频度及单点检验评价方法</th><th rowspan="2">检测方法</th><th rowspan="2">监理程序</th><th rowspan="2">认可程序</th></tr>
<tr><th>高速公路、一级公路</th><th>其他公路</th></tr>
<tr><td rowspan="14">沥青路面厂拌冷再生路面</td><td colspan="2">乳化沥青</td><td colspan="2">见表 8-27</td><td rowspan="3">每批来料1次</td><td>JTJ 052—2000</td><td rowspan="3">施工单位按自检频度自检,监理人员抽检</td><td rowspan="3">施工单位自检合格上报,监理人员抽检合格后,驻地监理工程师认可</td></tr>
<tr><td colspan="2">泡沫沥青</td><td colspan="2">见表 8-28</td><td>JTG F41—2008 附录 E</td></tr>
<tr><td colspan="2">矿料</td><td colspan="2">见表 8-31</td><td>JTG F41—2008 附录 A,抽提试验(JTJ 052,JTG F42)</td></tr>
<tr><td rowspan="2">乳化再生沥青</td><td>压实度(%)</td><td>≥90</td><td>≥88</td><td rowspan="3">每车道每公里1次</td><td rowspan="2">基于最大理论密度,T 0924,或T 0921</td><td rowspan="3">施工单位按自检频度自检,监理人员抽检</td><td rowspan="3">施工单位自检合格上报,监理试验检测合格后由专业工程师认可</td></tr>
<tr><td>空隙率(%)</td><td>≤10</td><td>≤12</td></tr>
<tr><td>泡沫沥青</td><td>压实度(%)</td><td>≥98</td><td>≥97</td><td>基于重型击实标准密度,T 0924,或T 0921</td></tr>
<tr><td colspan="2">15℃劈裂强度(MPa)</td><td colspan="2" rowspan="4">符合设计要求</td><td rowspan="4">每工作日1次</td><td rowspan="2">T 0716</td><td rowspan="8">施工单位自检,监理人员旁站</td><td rowspan="8">施工单位自检合格上报,监理人员抽检合格后,驻地监理工程师认可</td></tr>
<tr><td colspan="2">干湿劈裂强度比(%)</td></tr>
<tr><td colspan="2">马歇尔稳定度(kN)</td><td rowspan="2">T 0709</td></tr>
<tr><td colspan="2">残留稳定度(%)</td></tr>
<tr><td colspan="2">冻隔劈裂强度比(%)</td><td colspan="2">≥90</td><td>每3个工作日1次</td><td>T 0729</td></tr>
<tr><td colspan="2">含水率</td><td colspan="2">符合规范要求</td><td></td><td>T 0801</td></tr>
<tr><td colspan="2">沥青含量</td><td colspan="2" rowspan="2">符合设计要求</td><td rowspan="2">发现异常时随时试验</td><td rowspan="2">抽提、筛分</td></tr>
<tr><td colspan="2">矿料级配</td></tr>
<tr><td rowspan="8">沥青路面就地冷再生路面</td><td colspan="2">乳化沥青</td><td colspan="2">见表 8-27</td><td rowspan="3">每批来料1次</td><td>JTJ 052—2000</td><td rowspan="4">施工单位按自检频度自检,监理人员抽检</td><td rowspan="3">施工单位自检合格上报,监理人员抽检合格后,驻地监理工程师认可</td></tr>
<tr><td colspan="2">泡沫沥青</td><td colspan="2">见表 8-28</td><td>JTG F41—2008 附录 E</td></tr>
<tr><td colspan="2">矿料</td><td colspan="2">符合 JTG F40—2004 的要求</td><td>JTG E42—2005</td></tr>
<tr><td colspan="2">压实度(%)</td><td colspan="2">≥95</td><td>每车道每公里1次</td><td>重型击实 T 0924 或 T 0921</td><td rowspan="5">施工单位自检合格上报,监理人员试验检测合格后由专业监理工程师认可</td></tr>
<tr><td colspan="2">含水率(%)</td><td colspan="2" rowspan="3">符合规范要求</td><td>发现异常时随时试验</td><td>T 0801</td><td rowspan="2">施工单位自检,监理人员旁站</td></tr>
<tr><td colspan="2">级配</td><td>每车道每公里1次</td><td>T 0302</td></tr>
<tr><td colspan="2">抗压强度(MPa)</td><td>每车道每公里6个或9个试件</td><td>T 0805</td><td rowspan="2">施工单位按自检频度自检,监理人员抽检</td></tr>
<tr><td colspan="2">水泥或石灰剂量(%)</td><td colspan="2">不小于设计值 -1%</td><td>每车道每公里1次</td><td>T 0809</td></tr>
</table>

第九章 石料试验检测的监理

天然石料具有较高的抗压强度和耐久性。我国的天然石料分布广泛，便于就地取材，所以，石料是我国公路工程中用量很大的一种材料。它可以直接（或加工后）用作道路与桥梁的圬工结构，也可以加工成各种尺寸的集料，用于水泥（或沥青）混凝土和路面基层等。

第一节 石料试验检测监理的内容和工作流程

一、石料试验检测监理的内容

在公路工程中广泛使用的天然石料，其质量和规格必须符合设计要求及现行施工规范的规定。石料试验检测监理的内容主要有：岩石的抗压强度、吸水性、抗冻性和用于各种不同部位的石料的规格等。监理工程师以此判定施工单位所选用的石料是否符合要求，以确保工程质量。

二、石料试验检测监理的工作流程

石料试验检测监理的工作流程见图9-1。

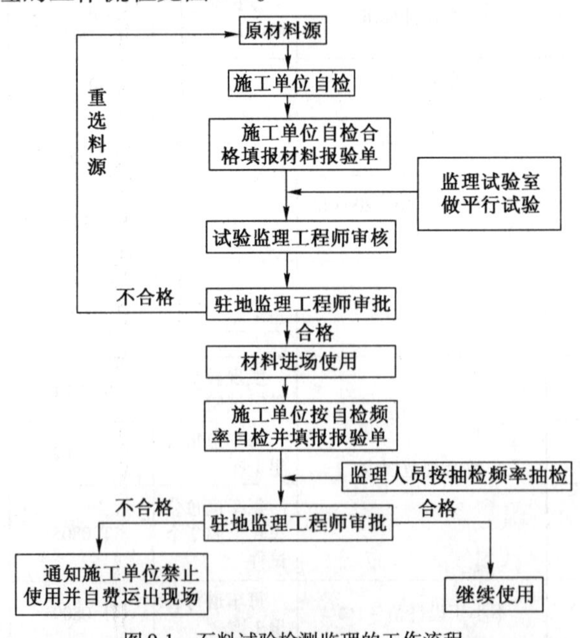

图9-1 石料试验检测监理的工作流程

第二节　石料试验检测监理的要点

根据石料在公路工程中的具体用途，现将其试验检测监理的要点分述如下。

1. *岩石抗压强度*

用于集料的岩石和用于砌体石料的岩石，它们的抗压强度的检测方法是不同的。

1）用于路面工程集料的岩石抗压强度

用于集料的石料，其抗压强度指的是单轴抗压强度。其测定方法，按《公路工程岩石试验规程》（JTG E41—2005）（T 0221）执行，即将岩石（岩块）制备成50mm×50mm×50mm的正立方体（或直径和高度均为50mm的圆柱体）试件，经吸水饱和后，单轴受压并在规定的加载条件下，达到极限破坏。单轴抗压强度按式（9-1）计算：

$$f_{sc} = \frac{F_{max}}{A_0} \tag{9-1}$$

式中：f_{sc}——岩石抗压强度，MPa；

F_{max}——极限破坏荷载，N；

A_0——试件的截面积，mm^2。

检测岩石的抗压强度时，要注意岩石的单轴抗压强度取决于岩石的组成结构（如矿物组成、岩石的结构与构造、裂隙的分布和构造等），同时，也取决于试验条件（如试件几何外形、加载速度、温度和湿度等）。

2）用于桥梁工程岩石的抗压强度

用于桥梁工程的岩石要符合设计规定的类型，石质要均匀，不易风化，无裂纹，其抗压强度要符合设计规定的强度等级，测定方法按《公路工程岩石试验规程》（JTG E41—2005）（T 0221）执行，是以70mm×70mm×70mm的正立方体吸水饱和试件的极限抗压强度值（MPa）为标号。试件也可以采用表9-1所列边长尺寸的立方体，但应对其乘以相应的换算系数后确定岩石的强度等级。岩石的强度等级分为MU10、MU15、MU20、MU30、MU40、MU50、MU60、MU80、MU100等9个等级。

石材强度等级的换算系数　　表9-1

立方体边长（mm）	200	150	100	70	50
换算系数	1.43	1.28	1.14	1	0.86

3）用于建筑地基石料的抗压强度

用于建筑地基石料的抗压强度试验，应采用圆柱体试件，直径50mm，高径比为2:1。

2. *岩石的吸水性*

岩石的吸水性是指岩石在规定条件下吸水的能力。由于岩石的孔结构（孔隙尺寸和分布状态）的差异，在不同条件下其吸水能力是不同的，所以《公路工程岩石试验规程》（JTG E41—2005）中规定，采用吸水率和饱和吸水率两项指标来表征岩石的吸水性。

1）吸水率

岩石的吸水率是指在室内常温（20℃±2℃）和正常大气压条件下，岩石试件最大的吸水质量占烘干(105℃ ±5℃干燥至恒重)岩石试件质量的百分率。岩石吸水率按《公路工程岩石试验规程》(JTG E41—2005)(T 0205)规定测定。

岩石的吸水率按式(9-2)计算。

$$W = \frac{m_2 - m_1}{m_1} \times 100\% \tag{9-2}$$

式中:W——岩石的吸水率,%;

m_1——岩石试件烘干至恒重的质量,g;

m_2——岩石试件吸水至恒重的质量,g。

2)饱和吸水率

岩石的饱和吸水率是指在室内常温(20℃ ±2℃),用真空抽气或煮沸法饱和试件,岩石试件最大吸水的质量占烘干岩石试件质量的百分率。岩石的饱和吸水率按式(9-3)计算。

$$W_{sa} = \frac{m_3 - m_1}{m_1} \times 100\% \tag{9-3}$$

式中:W_{sa}——岩石的饱和吸水率,%;

m_1——岩石试件烘干至恒重的质量,g;

m_3——岩石试件经强制饱和后的质量,g。

3. 石料的抗冻性

由于石料在潮湿状态下受正负温度交替循环作用的影响,而使其在经受多次冻融循环后,就会逐渐产生裂缝、掉边、缺角或表面松散等破坏现象。因此,用于公路工程中的石料应具有良好的抗冻性。

石料的抗冻性用饱和状态下的石料经过规定冻融循环次数后的质量损失百分率来表示。抗冻性试验的方法采用直接冻融法,详见《公路工程岩石试验规程》(JTG E41—2005)(T 0241)。抗冻质量损失百分率按式(9-4)计算。

$$Q_{fr} = \frac{m_1 - m_2}{m_1} \times 100\% \tag{9-4}$$

式中:Q_{fr}——抗冻质量损失百分率,%;

m_1——试验前烘干至恒重的质量,g;

m_2——试验后烘干至恒重的质量,g。

此外,石料的抗冻性还可以采用耐冻系数表示。所谓耐冻系数是指未经冻融的石料试件抗压强度与冻融循环后的石料试件抗压强度的比值,可以按式(9-5)计算。

$$k_{fr} = \frac{R_f}{R_s} \tag{9-5}$$

式中:k_{fr}——石料耐冻系数;

R_f——经过若干次冻融循环试验后石料试件饱水抗压强度,MPa;

R_s——未经冻融循环试验的石料试件饱水抗压强度,MPa。

桥梁建筑中所用的石料,对于1月份平均气温低于-10℃的地区(气候干旱地区不受冻

的部位除外),应符合抗冻性要求。抗冻性指标指的是块状试件经饱水状态在-15℃的条件下,按表9-2所列要求冻融循环次数后,无明显的缺损(包括裂缝、掉边、缺角或表面松散等破坏现象),同时耐冻系数 k_{fr} 大于0.75者,则认为抗冻性合格。

桥涵用石料抗冻性指标　　表9-2

结构物部位	大、中桥	小桥及涵洞
	冻融循环次数	
镶面的或表面层的石料	50	25

由于石料本身的特性,在对石料进行抽检时,监理工程师尤其要注意对石料在取样时间上的超前性。比如,对石料抗冻性的检测,由于季节的原因,很有可能要提前一年取样。

4.道路路面建筑岩石制品的技术规格

道路路面建筑所使用的岩石制品,主要有直接用于铺砌路面面层的整齐块石、半整齐块石和不整齐块石三类;另外,还有用作路面基层的锥形块石、片石等,不过,除特殊情况外,一般不采用锥形块石、片石等作路面基层。

1)高级铺砌用整齐块石

这类块石是由高强、硬质、耐磨的岩石,经精凿加工而成。监理工程师主要检查整齐块石的尺寸是否符合设计要求。通常,大方块石为300mm×300mm×(120~150)mm,小方块石为120mm×120mm×250mm。用直尺紧靠块石边缘的四个边和表面,其间隙不能大于3mm。另外,这类岩石的抗压强度和洛杉矶磨耗率应符合设计要求。

2)路面铺砌用半整齐块石

半整齐块石是经过精凿而成为立方体"方块石"(或"方头弹石")或长方体的条石。检查时要求这类块石顶面与底面平行,顶面积与底面积之比不小于40%~75%。同时,要求采用硬质石料。半整齐块石的技术规格应符合设计要求或参考表9-3。

铺砌用半整齐块石的技术规格　　表9-3

类　别	名　称	高度 h(mm)	长度 l(mm)	宽度 b(mm)
条石	矮条石	90~100	150~300	120~150
	中条石	110~130	150~300	120~150
	高条石	140~160	150~300	120~150
方块石	矮方块石	80~90	70~100	70~100
	高方块石	90~100	80~100	60~80
弹街石	方头弹街石	100~130 110~130	80~100 95~105	60~80 95~105

3)路面铺砌用不整齐块石

路面铺砌用不整齐块石又称拳石(或称弹街石),它是由粗打加工而得的块石,要求顶面为一平面,底面与顶面基本平行,顶面积与底面积之比要大于40%~60%,其技术规格应符合设计要求或参考表9-4。

铺砌用不整齐块石的技术规格　　表9-4

类　别	名　称	高度 h(mm)	顶面直径 d(mm)	顶面积与底面积之比(%)≥
拳石	矮拳石	120~140	100~160	40
	中拳石	150~160	120~180	60
	高拳石	200~220	120~200	60
	特高拳石	220~250	150~250	60
弹街石	乱弹街石	100~130	(100~130)×(50~80)	—

5. 桥梁建筑用主要岩石制品的技术规格

桥梁建筑所用岩石的主要制品有:片石、块石、方块石、粗料石、拱石、镶面石等。

1)片石

片石的形状可以不受限制,但薄片和卵形不能使用。有时施工单位为了节约砌筑砂浆,往往会搭配使用部分小的片石,但小片石的中部尺寸不能小于150mm。用于圬工工程主体的片石,其极限抗压强度要高于附属圬工片石的抗压强度,具体数值都应满足设计要求。用作镶面的片石,应石质坚硬,表面较平整,尺寸较大,并稍加修整。

2)块石

块石的形状应大致方正,无尖角,有两个较大的平行面,其厚度不能小于200mm,宽度为厚度的1.5~2.0倍,长度为厚度的1.5~3.0倍。极限抗压强度应符合设计要求。用作镶面石的块石应由外露四周向内稍加修凿;后部可不修凿,但应略小于修凿部分,其加工形状如图9-2所示。

3)方块石

在块石中选择形状比较整齐者稍加修整,使石料大致方正,即为方块石。方块石的厚度应不小于200mm,宽度为厚度的1.5~2.0倍,长度与宽度大致相同,其极限抗压强度应符合设计要求。

4)粗料石

粗料石是由岩层或大块石料开劈并经粗略修凿而成,应外形方正,成六面体,厚度为200~300mm,宽度为厚度的1.0~1.5倍,长度为厚度的2.5~4.0倍,表面凹陷深度不大于20mm。加工镶面粗料石时,丁石长度应比相邻顺石宽度至少大150mm,修凿面每100mm长须有錾路4~5条,侧面修凿面应与外露面垂直,正面凹陷深度不应超过15.0mm,加工精度应如图9-3所示。

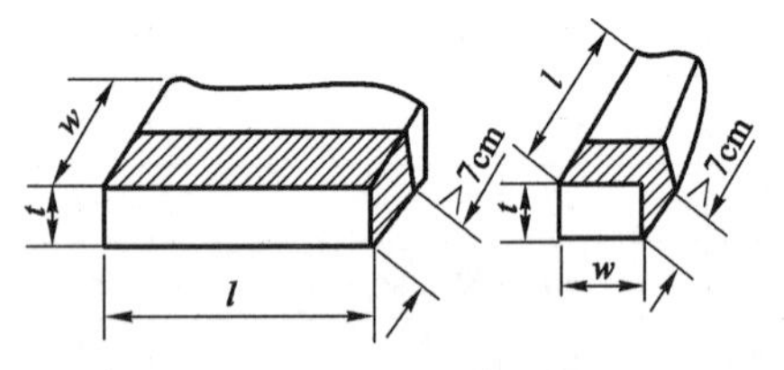

图9-2　镶面块石

w-宽度;t-厚度;l-长度

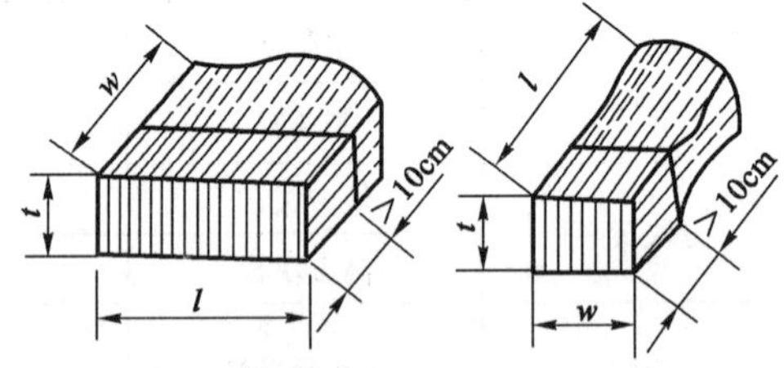

图9-3　镶面粗料石

w-宽度;t-厚度;l-长度

镶面粗料石的外露面如带细凿边缘时,细凿边缘的宽度应为30~50mm。

5)拱石

拱石,根据设计可采用粗料石、块石或片石。拱石要立纹破料,岩层面应与拱轴垂直。各

排拱石沿拱圈内弧的厚度要一致，用粗料石砌筑曲线半径较小的拱圈，辐射缝上下宽度相差超过30%时，要将粗料石加工成如图9-4所示的楔形，其具体尺寸在符合设计要求的同时，还要符合下列规定：

（1）厚度t_1不应小于200mm，t_2按设计或施工放样确定。

（2）高度h应为最小厚度t_1的1.2～2.0倍。

（3）长度l应为最小厚度t_1的2.5～4.0倍。

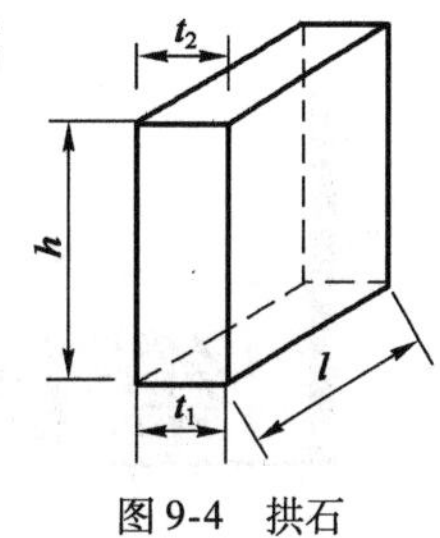

图9-4 拱石

第三节 石料试验检测监理汇总表

石料试验检测监理汇总表见表9-5。

石料试验检测监理汇总表 表9-5

项目	技术要求	允许误差	检测频率	检测方法	监理程序	认可程序
岩石强度、吸水率、抗冻性	设计要求	不低于设计要求	每一料源1次，岩体变化时要重新检测	JTG E41—2005		
外观	1. 须细、色匀、无裂缝； 2. 强韧、密实、耐久与坚固	符合技术要求	随时检查	目测		
片石	1. 大致成型，每个石料中间部分厚度不小于150mm，体积不小于0.01m^3，质量不小于30kg； 2. 用于主体圬工工程时，极限抗压强度不小于30MPa；用于附属圬工工程时，极限抗压强度不小于20MPa	符合技术要求				
块石	1. 大致方正，上下面大致平行； 2. 厚度不小于200mm，宽、长分别为其厚度的1.5～2.0及1.5～3.0倍； 3. 无尖边，表面凹陷深度不大于20mm； 4. 极限抗压强度不低于设计值	符合技术要求	施工单位选择料源，试验监理工程师对料源进行鉴定，每批（1 000m^{3}为一批）石料检测不少于2次；每个小型结构物检测不少于少于2次	目测、尺量、仪器检测	施工单位自检，监理人员按规定频率抽检	由驻地监理工程师认可
粗料石	1. 大致六面体，厚度不小于200mm，宽度不小于1.0～1.5倍厚，长不小于2.5～4.0倍厚； 2. 丁石长度应大于相邻顺石宽度150mm； 3. 极限抗压强度不低于设计值	符合技术要求				
拱石	1. 可由片石或粗料石做成； 2. 石纹一般应垂直于拱轴； 3. 拱圆面厚不小于200mm，高最小为厚的1.2～2.0倍，长最小为厚的1.5～4.0倍； 4. 极限抗压强度不低于设计值	符合技术要求				

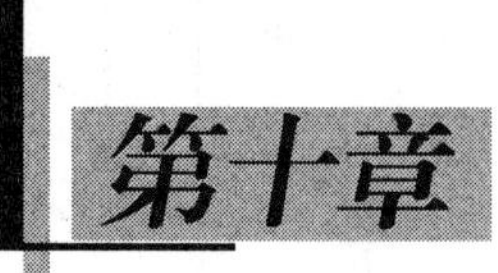

土工合成材料试验检测的监理

土工合成材料是岩土工程和土木工程中所应用的高分子聚合物材料的总称。它以人工合成的聚合物制成各种类型的产品,置于土体内部、表面或各层土体之间,发挥加强或保护土体的作用。土工合成材料可分为各类土工织物、土工膜、土工网、土工模袋、土工格室、塑料排水板(带)、防水材料、排水材料、保温隔热材料、轻型硬质泡沫材料等。目前,土工合成材料在公路工程中广泛应用于路基基础的软土处理、边坡加固稳定处理、排水工程、基层防水以及工程生物的支护等方面。土工合成材料具有以下七个基本功能:过滤作用、排水作用、隔离作用、加筋作用、防渗作用、防护作用及填充作用。土工合成材料的性能测试包括测定材料自身的物理力学特性和提供可靠的材料与土的相互作用特性。物理力学特性用于评定材料的质量和适用性;相互作用特性为工程设计提供指标。因此,为保证土工合成材料的质量,必须对用于工程上的土工合成材料进行试验检测监理。

第一节　土工合成材料试验检测监理的内容和工作流程

一、土工合成材料试验检测监理的内容

土工合成材料试验检测监理的内容主要有:土工合成材料的物理力学(机械)性能,抗老化性能和外观质量。

二、土工合成材料试验检测监理的工作流程

土工合成材料试验检测监理的工作流程见图 10-1。

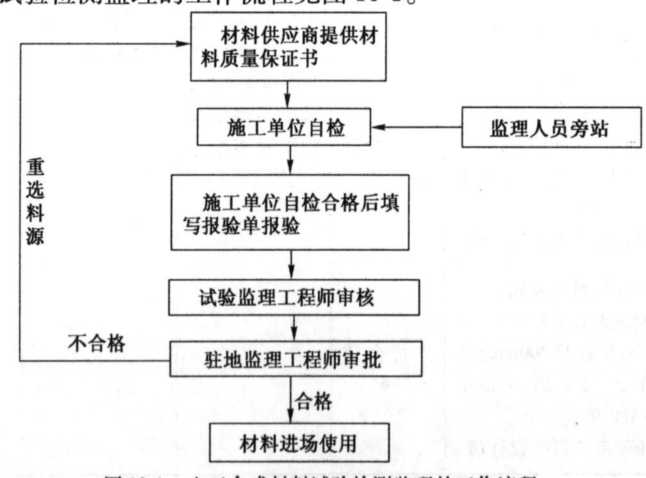

图 10-1　土工合成材料试验检测监理的工作流程

第二节 土工合成材料试验检测监理的要点

一、非织造布复合土工膜

1. 内在质量和技术要求

(1)内在质量分为基本项和选择项,基本项要求见表10-1,其中第1项~第7项为考核项,第8项为参考项。耐静水压力值见表10-2。

基本项技术要求 表10-1

项目			指标							
标称断裂强度(kN/m)			5	7.5	10	12	14	16	18	20
1	纵横向断裂强度(kN/m)	≥	5.0	7.5	10.0	12.0	14.0	16.0	18.0	20.0
2	纵横向标准强度对应伸长率(%)		30~100							
3	CBR顶破强力(kN)	≥	1.1	1.5	1.9	2.2	2.5	2.8	3.0	3.2
4	纵横向撕破强力(kN)	≥	0.15	0.25	0.32	0.40	0.48	0.56	0.62	0.70
5	耐静水压(MPa)		按表10-2规定值							
6	剥离强度(N/cm)	≥	6							
7	垂直渗透系数(cm/s)		按设计或合同要求							
8	宽度偏差(%)		-1.0							

注:1. 实际规格(标称断裂强度)介于表中相邻规格之间,按线性内插法计算相应考核指标,超出表中范围时,考核指标由供需双方协商确定。
2. 第6项如测定时试样难以剥离或未到规定剥离强度基材或膜材断裂,视为符合要求。
3. 第8项标准值按设计或协议。
4. 实际断裂强度低于标准强度时,标准强度对应伸长率不作符合性判定。

耐静水压力规定值 表10-2

项目			膜厚度(mm)							
			0.2	0.3	0.4	0.5	0.6	0.7	0.8	1.0
耐静水压(MPa)	≥	一布一膜	0.4	0.5	0.6	0.8	1.0	1.2	1.4	1.6
		二布一膜	0.5	0.6	0.8	1.0	1.2	1.4	1.6	1.8

注:膜厚介于表中相邻规格之间,按线性内插计算相应考核指标;超出表中范围时,考核指标由供需双方协商确定。

(2)选择项包括动态穿透、刺破强力、平面内水流量、摩擦系数、抗紫外线性能、耐酸碱性能、抗氧化性能、蠕变性能、拼接强度、抗磨损性能、定负荷伸长率、定伸长负荷和断裂伸长率等。选择项的标准值由有关各方商定。

当需方要求的某些指标不能同时满足时,可由供需双方协商,以满足工程应用中的主要指标为原则,并要兼顾其他指标。

2. 外观质量

外观疵点分为轻缺陷和重缺陷(表10-3)。每一种产品上不允许存在重缺陷,轻缺陷每200m^2应不超过5个。

外观疵点的评定 表 10-3

序 号	疵点名称	轻缺陷	重缺陷	备 注
1	分层、折痕	明显	严重	—
2	杂物	软质,粗≤5mm	硬质,软质粗>5mm	—
3	边不良	≤300cm 时,每 50cm 计一处	>300cm	—
4	修补点	≤2cm	>2cm	按最大长度计
5	其他	参照相似疵点评定		

3. 检验规则和判定

1)取样

按交货批号的同一品种、同一规格的产品作为检验批。从一批产品中按表 10-4 规定随机抽取相应数量的卷数。样品的抽取和试样的准备按现行 GB/T 13760 执行。

取样数量 表 10-4

一批的卷数	批样的最少卷数
≤50	2
≥51	3

2)内在质量的判定

内在质量的测定应从批样的每一卷中距头端至少 3m 随机剪取一个样品,以所有样品的平均结果表示批的内在质量。符合表 10-1 和表 10-2 的要求,则为内在质量合格。

3)外观质量的判定

外观质量检验对批样的每卷产品进行评定,如果所有卷均符合表 10-3 的要求,则为外观质量合格。如出现不合格卷时,则该批中按取样规定重新取样进行复验,若复验卷均符合表 10-3 的要求,则该批产品外观质量合格;如果复验结果仍有不合格卷,则该批产品质量不合格。

4)结果判定

按内在质量和外观质量判定均为合格,则该批产品合格。

二、土工网

1. 产品规格与尺寸偏差

(1)产品规格系列见表 10-5。

产品规格系列 表 10-5

土工网类型	型号规格						
塑料平面土工网	NSP2	NSP3	NSP5	NSP6	NSP8	NSP10	NSP15
塑料三维土工网	NSS0.8	NSS1.5	NSS2	NSS3	NSS4	NSS5	NSS6
经编平面土工网	NJP2	NJP3	NJP5	NJP6	NJP8	NJP10	NJP15
经编三维土工网	NJS0.8	NJS1.5	NJS2	NJS3	NJS4	NJS5	NJS6

(2)尺寸偏差:土工网尺寸偏差应符合表10-6的规定。

土工网单位面积、尺寸偏差应　　表10-6

土工网单位面积质量相对偏差(%)	平面土工网	±8
	三维土工网	±10
土工网网孔中心最小净空尺寸(mm)	平面土工网	≥4
	三维土工网	≥4
土工网厚度(mm)	塑料三维土工网	≥10
	经编三维土工网	≥8
土工网宽度(m)		≥1
土工网宽度偏差(mm)		+60

2.技术要求

1)理化性能

(1)物理机械性能参数应符合表10-7~表10-10的规定。

n 层平面网组成的塑料平面土工网物理性能参数　　表10-7

项　　目	型　　号						
	NSP2(n)	NSP3(n)	NSP5(n)	NSP6(n)	NSP8(n)	NSP10(n)	NSP15(n)
横向拉伸强度(kN/m)	≥2	≥3	≥5	≥6	≥8	≥10	≥15
纵横向10%伸长率下的拉伸力(kN/m)	≥1.2	≥2	≥4	≥5	≥7	≥9	≥13
多层平网之间焊点抗拉力(N)	≥0.8	≥1.4	≥2	≥3	≥4	≥5	≥8

n 层平面网组成的经编平面土工网物理性能参数　　表10-8

项　　目	型　　号						
	NSP2(n)	NSP3(n)	NSP5(n)	NSP6(n)	NSP8(n)	NSP10(n)	NSP15(n)
纵横向拉伸强度(kN/m)	≥2	≥3	≥5	≥6	≥8	≥10	≥15
经编无碱玻璃纤维夹击土工网断裂伸长率(%)	≤4						

n 层平面网 k 层非平面网组成的塑料三维土工网物理性能参数　　表10-9

项　　目	型　　号						
	NSS0.8($n-k$)	NSS1.5($n-k$)	NSS2($n-k$)	NSS3($n-k$)	NSS4($n-k$)	NSS5($n-k$)	NSS6($n-k$)
纵横向拉伸强度(kN/m)	≥0.8	≥1.5	≥2	≥3	≥4	≥5	≥6
平网现非平网之间焊点抗拉力(N)	≥0.6	≥0.9	≥4		≥8		

n 层平面网 k 层非平面网组成的经编三维土工网物理性能参数 表 10-10

项　目	型　号						
	NSS0.8 (n-k)	NSS1.5 (n-k)	NSS2 (n-k)	NSS3 (n-k)	NSS4 (n-k)	NSS5 (n-k)	NSS6 (n-k)
纵向拉伸强度 (kN/m)	≥0.8	≥1.5	≥2	≥3	≥4	≥5	≥6
横向拉伸强度 (kN/m)	≥0.6	≥0.8	≥1	≥1.8	≥2.5	≥4	≥6

(2)塑料土工网抗老化等级应符合表 10-11 的规定。

塑料土工网抗老化等级 表 10-11

抗光老化等级	I	II	III	IV
辐射强度为 550W/m² 照射 150h,标称拉伸强度保持率(%)	<50	50~80	80~95	>95
碳黑含量(%)	—	2+0.5		
碳黑在有纺土工织物材料中的分布要求均匀、无明显聚块或条状物				

注:对采用非碳黑作抗光老化助剂的土工网,其抗光老化等级参照执行。

2)外观质量

(1)产品颜色应色泽均匀,无明显油污。

(2)产品无损伤、无破裂。

3. 检验组批、抽样与判定

1)组批

产品以批为单位进行验收,同一牌号的原料、配方、规格以及生产工艺并稳定连续生产一定数量的产品为一批,每批数量不超过 500 卷,每卷长度大于或等于 30m,不足 500 卷则以 5d 产量为一批。

2)抽样

产品检验以批为单位,检验从每批产品中随机抽取两卷。

3)判定规则

(1)外观质量的判定:样品外观质量应符合以上规定。

(2)有纺土工织物外观疵点的规定:凡按长度扣分的疵点,均按最大长度计。

(3)复检判定:若物理机械性能和抗光老化等级全部合格,而尺寸偏差和外观质量中只有一项不合格,则判为合格批。若物理机械性能和抗光老化等级有一项不合格,则应在该批产品中重新抽取双倍数量的样品制作试样,对物理机械性能和抗光老化等级中的不合格项目进行复检,复检全部合格,则该批产品为合格;检测如果仍有一项不合格,则判为该批产品不合格。复检结果为最终判定依据。

三、有纺土工织物

1. 产品规格与尺寸偏差

1) 产品规格系列

产品规格系列见表 10-12。

产品规格系列　　表 10-12

有纺土工织物类型	型号规格								
机织有纺土工织物	WJ20	WJ35	WJ50	WJ65	WJ80	WJ100	WJ120	WJ150	WJ180
针织有纺土工织物	WZ20	WZ35	WZ50	WZ65	WZ80	WZ100	WZ120	WZ150	WZ180
标称纵、横向拉伸强度（kN/m）	≥20	≥35	≥50	≥65	≥80	≥100	≥120	≥150	≥180

2) 尺寸偏差

有纺土工织物尺寸偏差应符合表 10-13 的规定。

有纺土工织物尺寸偏差　　表 10-13

项目	指标
单位面积质量相对偏差（%）	±7
幅宽（m）	≥2
幅宽偏差（%）	+3

2. 技术要求

1) 理化性能

(1) 物理机械性能参数应符合表 10-14 的规定。

物理机械性能参数　　表 10-14

项　目	型号规格								
	WJ20	WJ35	WJ50	WJ65	WJ80	WJ100	WJ120	WJ150	WJ180
	WZ20	WZ35	WZ50	WZ65	WZ80	WZ100	WZ120	WZ150	WZ180
标称纵、横向拉伸强度（kN/m）	≥20	≥35	≥50	≥65	≥80	≥100	≥120	≥150	≥180
纵、横向拉伸断裂伸长率（%）	≤30								
CBR 顶破强度（kN）	≥1.6	≥2	≥4	≥6	≥8	≥11	≥13	≥17	≥21
纵、横向梯形撕破强度（kN）	≥0.3	≥0.5	≥0.8	≥1.1	≥1.3	≥1.5	≥1.7	≥2.0	≥2.3
垂直渗透系数（cm/s）	$5\times(10^{-1}\sim10^{-4})$								
等效孔径 O_{95}（mm）	0.07～0.5								

(2) 高分子有机合成材料有纺土工织物抗光老化等级应符合表 10-15 的规定。

土工有纺织物抗光老化等级　　表 10-15

抗光老化等级	I	II	III	IV
光照辐射强度为 550W/m^2,照射 150h,拉伸强度保持率(%)	<50	50~80	80~95	>95
碳黑含量(%)	—	2+0.5		
碳黑在有纺土工织物材料中的分布要求均匀、无明显聚块或条状物				

注:对不含碳黑或不采用碳黑作抗光老化助剂的土工有纺布,其抗光老化等级的确定参照执行。

2)外观质量

(1)产品颜色应色泽均匀,无明显油污。

(2)产品无损伤、无破裂。

(3)外观质量还应符合表 10-16 的规定。

外 观 质 量　　表 10-16

序　号	项　目	要　求
1	经、纬密度偏差	在 100mm 内与公称密度相比不允许缺 2 根以上
2	断丝	在同一处不允许有 2 根以上的断丝;同一处断丝 2 根以内(包括两根),100m^2 内不超过 6 处
3	蛛丝	不允许有大于 50mm^2 的蛛网,100m^2 内不超过 3 个
4	布边不良	整卷不允许连续出现长度大于 2 000mm 的毛边、散边

3)成品尺寸

有纺土工织物每卷的纵向基本长度不小于 30m,卷中不得有拼段。

3. 检验组批、抽样与判定

1)组批

产品以批为单位进行验收,同一牌号的原料、同一配方、同一规格、同一生产工艺并稳定连续生产的一定数量的产品为一批,每批数量不超过 500 卷,每卷长度大于或等于 30m,不足 500 卷则以 5d 产量为一批。

2)抽样

产品检验以批为单位,检验从每批产品中随机抽取 3 卷。

3)判定规则

(1)外观质量的判定:样品外观质量应符合以上的规定。

(2)有纺土工织物外观疵点的规定:凡按长度扣分的疵点,均按最大长度计算。

(3)复检判定:若物理性能全部合格,而尺寸偏差和外观质量中只有一项不合格,则判为合格批。若物理性能有一项不合格,则应在该批产品中重新抽取双倍数量的样品制作试样,对物理性能中的不合格项目进行复检,复检全部合格,该批为合格;检测如果仍有一项不合格,则判为该批不合格。复检结果为最终判定依据。

四、土工模袋

1. 产品规格系列与尺寸偏差

1)产品规格系列

产品规格系列见表 10-17。

产品规格系列　　表10-17

项目	型号规格								
	FJ40	FJ50	FJ60	FJ70	FJ80	FJ100	FJ120	FJ150	FJ180
	FZ40	FZ50	FZ60	FZ70	FZ80	FZ100	FZ120	FZ150	FZ180
模袋布拉伸强度(kN/m)	≥40	≥50	≥60	≥70	≥80	≥100	≥120	≥150	≥180

2)尺寸偏差

土工模袋尺寸偏差应符合表10-18的规定。

土工模袋尺寸偏差　　表10-18

单位面积质量相对偏差(%)	±2.5
幅宽(m)	≥5
幅宽偏差(%)	+3

3)土工模袋的几何形状、最大填充厚度及填充物

(1)土工模袋的几何形状:矩形、铰链形、哑铃形、梅花形、框格形等。

(2)土工模袋的最大填充厚度:100mm、150mm、200mm、250mm、300mm、350mm、400mm、500mm。

(3)土工模袋的填充物:混凝土、砂浆、黏土、膨胀土等。

2. 技术要求

1)理化性能

(1)物理机械性能参数应符合表10-19的规定。

物理机械性能参数　　表10-19

项目	型号规格								
	FJ40	FJ50	FJ60	FJ70	FJ80	FJ100	FJ120	FJ150	FJ180
	FZ40	FZ50	FZ60	FZ70	FZ80	FZ100	FZ120	FZ150	FZ180
标称纵、横向拉伸强度(kN/m)	≥40	≥50	≥60	≥70	≥80	≥100	≥120	≥150	≥180
纵、横向拉伸断裂伸长率(%)	≤30								
CBR顶破强度(kN)	≥5								
纵、横向梯形撕破强度(kN)	≥0.9			≥1			≥1.1		
垂直渗透系数(cm/s)	$5\times(10^{-2}\sim10^{-4})$								
落锥穿透直径(mm)	≤6								
等效孔径O_{95}(mm)	0.07~0.5								

(2)高分子有机合成材料土工模袋抗光老化等级应符合表10-20的规定。

土工摸袋抗光老化等级　　表10-20

抗光老化等级	I	II	III	IV
光照辐射强度为550W/m²,照射150h,拉伸强度保持率(%)	<50	50~80	80~95	>95
碳黑含量(%)	—	2+0.5		
碳黑在有纺土工织物材料中的分布要求均匀、无明显聚块或条状物				

注:对不含碳黑或不采用碳黑作抗光老化助剂的土工有纺布,其抗光老化等级的确定参照执行。

2)外观质量

(1)产品颜色应色泽均匀,无明显油污。

(2)产品无损伤、无破裂。

(3)外观质量还应符合表10-21的规定。

模袋布外观质量 表10-21

序号	项目	要求
1	经、纬密度偏差	在100mm内与公称密度相比不允许缺2根以上
2	断丝	在同一处不允许有2根以上的断丝;同一处断丝2根以内(包括两根),$100m^2$内不超过6处
3	蛛丝	不允许有大于$50mm^2$的蛛网,$100m^2$内不超过3个
4	模袋边不良	整卷模袋不允许连续出现长度大于2 000mm的毛边、散边
5	接口缝制	不允许有断口和开口;若有断线必须重合缝制,重合缝制搭接长度不小于200mm
6	布边抽缩和边缘不良	允许距土工模袋边缘20mm内有布边抽缩和边缘不良现象

3.检验组批、抽样与判定

1)组批

产品以批为单位进行验收,同一牌号的原料、同一配方、同一规格、同一生产工艺并稳定连续生产的一定数量的产品为一批,每批数量不超过500卷,每卷长度大于或等于30m,不足500卷则以5d产量为一批。

2)抽样

产品检验以批为单位,检验从每批产品中随机抽取3卷。

3)判定规则

(1)外观质量的判定:样品外观质量应符合技术要求中外观质量的规定。

(2)复检判定:若物理性能全部合格,而尺寸偏差和外观质量中只有一项不合格,则判为合格批。若物理性能有一项不合格,则应在该批产品中重新抽取双倍数量的样品制作试样,对物理性能中的不合格项目进行复检,复检全部合格,则该批为合格;如果检测仍有一项不合格,则判为该批不合格。复检结果为最终判定依据。

五、土工格室

1.产品规格系列与尺寸偏差

1)产品规格

(1)土工格室的高度一般为50~300mm。

(2)单组格室的展开面积应不小于4m×5m。

(3)格室片边缘接近焊接处的距离不大于100mm。

2)尺寸偏差

(1)塑料土工格室的尺寸偏差见表10-22。

塑料土工格室的尺寸偏差(单位:mm)　　表 10-22

序号	格室高度 H		格室片厚度 T		焊接距离 A	
	标称值	偏差	标称值	偏差	标称值	偏差
1	$H \leqslant 100$	±1	1.1	+0.3	340~800	±30
2	$100 < H \leqslant 200$	±2				
3	$200 < H \leqslant 300$	±2.5				

(2)增强土工格室的尺寸偏差见表 10-23。

增强土工格室的尺寸偏差(单位:mm)　　表 10-23

序号	格室高度 H		格室片厚度 T		焊接距离 A	
	标称值	偏差	标称值	偏差	标称值	偏差
1	100	±2	1.5	+0.3	400~800	±2
2	150					
3	200					
4	300					

2. 技术要求

1)力学性能

(1)塑料土工格室:塑料土工格室的力学性能应符合表 10-24 的规定。

塑料土工格室的力学性能　　表 10-24

序号	测试项目		材质为 PP 的土工格室	材质为 PE 的土工格室
1	格室片单位宽度的断裂拉力(N/cm)		≥275	≥220
2	格室片的断裂伸长率(%)		≤10	≤10
3	焊接处抗拉强度(N/cm)		≥100	≥100
4	格室组间连接处抗拉强度(N/cm)	格室片边缘	≥120	≥120
5		格室片中间	≥120	≥120

(2)增强土工格室:增强土工格室的格室片力学性能应符合表 10-25 的规定。

增强土工格室的力学性能　　表 10-25

序号	型号	格室片单位宽度的断裂拉力(N/cm)	格室片的断裂伸长率(%)	格室片间连接处连接件抗剪切力(N)
1	GC100	≥300	≤3	≥3 000
2	GC150			≥4 500
3	GC200			≥6 000
4	GC300			≥9 000

2)光老化等级

塑料土工格室的光老化等级应符合表 10-26 的规定。

塑料土工格室的光老化等级　　表 10-26

光老化等级	I	II	III	IV
紫外线辐射强度为 550W/m² 照射 150h，格室片的拉伸屈服强度保持率①（%）	<50	50~80	80~95	>95
碳黑含量②（%）	—		≥2.0±0.5	

注：①对于高速公路、一级公路的边缘绿化，才需要做紫外线辐射试验。其他情况该指标仅作参考。
②采用其他抗老化外加剂的土工格室无指标要求。

3）外观质量

（1）塑料土工格室片为黑色或其他颜色聚乙烯塑料制成的片材。增强土工格室片用黑色聚乙烯塑料筋材制成的片材，其外观应色泽均匀。

（2）塑料土工格室的表面应平整、无气泡。

（3）增强土工格室片不应有裂缝、损伤、穿孔、沟痕和露筋等缺陷。

3. 检验组批、抽检与判定

1）组批

以同一批原料、相同工艺、连续生产的同一规格的产品为一批。每批数量不超过10 000m²。如果生产 7d 不足 10 000m²，则以 7d 的产量为一批。

2）抽样

产品以批为单位进行抽样，每次抽取 5 个试样进行检测。

3）判定及复检

土工格室质量判定按力学性能和光老化等级的规定进行。其他性能的检验结果若有某项达不到规定指标时，可重新抽样对该项目进行复检。复检时，抽样数应为原抽样数的 2 倍。以复检结果作为该批产品的质量判定依据。

六、土工加筋带

1. 产品规格与尺寸偏差

1）产品规格系列

产品规格见表 10-27。

产 品 规 格　　表 10-27

加筋带种类	每根产品的标称断裂极限拉力（kN）				
塑料土工加筋带（SLLD）	3	7	10	13	—
钢塑土工加筋带（GSLD）	7	9	12	22	30

2）尺寸偏差

尺寸偏差见表 10-28。

尺 寸 偏 差　　表 10-28

项　　目	偏 差 要 求
标称单位长度质量相对偏差（%）	±5.0
标称宽度相对偏差（%）	±5.0
标称厚度相对偏差（%）	±10.0
钢塑土工加筋带中钢丝（钢丝绳）的排列间距均匀	

2. 技术要求

1）力学性能

（1）塑料土工加筋带的力学性能应符合表10-29的规定。

塑料土工加筋带的技术参数　　表10-29

项　目	规　格(SLLD)			
	3	7	10	13
每根的断裂拉力(kN)	≥3	≥7	≥10	≥13
断裂伸长率(%)	≤8			
2%伸长率时的拉力(kN)	≥1.2	≥3.0	≥3.5	≥4.0
似摩擦系数	≥0.4			
偏斜率(mm/m)	≤5			

（2）钢塑土工加筋带的力学性能应符合表10-30的规定。

钢塑土工加筋带的技术参数　　表10-30

项　目	规　格(GSLD)				
	7	9	12	22	30
每根的断裂拉力(kN)	≥7	≥9	≥12	≥22	≥30
断裂伸长率(%)	≤3				
钢丝(钢丝绳)的握裹力(kN)	≥4	≥4	≥4	≥6	≥6
似摩擦系数	≥0.4				
偏斜率(mm/m)	≤5				
钢丝(钢丝绳)排列的均匀性、塑料均匀包裹					

（3）塑料土工加筋带光老化等级应符合表10-31的规定。

塑料土工加筋带光老化等级　　表10-31

光老化等级	Ⅰ	Ⅱ	Ⅲ	Ⅳ
紫外线辐射强度为550W/m^2照射150h,强度保持率(%)	<50	50～80	80～95	>95
碳黑含量(%)	—	2+0.5		

注:对其他抗老化助剂参照执行。

（4）塑料土工加筋带的蠕变性能要求。

蠕变相对伸长率计算式:

$$\varepsilon_1 = \varepsilon_0 + b\log(t)$$

式中:ε_1——蠕变相对伸长率为在载荷P作用时间t后的总应变量,%;

ε_0——受力开始时的初始应变量,%;

t——试验历时,h;

b——蠕变系数,$b \geqslant 0.0167$。

蠕变试验加载水平:为产品标称断裂拉力的60%,试验温度为20℃,试验总时间为500h。

(5)土工加筋带产品的尺寸要求。

土工加筋带产品的尺寸要求见表10-32。

产品的尺寸要求 表10-32

产品类型和规格	塑料土工加筋带				钢塑土工加筋带				
	3	7	10	13	7	9	12	22	30
最小宽度(mm)	18	25	30	35	30	30	30	50	60
最小厚度(mm)	1.0	1.3	1.5	1.5	2.0	2.0	2.0	2.2	2.2

2)外观质量

(1)产品应色泽均匀,无明显油污。

(2)产品无损伤、无破裂、无穿孔、无露筋等缺陷。

(3)产品表面有粗糙整齐的花纹。

3)成品长度要求

土工加筋带成品每根的长度不允许小于100m,卷中不得有拼段,也可根据用户需要生产。

3. 检验组批、抽样与判定

1)组批

产品以批为单位进行验收,同一牌号的原料、同一配方、同一生产工艺并稳定连续生产的产品为一批,每批数量不超过20t。

2)抽样

产品检验以批为单位,检验从每批产品中随机抽取6卷,在每卷外端除去2m后,分别取2m长的试样带共6段,待宽度、厚度测定后,再分别在6根试样带上截取1m长的试样共6根。

3)判定规则

(1)外观质量的判定:产品的外观质量应符合以上的规定。

(2)复检判定:若力学性能和产品最小尺寸、外观质量和成品长度各项全部合格,而尺寸偏差和外观质量中只有一项不合格时,则判该批产品为合格批。若力学性能有一项不合格,则应在该产品中重新抽取双倍数量的样品制作试样。对力学性能中的不合格项进行复检。复检全部合格,则判该批产品为合格批;检测结果若仍有一项不合格,则判该批产品为不合格。复检结果作为该批产品的最终判定依据。

七、土工膜

1. 产品规格系列与尺寸偏差

1)规格系列

规格系列见表10-33。

规格系列 表10-33

型　号	M0.3	M0.4	M0.5	M0.6	M1	M1.5	M2	M2.5	M3
标称厚度(mm)	0.3	0.4	0.5	0.6	1	1.5	2	2.5	3

注:工程单一使用土工膜,则土工膜厚度不得小于0.5mm。

2)尺寸偏差

土工膜尺寸偏差应符合表10-34的规定。

土工膜尺寸偏差 表10-34

幅 宽 (m)	≥3
幅宽偏差(%)	+2.5
厚度偏差(%)	+24

2. 技术要求

1)理化性能

(1)物理性能参数应符合表10-35的规定。

物理性能参数 表10-35

项 目	参 数								
型号	M0.3	M0.4	M0.5	M0.6	M1	M1.5	M2	M2.5	M3
纵、横向拉伸强度(kN/m)	≥3	≥5	≥6	≥8	≥12	≥17	≥18	≥19	≥20
纵、横向拉伸断裂伸长率(%)	≥100		≥300			≥500			
纵、横直角撕裂强度(N/mm)	≥10	≥15	≥20	≥30	≥40	≥80	≥100	≥120	≥150
CBR 顶破强度(kN)	≥1	≥1.5	≥2.5	≥3	≥4	≥5	≥6	≥7	≥8
低温弯折性(-20℃)	无裂纹								
纵、横向尺寸变化率(%)	≤5								

(2)土工膜抗光老化等级应符合表10-36的规定。

土工膜光老化等级 表10-36

光老化等级	I	II	III	IV
紫外线辐射强度为550W/m^{2}照射150h,标称拉伸强度保持率(%)	<50	50~80	80~95	>95
碳黑含量(%)	—	≥2.0±0.5		
碳黑在土工膜材料中的分布要求	均匀,无明显聚块或条状物			

注:对不含碳黑或不采用碳黑作抗老化助剂的土工膜,其抗老化等级的确定参照执行。

(3)土工膜耐静水压力和抗渗性应符合表10-37的规定。

土工膜耐静水压力和抗渗性 表10-37

项 目	型号规格								
	M0.3	M0.4	M0.5	M0.6	M1	M1.5	M2	M2.5	M3
耐静水压力(MPa)	≥0.3	≥0.5	≥0.7	≥0.8	≥1.5	≥2	≥2.5	≥3	≥3.5
垂直渗透系数(cm/s)	$\leq 5\times10^{-11}$								

2)外观质量

(1)产品颜色应色泽均匀,无明显油污。

(2)产品无损伤、无破裂、无气泡、不黏结、无孔洞,不应有接头、断头和永久性皱褶。

(3)外观质量还应符合表10-38的规定。

外观质量 表10-38

序号	项目	要求
1	切口	平直,无明显锯齿现象
2	水云、云雾和机械划痕	不明显
3	杂质和僵块	直径0.6~2.0mm的杂质和僵块,允许每平方米20个以内;直径20mm以上的,不允许出现
4	卷端面错位	≤50mm

3)成品尺寸

土工膜每卷的纵向基本尺寸长度不小于30m,卷中不得有拼段。

3. 检验组批、抽检与判定

1)组批

产品以批为单位进行验收,同一牌号的原料、同一配方、同一规格、同一生产工艺的产品为一批,每批数量不超过500卷,不足500卷以5d产量为一批。

2)抽样

产品检验以批为单位,检验从每批产品中随机抽取3卷。

3)判定规则

(1)外观质量的判定:样品外观质量应符合以上规定。

(2)复检判定:若物理性能全部合格,而尺寸偏差和外观质量中只有一项不合格,则判为合格批。若物理性能有一项不合格,则应在该批产品中重新抽取双倍数量的样品制作试样。对物理性能中的不合格项目进行复检。复检全部合格,则该批为合格;如果检测仍有一项不合格,则判为该批不合格。复检结果为最终判定依据。

八、长丝纺黏针刺非织造土工布

1. 产品规格系列与尺寸偏差

长丝纺黏针刺非织造土工布的规格系列与尺寸偏差见表10-39。

产品规格系列与尺寸偏差 表10-39

项目	规格(g/m^2)							
	150	200	250	300	350	400	450	500
单位面积质量(g/m^2)	150	200	250	300	350	400	450	500
单位面积质量偏差(%)	-10	-6	-5	-5	-5	-5	-5	-4
厚度(mm) ≥	1.7	2.0	2.2	2.4	2.5	3.1	3.5	3.8
厚度偏差(%)	15							
宽度(m)	≥3.0							
标准宽度偏差(%)	-0.5							

注:1. 规格按单位面积质量,实际规格介于表中相邻规格之间时,按内插法计算相应考核指标。

2. 采用聚酯材料制造的$150g/m^2$长丝仿黏针刺非织造土工布用于沥青铺面用。

2. 技术要求

1)性能要求

(1)性能要求分为基本项和选择项。基本项的性能指标见表10-40。选择项包括动态穿孔(mm)、刺破强度(N)、纵横向强度比、平面内水流量(m^2/s)、湿筛孔径(mm)、摩擦系数、抗紫外线性能、抗酸碱性能、抗氧化性能、抗磨损性能、蠕变性能、拼接强度等。性能指标应符合JTJ/T 019的规定。

性能指标 表10-40

性能		规格(g/m^2)							
		150	200	250	300	350	400	450	500
纵、横向	断裂强度(kN/m) ≥	7.5	10.0	12.5	15.0	17.5	20.5	22.5	25.0
	断裂伸长率(%)	30~80							
CBR顶破强度(kN) ≥		1.4	1.8	2.2	2.6	3.0	3.5	4.0	4.7
等效孔径 O_{90}(O_{95})(mm)		0.08~0.20							
垂直渗透系数(cm/s)		$5\times10^{-2}\sim5\times10^{-1}$							
纵、横向	撕破强度(kN) ≥	0.21	0.28	0.35	0.42	0.49	0.56	0.63	0.70

(2)用于沥青铺面用的长丝纺黏针刺非织造土工布,耐高温性应在210℃以上,并须经单面烧毛工艺处理。沥青路面可采用聚酯材料制造的150g/m^2长丝纺黏针刺非织造土工布。

(3)用于路基的长丝纺黏针刺非织造土工布,其耐腐蚀、抗老化、导排性能应满足设计要求。

2)外观

外观疵点分为轻缺陷和重缺陷,见表10-41。

外观疵点的评定 表10-41

疵点名称	轻缺陷	重缺陷	要求
布面不匀、折痕	轻微	严重	
杂物、僵丝	软质,粗≤5mm	硬质;软质,粗>5mm	
边不良	≤300cm时,每50cm计一处	>300cm	以疵点最大长度计
破损	≤0.5cm	>0.5cm	
其他	按相似疵点评定		

3. 检验组批、抽样和判定

1)组批

以同一班次生产的同一规格的产品为一批,批量较小时可累计400卷为一批,但一周产量仍不满400卷时,则以一周内产量为一批;交付验收的产品应以同一品种、同一规格、同一工艺的一个交货批划分检验批。

2)抽样

性能要求的测定以批为单位,每批产品随机抽取2%~3%,但不少于两卷,采样及试验准备按GB/T 13760的规定。

3)检验结果的判定

(1)性能检验:检验批性能指标的检验结果以所采取样品平均结果表示。基本项和选择项全部达到要求的为合格,否则为不合格。

(2)外观质量检验判定:

①一般检验产品正面,疵点延及两面时以严重一面为准。

②幅宽超过4m,至少两人检验。

③外观质量检验应在水平检验台或检验机上进行,检验以正常背光为准,如以日光灯照明时,照度不低于400lx。检验速度不超过20m/min。

④在一卷土工布上不允许存在重缺陷,轻缺陷每200m²应不超过5个,否则外观质量为不合格。

4)复检规定

(1)外观质量的复检:抽取检验批批量的5% ~10%作为检验样品,但不少于10卷,每卷产品的评定按以上规定进行,所检验产品不合格品率在10%以内,则判该批产品为合格,当不合格率超过10%时,该批产品判为不合格。

(2)性能复检:抽取检验批批量的1% ~2%作为检验样品,但不少于3卷。检验结果按表10-40规定,如经检验发现问题,可重新在该批产品中抽取相同数量样品,对不合格项进行复验,并以全部抽取样品的检验结果平均值作为复检结果。复检一次为准,复检合格者作全批合格;否则作全批不合格处理。

九、塑料排水板(带)

1.产品规格系列与尺寸偏差

塑料排水板(带)的规格系列与尺寸偏差见表10-42。

规格系列与尺寸偏差 表10-42

项目	型号				
	SPB-A	SPB-A_0	SPB-B	SPB-B_0	SPB-C
厚度(mm)	≥3.5	≥3.5	≥4.0	≥4.0	≥4.5
厚度允许偏差(%)	±0.5				
宽度(mm)	>95				
宽度允许偏差(%)	±2				

2.技术要求

1)基本性能指标

塑料排水板(带)性能指标包括:纵向通水量、复合体抗拉强度与延伸率、滤膜抗拉强度与延伸率、滤膜渗透系数、滤膜等效孔径等。其各项技术要求见表10-43。

塑料排水板(带)的基本技术要求 表10-43

项目		型号规格				
		SPB-A	SPB-A_0	SPB-B	SPB-B_0	SPB-C
材质	芯带	高密度聚乙烯、聚丙烯等				
	滤膜	材料为涤纶、丙纶等无纺织物;单位面积质量宜大于85g/m²				
复合体	抗拉强度(干态)(kN/10cm)(延伸率为10%的强度)	>1.0	>1.0	>1.2	>1.2	>1.5
	延伸率(%)	>4				

续上表

<table>
<tr><th colspan="2" rowspan="2">项　　目</th><th colspan="5">型 号 规 格</th></tr>
<tr><th>SPB-A</th><th>SPB-A_0</th><th>SPB-B</th><th>SPB-B_0</th><th>SPB-C</th></tr>
<tr><td colspan="2">纵向通水量 q_w(cm^3/s)
(侧压力为350kPa)</td><td>≥25</td><td>≥25</td><td>≥30</td><td>≥30</td><td>≥40</td></tr>
<tr><td rowspan="2">滤膜的拉伸强度(kN/m)</td><td>干拉强度　≥</td><td>1.5</td><td>1.5</td><td>2.5</td><td>2.5</td><td>3.0</td></tr>
<tr><td>湿拉强度　≥</td><td>1.0</td><td>1.0</td><td>2.0</td><td>2.0</td><td>2.5</td></tr>
<tr><td colspan="2">芯板压屈强度(kPa)</td><td colspan="3">>250</td><td colspan="2">>350</td></tr>
<tr><td rowspan="2">滤膜渗透反滤特性</td><td>渗透系数(cm/s)</td><td colspan="5">$k_g \geq 5 \times 10^{-4}, k_g \geq 10k_s$</td></tr>
<tr><td>等效孔径 O_{95}(mm)</td><td colspan="5"><0.075</td></tr>
</table>

注:1. k_g:滤膜的渗透系数;k_s:地基土的渗透系数。

2. 塑料排水板(带)滤膜干拉强度为延伸率10%的纵向抗拉强度,湿拉强度为浸泡24h后,延伸率15%的横向抗拉强度。

2)原材料

芯板用聚丙烯为原材料时,严禁使用再生料。

3)外观质量

(1)槽型塑料排水板(带)板芯槽齿无倒伏现象,钉型排水板(带)板芯乳头圆滑不带刺。

(2)塑料排水板(带)板芯无接头,表面光滑、无空洞和气泡、齿槽应分布均匀。

(3)塑料排水板(带)滤膜应符合下列规定:

①每卷滤膜接头不多于一个,接头搭接长度大于20cm;

②滤膜应包紧板芯,包覆时用热合法或黏合法;

③当用黏合法时,黏合缝应连续,缝宽为5mm+1mm。

3. 检验组批、抽样与判定

1)组批

产品以批为单位进行验收,同一配方、同一生产工艺、同一设备稳定连续生产的一定数量的产品为一批,每批数量不超过20万m。小于20万m的按20万m计;不同批次生产的排水板(带)应分批检测,同批次生产但分批运输的也应分批次检测。

2)抽样

产品检验以批为单位,外观质量检测时每次抽取5卷(盘)进行检测。

3)判定规则

(1)外观质量的判定:在外观质量检测中抽取5卷排水板(带)中,当有3卷不符合基本性能指标规定时,则该5卷所代表的排水板(带)不合格;若有2卷不符合规定时,可再抽取5卷检测,若仍有2卷不符合规定,则该批排水板(带)为不合格。

(2)复检判定:在外观质量检验后,检验表10-43中的复合体抗拉强度、复合体延伸率、反滤特性芯板压屈强度三个指标均合格时则判该批产品为合格批。三个指标有一项不合格,则应在该产品中重新抽取双倍数量的样品制作试样,对三指标中的不合格项目进行复检,复检全部合格，判该批为合格批；检测结果若仍有一项不合格，则判该批产品为不合格。复检结果作为最终判定的依据。

十、短纤针刺非织造土工布

1. 产品规格系列与尺寸偏差

短纤针刺非织造土工布的规格系列与尺寸偏差见表10-44。

产品规格系列与尺寸偏差 表10-44

项目	规格(g/m^2)						
	250	250	300	350	400	450	500
单位面积质量(g/m^2)	250	250	300	350	400	450	500
单位面积质量偏差(%)	-8	-8	-7	-7	-7	-7	-6
厚度(mm) ≥	2.0	2.2	2.4	2.7	3.1	3.5	3.8
厚度偏差(%)	15						
宽度(m) ≥	3.0						
标称宽度偏差(%)	-0.5						

2. 技术要求

1)性能要求

(1)性能要求分为基本项和选择项。基本项的性能指标见表10-45。选择项包括：动态穿孔(mm)、刺破强度(N)、纵横向强度比、平面内水流量(m^2/s)、湿筛孔径(mm)、摩擦系数、抗紫外线性能、抗酸碱性能、抗氧化性能、抗磨损性能、蠕变性能和拼接强度等。性能指标应符合JTJ/T 019的规定。

基本性能指标 表10-45

性能		规格(g/m^2)						
		250	250	300	350	400	450	500
纵横向	断裂强度(kN) ≥	6.5	8.0	9.5	11.0	12.5	14.0	16.0
	断裂伸长率(%)	30~80						
CBR顶破强度(kN) ≥		0.9	1.2	1.5	1.8	2.1	2.4	2.7
等效孔径O_{95}(mm)		0.08~0.20						
垂直渗透系数(cm/s)		$5\times10^{-2}\sim5\times10^{-1}$						
纵横向	撕破强度(kN) ≥	0.16	0.20	0.24	0.28	0.33	0.38	0.42

(2)作反滤层的无纺土工织物，应耐腐蚀、抗老化、具有较好的透水性能，等效孔径O_{95}应满足保土、透水、防淤堵设计准则要求。

2)外观

外观分为轻缺陷和重缺陷,见表10-46。

外观疵点的评定 表10-46

疵点名称	轻缺陷	重缺陷	要求
布面不匀、折痕	轻微	严重	
杂物	软质,粗≤5mm	硬质;软质,粗>5mm	
边不良	≤300cm时,每50cm计一处	>300cm	以疵点最大长度计
破损	≤0.5cm	>0.5cm	
其他	按相似疵点评定		

3. 检验组批、抽样与判定

1)组批

产品以批为单位进行验收,以同一班次生产的同一规格的产品为一批,批量较小的可累计至400卷为一批,但一周产量仍不满400卷时,则以一周产量为一批;交付验收的产品应以同一品种、同一规格、同一工艺的一个交货批划分检验批。

2)抽样

性能要求的测定以批为单位,每批产品随机抽取2%~3%,但不少于2卷。

3)判定规则

(1)性能检验规定:检验批性能指标的检验结果以所采取样品平均结果表示。基本项和选择项全部达到要求的为合格,否则为不合格。

(2)外观质量检验:

①一般检验产品正面,疵点延及两面时以严重一面为准。

②宽幅超过4m,至少两人检验。

③外观质量检验应在水平检验台上或检验机上进行,检验以正常背光为准,如以日光灯照明时,照度不低于400lx。检验速度不超过20m/min。

④在一卷土工布上不允许存在重缺陷,轻缺陷200m^2应不超过5个,否则外观质量为不合格。

4)复检判定

(1)外观质量的复检:抽取检验批批量的5%~10%作为检验样品,但不少于10卷,每卷产品的评定按表10-46的规定进行,所检验产品不合格率在10%以内,为全批合格,当不合格率超过10%时,该批产品为不合格。

(2)性能复检:抽取检验批批量的1%~2%作为检验样品,但不少于3卷。检验结果应符合表10-45的规定,如经检验发现问题,可重新在该批产品中抽取相同数量的样品,对不合格项进行复检,并以全部抽取样品的检验结果平均值作为复检结果。复检一次为准,复检合格者为全批合格,否则为全批不合格。

十一、防水材料

1. 产品规格系列与尺寸允许偏差

(1)产品规格系列见表10-47。

产品规格系列　表 10-47

类　型	产品规格					
防水卷材	RJ0.1	RJ0.2	RJ0.3	RJ0.4	RJ0.5	RJ0.6
防水涂料	RT0.1	RT0.2	RT0.3	RT0.4	RT0.5	RT0.6
防水板	RB0.1	RB0.2	RB0.3	RB0.4	RB0.5	RB0.6

(2)尺寸允许偏差

防水材料的尺寸允许偏差应符合表 10-48 的规定。

尺寸允许偏差　表 10-48

类　型	项　目	允许偏差
防水卷材	单位面积质量(%)	±5
	厚度(%)	+10
	宽度(%)	+3
防水板	厚度(%)	+10

2. 技术要求

(1)理化性能:排水材料的物理力学性能应符合表 10-49 ~ 表 10-51 规定的指标要求。

防水卷材技术性能指标　表 10-49

项　目	规格					
	RJ0.1	RJ0.2	RJ0.3	RJ0.4	RJ0.5	RJ0.6
耐静水压力(MPa)	≥0.1	≥0.2	≥0.3	≥0.4	≥0.5	≥0.6
纵、横向拉伸强度(kN/m)	≥7					
纵、横向拉伸强度时的伸长率(%)	≥30					
纵、横向撕裂力(N)	≥30					
-15℃环境 180°角弯折两次的柔度	无裂纹					
90℃环境保持 2h 的耐热度	无滑动、流淌与滴落					
黏结剥离强度(kN/m)	≥0.8					
胎体增强材料的质量	增强胎体基布的技术性能按 JT/T 514 或 JT/T 664 选用					

防水涂料技术性能指标　表 10-50

项　目	规格					
	RT0.1	RT0.2	RT0.3	RT0.4	RT0.5	RT0.6
耐静水压力(MPa)	≥0.1	≥0.2	≥0.3	≥0.4	≥0.5	≥0.6
可操作时间(min)	≥30					
潮湿基面黏结强度(MPa)	≥0.3					
表面干燥时间(h)	≤8					
实体干燥时间(h)	≤24					
浸水 168h 后抗拉强度(MPa)	≥0.5					

防水板技术性能指标　　表 10-51

项　目	规　格					
	RB0.1	RB0.2	RB0.3	RB0.4	RB0.5	RB0.6
耐静水压力(MPa)	≥0.1	≥0.2	≥0.3	≥0.4	≥0.5	≥0.6
抗拉强度(MPa)	≥30					
抗拉强度时的伸长率(%)	≥300					
-20℃环境 180°角弯折两次的柔度	无裂纹					
热处理尺寸变化率(%)	≤2					

(2)抗光老化要求应符合表 10-52 的规定。

防水材料抗光老化指标　　表 10-52

项　目	要　求			
光老化等级	I	II	III	IV
紫外线辐射强度为 550W/m^2 照射 150h,标称拉伸强度保持率(%)	<50	50~80	80~95	>95
碳黑含量(%)	—	2.0±0.5		

注:对采用非碳黑作抗老化助剂的防水材料,其抗老化等级参照执行。

(3)外观质量:防水材料外观质量应符合表 10-53 的要求。

外 观 质 量　　表 10-53

类　型	要　求
防水卷材	无断裂、皱褶、折痕、杂质、胶块、凹痕、孔洞、剥离、边缘不整齐、胎体露白、未浸透、散布材料颗粒,卷端面错位不大于 50mm,切口平直、无明显锯齿现象
防水涂料	包装和商品标识完好无损,经搅拌分散均匀,无明显丝团等
防水板	无损伤、无破裂、无气泡、不黏结、无孔洞、无接头、断头和永久性皱褶,切口平直、无明显锯齿现象,直径 0.6~2.0mm 的杂质和僵块允许每平方米 20 个以内,直径 2.0mm 以上的不允许出现

3. 检验组批、抽样与判定

1)组批

产品以批为单位进行验收。同一牌号的原料、配方、规格和生产工艺,并稳定连续生产一定数量的产品为一批。每批数量不超过 300 卷(桶)。防水材料每卷长度不宜小于 20m,且质量不宜大于 50kg;防水涂料每桶不宜超过 25kg。不足 300 卷(桶)则以 5d 产量为一批。

2)抽样

产品检验以批为单位,从每批产品中随机抽取 2 卷(桶)进行检验。

3)判定规则

(1)外观质量的判定:样品外观质量应符合以上的规定。

(2)复检判定:若理化性能全部合格,而尺寸偏差和外观质量中只有一项不合格,则判为合格批;否则判为不合格批。若理化性能有一项不合格,则应在该批产品中重新抽取双倍样品作试样，对理化性能中的不合格项目进行复检，复检全部合格，则该批产品为合格；如检测仍有一项不合格，则判该批产品为不合格，复检结果为最终判定依据。

十二、排水材料

1. 产品规格系列与尺寸允许偏差

1）排水材料产品规格系列见表 10-54。

排水材料产品规格　　表 10-54

类　型	代号	产品规格								
排水带	D	DD30	DD40	DD50	DD60	DD70	DD80	DD100	DD120	DD180
长丝热黏排水体	C	DC0.5	DC1.0	DC1.5	DC3	DC5	DC10	DC15	DC20	DC25
透水软管	R	DR1.5	DR6	DR10	DR30	DR70	DR110	DR150	DR200	DR250
透水硬管	Y	DY5	DY10	DY15	DY20	DY50	DY100	DY150	DY200	DY250

2）尺寸允许偏差

排水材料的轮廓尺寸允许偏差应符合表 10-55 的规定。

轮廓尺寸允许偏差　　表 10-55

类　型	项　目	允许偏差(%)
排水带或长丝热黏排水体	芯体纵向单位长度质量	+5
	芯体外轮廓厚度(芯体横断面最小几何尺寸)	±5
	芯体宽度(芯体横断面最大几何尺寸)	+3
透水软管	软管外径尺寸	±2.5
透水硬管(花管)	硬管(花管)外径尺寸	+2.5
外包裹滤布	滤布的尺寸偏差按 JT/T 667(无纺土工织物)或 JT/T 514 选用	

2. 技术要求

1）理化性能

(1)排水材料的物理力学性能应符合表 10-56 ~ 表 10-60 规定的指标要求。

排水带芯板技术性能指标　　表 10-56

项　目	型　号								
	DD30	DD40	DD50	DD60	DD70	DD80	DD100	DD120	DD180
纵向通水量 (cm^3/s)	≥30	≥40	≥50	≥60	≥70	≥80	≥100	≥120	≥180
纵向拉伸强度 (kN/10cm)	≥2								
延伸率(%)	≥6								
抗弯折性能	180°对折 10 次无断裂								

长丝热黏排水体(速排龙)芯体技术性能指标　　表 10-57

项目		型号								
		DC0.5	DC1.0	DC1.5	DC3	DC5	DC10	DC15	DC20	DC25
纵向通水量(m^3/h)		≥0.5	≥1.0	≥1.5	≥3	≥5	≥10	≥15	≥20	≥25
耐压力(kPa)	压应变 10% 时	≥100					≥70		≥50	
	压应变 20% 时	≥180					≥110		≥90	
塑丝抗弯折性能		180°对折 8 次无断裂								
实体(管壁)孔隙率(%)		≥70								

透水软管技术性能指标　　表 10-58

项目		型号								
		DR1.5	DR6	DR10	DR30	DR70	DR110	DR150	DR200	DR250
纵向通水量(m^3/h)		≥1.5	≥6	≥10	≥30	≥70	≥110	≥150	≥200	≥250
扁平耐压力(kPa)	1%	≥0.10	≥0.18	≥0.40	≥0.78	≥1.00	≥1.15	≥1.30	≥1.55	≥1.80
	2%	≥0.18	≥0.40	≥0.78	≥1.00	≥1.20	≥1.35	≥1.50	≥1.75	≥2.00
	3%	≥0.40	≥0.78	≥1.20	≥1.40	≥1.70	≥1.75	≥1.85	≥1.90	≥1.95
	4%	≥0.70	≥1.20	≥1.50	≥1.80	≥2.10	≥2.15	≥2.30	≥2.55	≥2.80
	5%	≥1.20	≥1.50	≥1.80	≥2.00	≥2.30	≥2.55	≥2.80	≥3.10	≥3.40

透水硬管(渗水管或花管)技术性能指标　　表 10-59

项目	型号								
	DY5	DY10	DY15	DY20	DY50	DY100	DY150	DY200	DY250
纵向通水量(m^3/h)	≥5	≥10	≥15	≥20	≥50	≥100	≥150	≥200	≥250
孔壁开孔率(%)	≥30								

透水硬管(渗水管或花管)环刚度指标　　表 10-60

项目		壁厚(mm)						
外径(mm)	50	2.0	2.0	2.0	2.1	2.2	2.3	2.4
	63	2.0	2.2	2.5	2.6	2.7	2.8	3.0
	75	2.3	2.6	2.9	3.0	3.2	3.4	3.6
	90	2.8	3.1	3.5	3.7	3.9	4.1	4.3
环刚度(kPa)		≥2	≥3	≥4	≥5	≥6	≥7	≥8

注:对于表中无相应管材规格尺寸时,应采用内插法取高值确定环刚度指标。

(2)滤布的技术性能应满足 JT/T 667 或 JT/T 514 的有关规定。当采用短纤类无纺土工织物作为塑料排水带(板)的滤布时,其纵、横向梯形撕破强度不得小于 30N。

(3)排水材料的抗光老化等级应符合表 10-61 的规定。

排水材料抗光老化等级 表 10-61

抗光老化等级	I	II	III	IV
光照 辐射强度为 550W/m² 照射 150h,拉伸强度保持率(%)	<50	50~80	80~95	>95
碳黑含量(%)	—	2+0.5		

注:对采用非碳黑作抗光老化助剂的排水材料,其抗光老化等级参照执行。

2)外观质量

(1)产品应色泽均匀,无明显油污。

(2)产品无损伤、无破裂。

3. 检验组批、抽样与判定

1)组批

产品以批为单位进行验收,同牌号的原料、配方、规格和生产工艺,并稳定连续生产一定数量的产品为一批,每批数量不超过 500 卷(根),不足 500 卷(根)则以 5d 产量为一批。

2)抽样

产品检验以批为单位,从每批产品中随机抽取 2 卷(根)进行检验。

3)判定规则

(1)外观质量的判定:样品外观质量应符合以上的规定。

(2)复检判定:若物理力学性能和外观质量全部合格,而尺寸偏差中只有一项不合格,则判为合格批。若物理力学性能和外观质量有一项不合格,则应在该批产品中重新抽取双倍样品制作试样,对物理力学性能和外观质量中的不合格项目进行复检,复检全部合格,则该批产品为合格;复检如果仍有一项不合格,则判为该批产品不合格。复检结果为最终判定依据。

十三、轻型硬质泡沫材料

1. 产品规格系列与尺寸允许偏差

1)产品规格系列见表 10-62。

产 品 规 格 表 10-62

类 型	产 品 规 格								
工厂发泡的泡沫板	SG0.1	SG0.15	SG0.2	SG0.25	SG0.5	SG1.0	SG1.5	SG2.0	SG3.0
现场发泡的泡沫板	SX0.1	SX0.15	SX0.2	SX0.25	SX0.5	SX1.0	SX1.5	SX2.0	SX3.0

2)尺寸允许偏差

轻型硬质泡沫材料的密度要求不大于 0.05g/cm³,质量、尺寸允许偏差应符合表 10-63 的规定。

轻型硬质泡沫材料质量、尺寸允许偏差 表 10-63

项 目	允 许 值	项 目	允 许 值
单位面积相对偏差(%)	+2	工厂生产的泡沫板长度(m)	≥1.5
厚度相对偏差(%)	+5	对角线偏差(%)	≤0.2
宽度相对偏差(%)	+3		

2. 技术要求

(1)理化性能:物理力学性能应符合表10-64规定的指标要求。

轻型硬质泡沫材料技术性能指标　　表10-64

项　　目	规　　格								
	SG0.1	SG0.15	SG0.2	SG0.25	SG0.5	SG1.0	SG1.5	SG2.0	SG3.0
	SX0.1	SX0.15	SX0.2	SX0.25	SX0.5	SX1.0	SX1.5	SX2.0	SX3.0
压应变10%时的耐压力(MPa)	≥0.1	≥0.15	≥0.2	≥0.25	≥0.5	≥1.0	≥1.5	≥2.0	≥3.0
湿度100%温度-60~+90℃环境下尺寸稳定性(%)	≤±1								
吸水率(24h)(%)	≤5								

(2)轻型硬质泡沫材料的抗光老化等级应符合表10-65的规定。

轻型硬质泡沫材料抗光老化等级　　表10-65

抗光老化等级	I	II	III	IV
光照辐射强度为550W/m^2,照射150h,拉伸强度保持率(%)	<50	50~80	80~95	>95
碳黑含量(%)	—	2+0.5		

注:对采用非碳黑作抗光老化助剂的轻型硬质泡沫材料,其抗光老化等级参照执行。

(3)外观质量

①产品应色泽均匀,边缘整齐,无明显油污,无损伤,无破裂。

②轻型硬质泡沫材料外观质量还应符合下列要求:无永久性皱褶、杂质、脱胶块、凹痕、孔洞和散布材料颗粒;切口平直,无明显锯齿现象。

3. 检验组批、抽样与判定

1)组批

产品以批为单位进行验收,同牌号的原料、配方、规格和生产工艺,并稳定连续生产一定数量的产品为一批,每批数量不超过200m^3,不足200m^{3}则以5d产量为一批。

2)抽样

产品检验以批为单位,从每批产品中随机抽取2块进行检验。

3)判定规则

(1)外观质量的判定:样品外观质量应符合以上的规定。

(2)复检判定:若物理力学性能全部合格,而尺寸偏差和外观质量中只有一项不合格,则判为合格批。若物理力学性能有一项不合格,则应在该批产品中重新抽取双倍样品制作试样,对物理力学性能中的不合格项目进行复检,复检全部合格,则该批产品为合格;复检如果仍有一项不合格,则判为该批产品不合格。复检结果为最终判定依据。

十四、无纺土工织物

1. 产品规格系列与尺寸允许偏差

(1)产品规格系列见表10-66。

产品规格系列 表10-66

类　型	型号规格									
长丝热轧	TCZ3	TCZ	TCZ6	TCZ	TCZ10	TCZ15	TCZ20	TCZ25	TCZ30	TCZ40
长丝热黏	TCN3	TCN4	TCN6	TCN8	TCN10	TCN15	TCN20	TCN25	TCN30	TCN40
长丝化黏	TCH3	TCH4	TCH6	TCH8	TCH10	TCH15	TCH20	TCH25	TCH30	TCH40
长丝针刺	TCC3	TCC4	TCC6	TCC8	TCC10	TCC15	TCC20	TCC25	TCC30	TCC40
短纤热轧	TDZ3	TDZ4	TDZ6	TDZ8	TDZ10	TDZ15	TDZ20	TDZ25	TDZ30	TDZ40
短纤热黏	TDN3	TDN4	TDN6	TDN8	TDN10	TDN15	TDN20	TDN25	TDN30	TDN40
短纤化黏	TDH3	TDH4	TDH6	TDH8	TDH10	TDH15	TDH20	TDH25	TDH30	TDH40
短纤针刺	TDC3	TDC4	TDC6	TDC8	TDC10	TDC15	TDC20	TDC25	TDC30	TDC40

(2)尺寸允许偏差

无纺土工织物厚度不小于0.5mm,尺寸允许偏差应符合表10-67的规定。

尺寸允许偏差 表10-67

项　目	偏差值(%)	项　目	偏差值(%)
单位面积质量	±10	幅宽	+5
厚度	±15		

2. 技术要求

1)理化性能

(1)物理力学性能:物理力学性能应符合表10-68规定的指标要求。

物理力学性能 表10-68

项　目	型号规格									
	TCZ3	TCZ	TCZ6	TCZ	TCZ10	TCZ15	TCZ20	TCZ25	TCZ30	TCZ40
	TCN3	TCN4	TCN6	TCN8	TCN10	TCN15	TCN20	TCN25	TCN30	TCN40
	TCH3	TCH4	TCH6	TCH8	TCH10	TCH15	TCH20	TCH25	TCH30	TCH40
	TCC3	TCC4	TCC6	TCC8	TCC10	TCC15	TCC20	TCC25	TCC30	TCC40
	TDZ3	TDZ4	TDZ6	TDZ8	TDZ10	TDZ15	TDZ20	TDZ25	TDZ30	TDZ40
	TDN3	TDN4	TDN6	TDN8	TDN10	TDN15	TDN20	TDN25	TDN30	TDN40
	TDH3	TDH4	TDH6	TDH8	TDH10	TDH15	TDH20	TDH25	TDH30	TDH40
	TDC3	TDC4	TDC6	TDC8	TDC10	TDC15	TDC20	TDC25	TDC30	TDC40
纵、横向拉伸强度(kN/m)	≥3	≥4	≥6	≥8	≥10	≥15	≥20	≥25	≥30	≥40
CBR顶破强度(kN)	≥0.5	≥0.7	≥1.0	≥1.2	≥1.7	≥2.5	≥3.5	≥4.0	≥5.5	≥7.0
纵、横向拉伸力(kN/m)	≥0.10	≥0.12	≥0.16	≥0.2	≥0.25	≥0.4	≥0.5	≥0.6	≥0.8	≥1.0
纵、横向拉伸断裂伸长率(%)	25~100									
等效孔径O_{95}(mm)	0.07~0.3									

(2)无纺土工织物的抗光老化等级应符合表10-69的规定。

无纺土工织物抗光老化等级 表10-69

抗光老化等级	I	II	III	IV
光照辐射强度为550W/m²,照射150h,拉伸强度保持率(%)	<50	50~80	80~95	>95
碳黑含量(%)	—	2+0.5		

注:对不含碳黑或不采用碳黑作抗光老化助剂的无纺土工织物,其抗光老化等级的确定参照执行。

2)外观质量

(1)产品应色泽均匀,无明显油污,无损伤,无破裂。

(2)外观质量还应符合表10-70的规定。

外 观 质 量 表10-70

序号	疵 点 名 称	轻 缺 陷	备 注
1	布面不均、折痕	轻微	
2	杂物	软质,粗≤5mm	
3	边不良	≤300cm,每50cm计一处	
4	修补点	≤0.5cm	按疵点最大长度计
5	其他	在一卷无纺土工织物上不允许存在重缺陷,轻缺陷每200m²应不超过5个	

3.检验组批、抽样与判定

1)组批

产品以批为单位进行验收,同牌号的原料、配方、规格和生产工艺,并稳定连续生产一定数量的产品为一批,每批数量不超过500卷,每卷长度大于或等于30m,不足500卷则以5d产量为一批。

2)抽样

产品检验以批为单位,从每批产品中随机抽取3卷进行检验。

3)判定规则

(1)外观质量的判定:样品外观质量应符合以上的规定。

(2)无纺土工织物外观疵点的规定:

①凡按长度扣分的疵点,均按最大长度计算;

②外观疵点应符合表10-70的规定。

(3)复检判定:若检验样品物理力学性能全部合格,而尺寸偏差和外观质量中只有一项不合格,则判为合格批。若检验样品物理力学性能有一项不合格,则应在该批产品中重新抽取双倍样品制作试样,对物理力学性能中的不合格项目进行复检,复检全部合格,则该批产品为合格;如果复检仍有一项不合格,则判为该批产品不合格。复检结果为最终判定依据。

十五、保温隔热材料

1.产品规格系列与尺寸允许偏差

(1)产品规格系列见表10-71。

产品规格系列 表 10-71

类　型	产品规格						
软质模塑型	HRM0.1	HRM0.05	HRM0.04	HRM0.035	HRM0.03	HRM0.025	HRM0.02
软质挤塑型	HRJ0.1	HRJ0.05	HRJ0.04	HRJ0.035	HRJ0.03	HRJ0.025	HRJ0.02
硬质模塑型	HYM0.1	HYM0.05	HYM0.04	HYM0.035	HYM0.03	HYM0.025	HYM0.02
硬质挤塑型	HYJ0.1	HYJ0.05	HYJ0.04	HYJ0.035	HYJ0.03	HYJ0.025	HYJ0.02

(2)尺寸允许偏差:保温隔热材料的尺寸允许偏差见表 10-72。

保温隔热材料的尺寸允许偏差 表 10-72

项　目	允许偏差(%)	项　目	允许偏差(%)
厚度	+5	硬质材料长度(m)	+1
宽度(厚度)	+2.5		

(3)材料成品:保温隔热材料成品应满足 GB/T 17219 的规定,密度、质量和尺寸应符合表 10-73 的规定。

保温隔热材料成品的密度、质量和尺寸 表 10-73

检测项目	允许值	检测项目	允许值
密度(kg/m^3)	≤70	软质材料幅宽(m)	≥1.1
单位面积质量相对偏差(%)	±2.5	软质材料纵向长度(m)	≥20

2. 技术要求

(1)物理力学性能应符合表 10-74 和表 10-75 的规定。

软质保温隔热材料物理力学性能 表 10-74

项　目	规格型号					
	HRM0.05	HRM0.04	HRM0.035	HRM0.03	HRM0.025	HRM0.02
	HRJ0.05	HRJ0.04	HRJ0.035	HRJ0.03	HRJ0.025	HRJ0.02
导热系数[W/(m·k)] ≤	0.05	0.04	0.035	0.03	0.025	0.02
CBR 顶破力(N)	≥350					
纵、横向撕破力(N)	≥100					
抗压强度(10%变形)(kPa)	≥200					
纵、横向拉伸力(kN/m)	≥4					
纵、横向拉伸断裂伸长率(%)	≥150					
垂直渗透系数(cm/s)	$\leqslant 10^{-7}$					
耐静水压力(MPa)	≥0.2					
工作温度(℃)	-40 ~ +70					
温度稳定性(%)	≤4					
浸水 96h 吸水率(%)	≤1.5					
低温弯折性(-20℃)	无裂纹					
纵、横向尺寸变化率(%)	≤5					

硬质保温隔热材料物理力学性能 表 10-75

项 目	规格型号					
	HYM0.05	HYM0.04	HYM0.035	HYM0.03	HYM0.025	HYM0.02
	HYJ0.05	HYJ0.04	HYJ0.035	HYJ0.03	HYJ0.025	HYJ0.02
导热系数[W/(m·k)] ≤	0.05	0.04	0.035	0.03	0.025	0.02
CBR 顶破力(kN)	≥3	≥4.5	≥6	≥7.5	≥9	≥10.5
抗压强度(10%变形)(kPa)	≥300					
拉伸强度(kPa)	≥450					
纵、横向拉伸断裂伸长率(%)	≥10					
垂直渗透系数(cm/s)	$\leqslant 10^{-11}$					
耐静水压力(MPa)	≥0.2					
工作温度(℃)	-50 ~ +70					
温度稳定性(%)	≤4					
浸水 96h 吸水率(%)	≤1					
纵、横向尺寸变化率(%)	≤5					

(2)外观质量:外观质量应符合表 10-76 或表 10-77 的规定。

软质保温隔热材料外观质量 表 10-76

序号	项 目	要 求
1	切口	平直、无明显锯齿现象
2	颜色	色泽均匀、无明显油污
3	外观	无损伤、无破裂、不黏结、无孔洞、无接头和断头、无永久性皱褶
4	水云、云雾和机械划伤	不明显
5	杂质和僵块	直径 0.6 ~2.0mm 的杂质和僵块,允许每平方米 20 个以内,直径 20mm 以上的不允许值出现
6	卷端面错位	≤10

硬质保温隔热材料外观质量 表 10-77

序号	项 目	要 求
1	切口	平直、无明显锯齿现象
2	颜色	色泽均匀、无明显油污
3	外观	无损伤、无破裂、不黏结、无孔洞
4	水云、云雾和机械划伤	不明显
5	杂质和僵块	直径 0.6 ~2.0mm 的杂质和僵块,允许每平方米 20 个以内,直径 20mm 以上的不允许值出现
6	卷端面错位	≤10

3. 检验组批、抽样与判定

1)组批

产品以批为单位进行验收,同一牌号的原料、同一配方、同一规格和同一生产工艺,并稳定连续生产一定数量的产品为一批,每批数量不超过500卷,每卷长度大于或等于20m,不足500卷则以5d产量为一批。硬质保温隔热材料,每批数量不超过5 000块,不足5 000块则以5d产量为一批。

2)抽样

产品检验以批为单位,从每批产品中随机抽取软质保温隔热材料5卷或硬质保温隔热材料10块进行检验。

3)判定规则

(1)外观质量的判定:样品外观质量应符合以上的规定。

(2)复检判定:若检验样品物理力学性能和外观质量全部合格,并满足GB/T 17219的规定,而表10-72和表10-74中只有一项不合格,则判为合格批;否则判该批为不合格。若不能满足GB/T 17219的规定,则判该批产品为不合格。

若检验样品物理力学性能和外观质量有一项不合格而满足GB/T 17219的规定,则应在该批产品中重新抽取双倍样品制作试样,对物理力学性能和外观质量中的不合格项目进行复检,复检全部合格,则该批产品为合格;如果复检仍有一项不合格,则判为该批产品不合格。复检结果为最终判定依据。

第三节　土工合成材料试验检测监理汇总表

土工合成材料试验检测监理汇总表见表10-78。

土工合成材料试验检测频率及质量监理汇总表　　表10-78

材料名称	技术要求	检测频率	监理程序	认可程序
非织造复合土工膜	见表10-1~表10-3	2~3卷/批	1. 检查包装外面注明的产品名称、规格、制造日期及包装内附有的产品合格证与实际产品是否相符; 2. 承包人在监理人员旁站情况下按规定频率取样送到有资质的试验检测中心做试验检测	施工单位上报产品说明书、合格证和检测报告,驻地监理工程师认可
土工网	见表10-7~表10-11及外观质量	2卷/批		
有纺土工织物	见表10-14~表10-16	3卷/批		
土工模袋	见表10-19~表10-21	3卷/批		
土工格室	见表10-24~表10-26及外观质量	5个试样/批		
土工加筋带	见表10-29~表10-32及外观质量	6卷,每卷1根/批		
土工膜	见表10-35~表10-38	3卷/批		
长丝纺粘针刺非织造土工布	见表10-40~表10-41	2%~3%,不少于2卷/批		

续上表

材料名称	技术要求	检测频率	监理程序	认可程序
塑料排水板(带)	见表 10-43 及外观质量	5 卷(盘)/批		
短纤针刺非织造土工布	见表 10-45 ~ 表 10-46	2% ~3%,不少于2卷/批		
防水材料	见表 10-50 ~ 表 10-53	2 卷(桶)/批		
排水材料	见表 10-56 ~ 表 10-61 及外观质量	2 卷(根)/批		
轻型硬质泡沫材料	见表 10-64 ~ 表 10-65 及外观质量	2 整块/批		
无纺土工织物	见表 10-68 ~ 表 10-69 及外观质量	3 卷/批		
保温隔热材料	见表 10-74 ~ 表 10-77	5 卷(软质),10 块(硬质)/批		

第十一章 桥梁支座、伸缩装置及锚夹具试验检测的监理

桥梁支座是设置在上部结构与墩台之间的传力装置。它的作用是:

(1)传递上部结构的支承反力,包括恒载和活载引起的竖向力和水平力;

(2)保证结构在活载、温度变化、混凝土收缩和徐变等因素作用下能自由变形,以使上、下部结构的实际受力情况符合结构的静力图式。

桥梁支座按其作用分固定支座和活动支座两类。固定支座用来固定桥梁结构在墩台上的位置,它只能转动而不能移动;活动支座则可保证在温度变化、混凝土收缩和荷载作用下结构能自由转动和自由移动。公路桥梁中常用支座有板式橡胶支座、盆式橡胶支座和球形支座。

板式橡胶支座构造简单,加工方便,成本低,安装方便,目前其产品已实现了标准化、系列化。

盆式橡胶支座具有结构紧凑、摩擦系数小、承载能力大、质量小、结构高度小、转动及滑动灵活、成本低等特点,是一种大中型桥梁支座。

球形支座通过球面传力,因此作用到支承混凝土上的反力比较均匀,转动力小,设计转角可达0.06rad;各向转动性能一致,适用于曲线桥和宽桥;不使用橡胶,因此不存在橡胶老化、变硬等缺陷对支座转动的影响,特别适用于低温地区。

桥梁伸缩装置是对为使车辆平稳通过桥面并满足桥梁上部结构变形需要,在桥梁伸缩缝处设置的由橡胶和钢材等组成的各种装置的总称。伸缩装置的结构设计应确保结构各部件安全、可靠、耐久。结构设计应方便排水、易于更换、便于施工。根据其结构形式,可分为模数式、梳齿板式、橡胶式、异型钢单缝式和波形式。

锚、夹具和连接器是预应混凝土结构,特别是后张法预应力混凝土结构必需的锚固设施,它必须有规定尺寸的外形,合适的硬度,确保钢绞线张拉后能牢固地锚固在一起,而不产生滑移和断丝。

第一节 桥梁支座、伸缩装置及锚夹具试验检测监理的内容和工作流程

一、桥梁支座、伸缩装置和锚夹具试验检测监理的内容

桥梁支座、伸缩装置和锚夹具试验检测监理的内容主要有:整个支座力学(机械)性能,橡胶板、外形尺寸和外观质量,聚四氟乙烯板解剖试验。

(1)模数式、梳齿板式、橡胶式和异型钢单缝式伸缩装置试验检测监理的内容主要有：

①拉伸、压缩时最大水平摩阻力；

②拉伸、压缩时变位均匀性；

③拉伸、压缩时最大竖向变形；

④相对错位后拉伸、压缩试验；

⑤最大荷载时中梁应力、横梁应力、应变与水平力；

⑥防水性能；

⑦外观质量。

(2)桥梁波形伸缩装置试验检测监理的内容主要有：

①外观检验；

②解剖试验；

③专用密封胶材料试验；

④伸缩装置水平摩阻力、变位均匀性试验；

⑤伸缩装置竖向高度变形试验；

⑥加载疲劳试验；

⑦密封胶防水性能试验；

⑧防砂石嵌入试验；

⑨维修方便性能试验。

(3)锚具、夹具、连接器试验检测监理的内容主要有：外观、硬度、静载锚固性能。

二、桥梁支座、伸缩装置和锚夹具试验检测监理的工作流程

桥梁支座、伸缩装置试验检测监理的工作流程见图11-1。

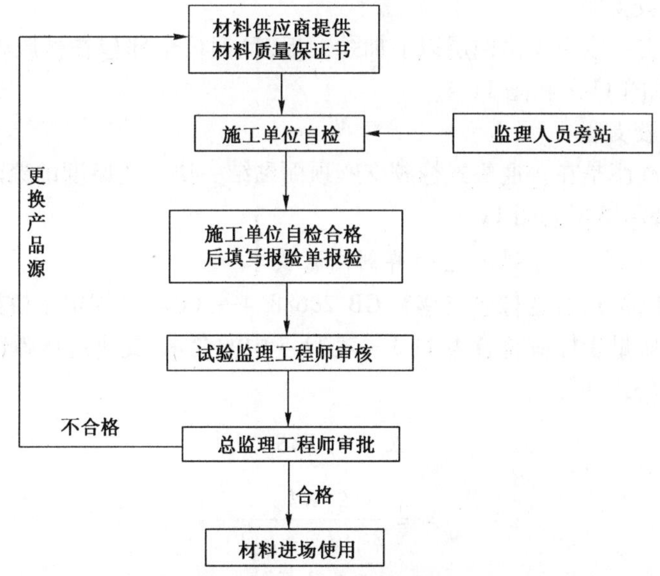

图11-1　桥梁支座、伸缩装置试验检测监理的工作流程

锚、夹具试验检测监理的工作流程见图11-2。

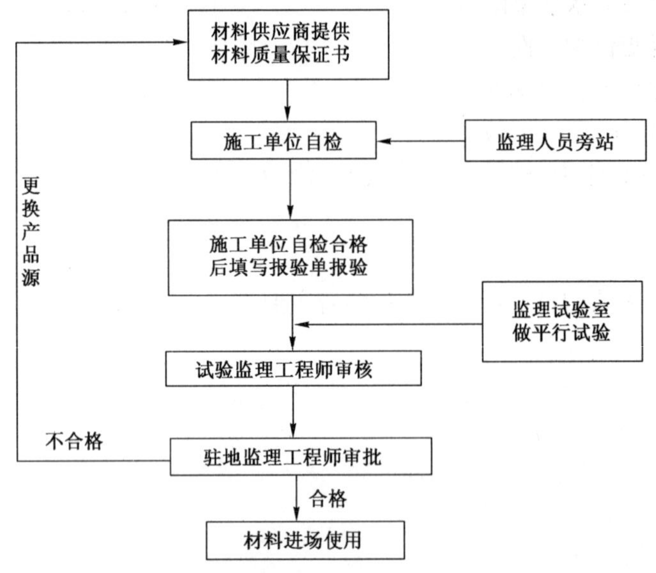

图11-2　锚、夹具试验检测监理的工作流程

第二节　桥梁支座、伸缩装置及锚夹具试验检测监理的要点

一、板式橡胶支座

1. 支座结构

1)普通板式橡胶支座

普通板式橡胶支座应至少由两层以上加劲钢板,且钢板全部包在橡胶弹性材料内形成支座,其结构示意图见图11-3和图11-4。

2)四氟滑板橡胶支座

四氟滑板橡胶支座是在普通板式橡胶支座顶面黏结一块一定厚度的聚四氟乙烯板材形成的支座,其结构组装示意图见图11-5。

2. 成品支座力学性能、外观质量和解剖检验要求

《橡胶支座第4部分:普通橡胶支座》(GB 20688.4—2007)中规定了桥梁板式橡胶支座成品力学性能及有关质量指标应符合表11-1～表11-5中的要求,支座抗压弹性模量E和支座形状系数S应按下列公式计算:

$$E = 5.4GS^2 \tag{11-1}$$

矩形支座

$$S = \frac{l_{0a} \cdot l_{0b}}{2t_1(l_{0a} + l_{0b})} \tag{11-2}$$

圆形支座

$$S = \frac{d_0}{4t_1} \tag{11-3}$$

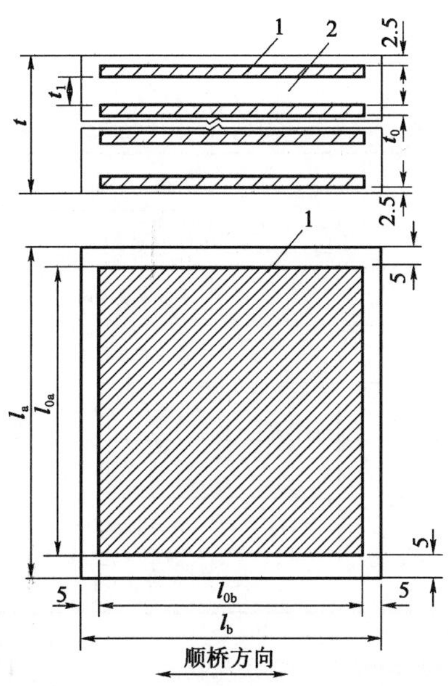

图 11-3　矩形板式橡胶支座结构示意图(尺寸单位:mm)
1-加劲钢板;2-橡胶板

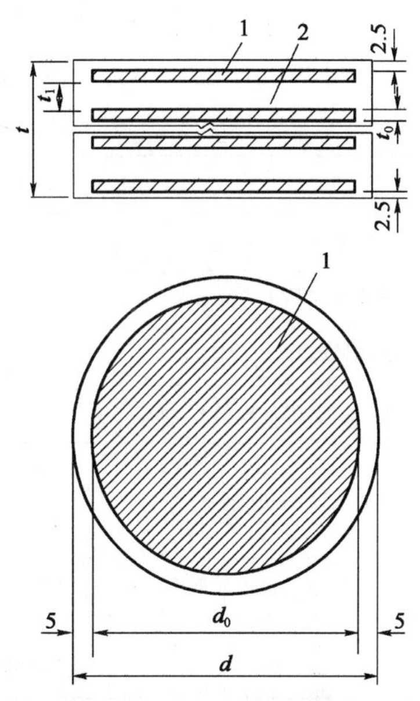

图 11-4　圆形板式橡胶支座结构示意图(尺寸单位:mm)
1-加劲钢板;2-橡胶板

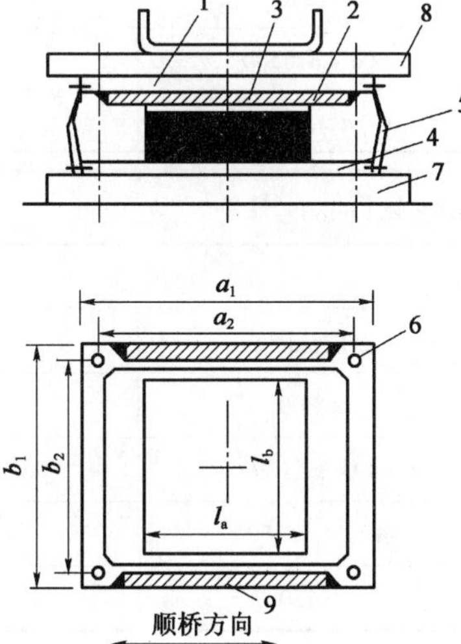

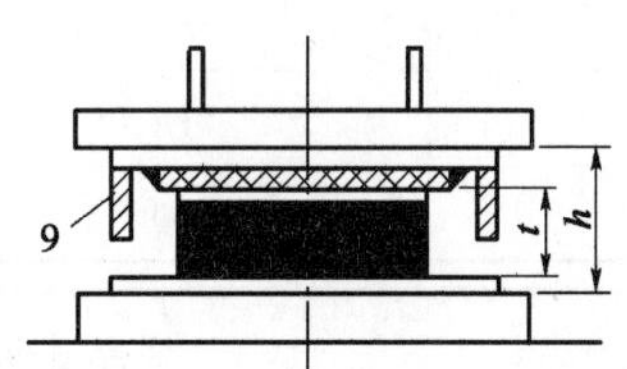

图 11-5　四氟滑板支座组装示意图

1-上钢板;2-不锈钢板;3-四氟滑板支座(GJZF4、GYZF4);4-下钢板;5-防尘罩;6-锚固螺栓;7-支座垫石;8-梁底预埋钢板;9-导向板

式中:E——支座抗压弹性模量,MPa;

G——支座抗剪弹性模量,MPa;

S——支座形状系数;

l_{0a}——矩形支座加劲钢板短边尺寸,mm;

l_{0b}——矩形支座加劲钢板长边尺寸,mm;

t_1——支座中间单层橡胶片厚度,mm;

d_0——圆形支座加劲钢板直径,mm。

成品支座力学性能指标 表 11-1

项　　目		指　　标
极限抗压强度 R_a(MPa)		≥70
实测抗压弹性模量 E_1(MPa)		$E \pm E \times 30\%$
实测抗剪弹性模量 G_1(MPa)		$G \pm G \times 15\%$
实测老化后抗剪弹性模量 G_2(MPa)		$G_1 \pm G_1 \times 15\%$
实测转角正切值 $\tan\theta$	混凝土桥	≥1/300
	钢桥	≥1/500
实测四氟板与不锈钢板表面摩擦系数 μ_f(加硅脂时)		≤0.03

成品支座平面尺寸偏差范围(mm) 表 11-2

矩 形 支 座		圆 形 支 座	
长边范围	偏差	直径范围 d	偏差
$l_b \leq 300$	+2,0	$d \leq 300$	+2,0
$300 < l_b \leq 500$	+4,0	$300 < d \leq 500$	+4,0
$l_b > 500$	+5,0	$d > 500$	+5,0

成品支座厚度偏差范围(mm) 表 11-3

矩 形 支 座		圆 形 支 座	
厚度范围 t	偏差	厚度范围 t	偏差
$t \leq 300$	+1,0	$t \leq 300$	+1,0
$49 < t \leq 100$	+2,0	$49 < t \leq 100$	+2,0
$100 < t \leq 150$	+3,0	$100 < t \leq 150$	+3,0
$t > 150$	+4,0	$t > 150$	+4,0

成品支座解剖检验要求(内在质量) 表 11-4

名　　称	解剖检验标准
锯开后胶层厚度	胶层厚度应均匀,$5\text{mm} \leq t_1 \leq 8\text{mm}$ 时,其偏差为 ±0.4mm;$8\text{mm} < t_1 \leq 11\text{mm}$ 时,其偏差为 ±0.7mm;$t_1 > 11\text{mm}$ 时,其偏差为 ±1.0mm;上下保护层偏差为(+0.5,0)mm
钢板与橡胶黏结	钢板与橡胶黏结应牢固,且无离层现象,锯开后钢板平面尺寸偏差为 ±1mm
剥离胶层(应按 HG/T 2198 规定制成试样)	剥离胶层后,测定的橡胶性能,其拉伸强度的下降不应大于 15%,扯断伸长率的下降不应大于 20%,硬度变化率不大于 10%,耐臭氧老化、耐热空气老化性能应满足要求

成品支座外观质量要求　　表 11-5

名　称	成品质量标准
气泡、杂质	气泡、杂质总面积不得超过支座平面面积的 0.1%，且每一处气泡、杂质面积不能大于 $50mm^2$，最大深度不超过 1mm
凹凸不平	当支座平面面积小于 $0.15m^2$ 时，不多于 2 处，大于 $0.15m^2$ 时，不多于 4 处，且每处凹凸高度不超过 0.5mm，面积不超过 $6mm^2$
四侧面裂纹、钢板外露	不允许
掉块、崩裂、机械损伤	不允许
钢板与橡胶黏结处开裂或剥离	不允许
支座平面平整度	1. 橡胶支座：表面不平整度不大于平面最大长度的 0.4%； 2. 四氟滑板支座：表面不平整度不大于四氟滑板最大长度的 0.2%
四氟滑板表面划痕、碰伤、敲击	不允许
四氟滑板与橡胶支座粘贴错位	不得超过橡胶支座短边或直径尺寸的 0.5%

3. 支座外形尺寸、外观质量和解剖检测

支座外形尺寸应用钢直尺量测，厚度应用游标卡尺或量规量测。对矩形支座，除应在四边上量测长短边尺寸外，还应量测平面与侧面对角线尺寸，厚度应在四边中点及对角线中心处量测；对圆形支座，其直径、厚度应至少量测 4 次，测点应垂直交叉，并量测圆心处厚度。外形尺寸和厚度取其实测值的平均值，其尺寸偏差应符合表 11-2 和表 11-3 的规定。支座用钢锯锯开后应满足表 11-4 的要求。支座外观质量用目测方法或量具逐块进行检查。每块支座不允许有表 11-5 规定的两项以上缺陷存在。

4. 检测组批、抽样与判定

1）抽样

（1）外形尺寸：25% 的支座数量。

（2）外观质量：每块支座。

（3）内在质量：每 200 块支座抽样一块。

（4）力学性能：每批产品一种（3 块）。

2）判定规则

（1）实测抗压弹性模量 E_1、抗剪弹性模量 G_1、试样老化后的抗剪弹性模量 G_2 和四氟滑板试样与不锈钢板的摩擦系数应满足表 11-1 中的要求。

（2）支座在不小于 70MPa 压应力时，橡胶层未被挤坏，中间层钢板未断裂，四氟板与橡胶未发生剥离，则试样的抗压强度满足要求。

（3）支座在 2 倍剪应力作用下，橡胶层未被剪坏，中间层钢板未断裂错位，卸载后，支座变形恢复正常,认为试样抗剪黏结性能满足要求。

(4)试样的容许转角正切值:混凝土、钢筋混凝土桥在1/300,钢桥在1/500,试样边缘最小变形值大于或等于零时,则试样容许转角满足要求。

(5)3块(或3对)试样中,有2块(或2对)不能满足要求时,则认为该批产品不合格。若有1块(或1对)试样不能满足要求时,则应从该批产品中随机再取双倍试样对不合格项目进行复验,若仍有一项不合格,则判定该批产品不合格。

二、球形支座

1.结构形式

球形支座由上支座(含不锈钢板)、球冠衬板、下支座板、平面聚四氟乙烯板、球面聚四氟乙烯板和防尘结构等组成。

双向活动支座结构示意见图11-6。

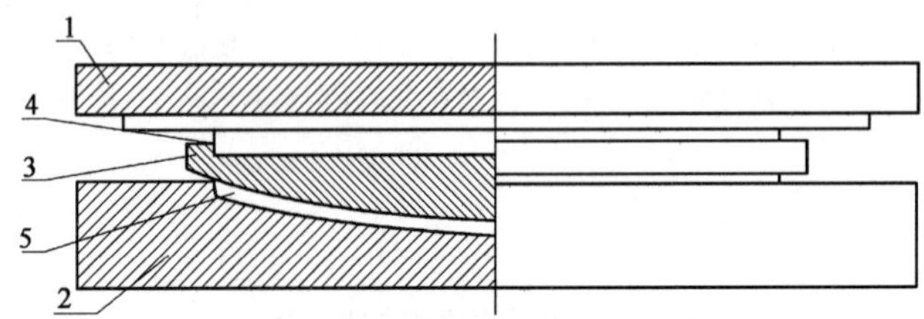

图11-6 双向活动支座结构示意图

1-上支座板;2-下支座板;3-球冠衬板;4-平面聚四氟乙烯板;5-球面聚四氟乙烯板

单向活动支座结构示意见图11-7。

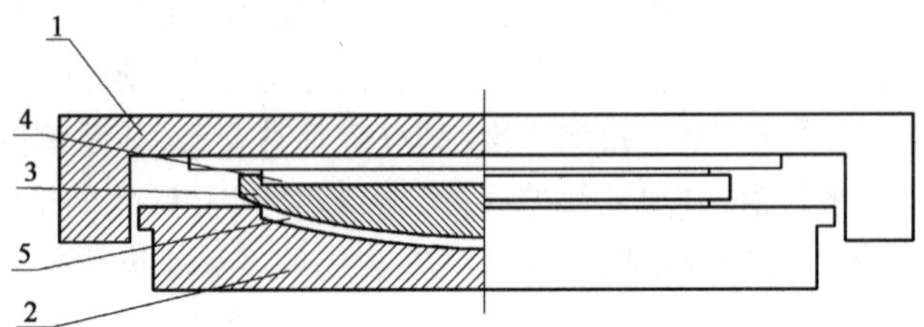

图11-7 单向活动支座结构示意图

1-上支座板;2-下支座板;3-球冠衬板;4-平面聚四氟乙烯板;5-球面聚四氟乙烯板

固定支座结构示意见图11-8。

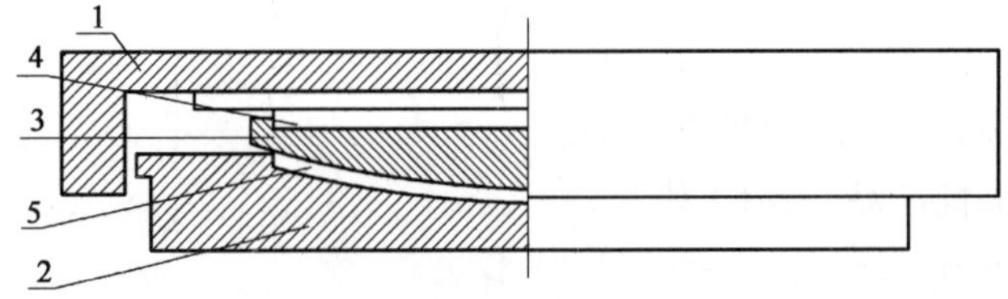

图11-8 固定支座结构示意图

1-上支座板;2-下支座板;3-球冠衬板;4-平面聚四氟乙烯板;5-球面聚四氟乙烯板

2.规格系列

(1)支座竖向承载系列分29级:1 500kN、2 000kN、2 500kN、3 000kN、3 500kN、4 000kN、4 500kN、5 000kN、6 000kN、7 000kN、8 000kN、9 000kN、10 000kN、12 500kN、15 000kN、

17 500kN、20 000kN、22 500kN、25 000kN、27 500kN、30 000kN、32 500kN、35 000kN、37 500kN、40 000kN、45 000kN、50 000kN、55 000kN 和 60 000kN。

(2)活动支座(双向和单向)顺结构主位移方向的位移分 6 级：±50mm、±100mm、±150mm、±200mm、±250mm 和 ±300mm，双向活动支座的横向位移为 ±40mm，位移量可根据实际需要调整。

(3)支座的转角分 5 级：0.02rad、0.03rad、0.04rad、0.05rad、0.06rad。

3. 技术要求

1)支座性能要求

(1)球形支座适用温度范围 -40 ~60℃。

(2)在竖向设计荷载作用下，支座竖向压缩变形不得大于支座总高度的 1%。

(3)固定支座和单向活动支座约束向所承受的水平力为支座竖向设计荷载的 10%。

(4)活动支座的设计摩擦系数：

在支座竖向设计荷载作用下，聚四氟乙烯板有硅脂润滑条件下的设计摩擦系数取值如下：

常温(-25 ~60℃)0.03；

低温(-40 ~ -25℃)0.05。

(5)支座设计转动力矩

$$M_{\theta} = N \cdot \mu \cdot R \tag{11-4}$$

式中：N——支座竖向设计荷载，kN；

R——支座球冠衬板的球面半径，mm；

μ——球冠衬板球面镀铬层与球面聚四氟乙烯板的设计摩擦系数。

2)支座用料的物理机械性能要求

支座用聚四氟乙烯板材应采用新鲜纯料模压而成，严禁使用再生料、回头料模压加工的板材，聚四氟乙烯原料的平均粒径不得大于 50μm，模压成型压力不得小于 30MPa。

聚四氟乙烯板的物理机械性能应满足表 11-6 要求。

聚四氟乙烯板的物理机械性能　　表 11-6

项　目	试 验 标 准	性 能 要 求
密度	GJB 3026	2 140 ~2 200gk/m^3
拉伸强度	GJB 3026	≥29MPa
断裂伸长率	GJB 3026	≥300%

支座用聚四氟乙烯板在硅脂润滑条件下与硬铬钢板和不锈钢板的摩擦因数，在平均应力为 30MPa 时，应满足表 11-7 的要求。

聚四氟乙烯板的摩擦系数　　表 11-7

试 验 温 度	初始静摩擦系数 μ_0	动摩擦系数 μ
(23 ±5)℃	0.012	0.005
(-35 ±5)℃	0.035	0.025

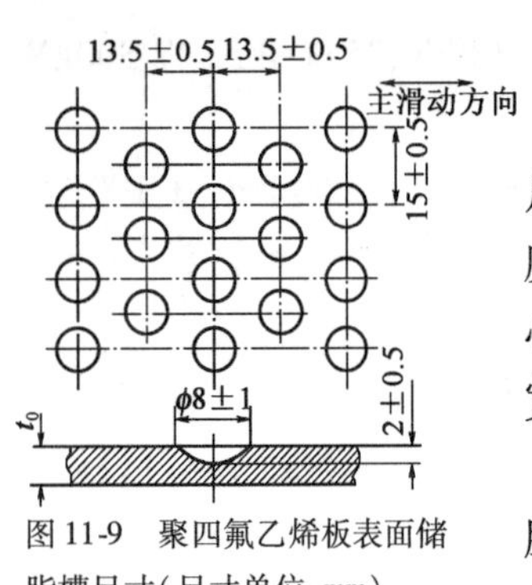

图 11-9 聚四氟乙烯板表面储脂槽尺寸(尺寸单位:mm)

3)尺寸与偏差

(1)支座采用的平面及球面聚四氟乙烯板可采用整体板或分片镶嵌板两种形式,其厚度应不小于 7mm,嵌入深度应不小于厚度的 1/2,尺寸偏差及镶嵌间隙应满足表 11-8 的要求。若采用中心圆盘与周边环带组合时,中心圆盘直径不应小于 1 000mm,环带宽度不应小于 50mm,环带最多可分为四等份。

(2)聚四氟乙烯板表面储脂槽尺寸应符合图 11-9 的要求,储脂坑应采用热压成型,热压时温度不得超过 200℃。

聚四氟乙烯板尺寸偏差(单位:mm) 表 11-8

直 径 d	直 径 偏 差	厚 度 偏 差	外露厚度偏差	组装间隙偏差
$d \leqslant 600$	$^{+1.2}_{0}$	$^{+0.4}_{0}$	$^{+0.3}_{0}$	$^{+0.5}_{0}$
$600 < d \leqslant 1\,200$	$^{+1.8}_{0}$	$^{+0.7}_{0}$	$^{+0.5}_{0}$	$^{+0.8}_{0}$
$d > 1\,200$	$^{+2.5}_{0}$	$^{+1.0}_{0}$	$^{+0.7}_{0}$	$^{+1.1}_{0}$

(4)铸钢件不得有裂缝,铸钢件加工后的表面缺陷应符合表 11-9 的规定,铸钢件经机加工后的表面缺陷超过表 11-9 的规定,但不影响铸钢件使用寿命和使用性能时,允许修补。

铸钢件加工的表面缺陷 表 11-9

缺 陷 名 称	气孔、缩孔、砂眼、渣孔				裂 纹
	缺 陷 大 小	缺 陷 深 度	缺 陷 个 数	缺陷总面积	
缺陷程度	≤φ2mm	不大于所在部位厚度 1/10	在 100mm × 100mm 内不多于 1 个	不大于所在部位面积 1.5%	不允许

铸钢件焊补前,必须将缺陷处清铲至呈现良好金属面为止,并将距坡口边沿 30mm 范围内及坡口表面清理干净。焊补后应修磨至符合铸件表面质量要求,且不得有未焊透、裂缝、夹渣、气孔等缺陷,焊补后的部件应进行退火或回火处理。

4. 检验与判定

1)球形支座的检验项目

球形支座的检验项目有:支座原材料及部件性能,整体支座竖向承载力试验,整体支座摩擦因数试验,整体支座转动试验。

2)检验结果的判定

(1)原材料及部件必须合格,对整体支座检验项目不合格者,必须进行修补或更换部件,直至全部检验项目符合要求。

(2)检验采用随机抽样检验方式进行,抽样对象为经生产厂家质检部门经过检验验收合格者,且在本次评定周期内生产的产品。抽样数量为两件,抽样检验结果不合格者,应取双倍试样对不合格项目进行复试,复试后仍有不合格项,该批产品为不合格。

三、盆式橡胶支座

1.分类、型号及结构形式

1)分类

(1)按使用性能分为：

①双向活动支座。具有竖向承载、竖向转动和双向滑移性能,代号为 SX。

②单向活动支座。具有竖向承载、竖向转动和单一方向滑移性能,代号为 DX。

③固定支座。具有竖向承载和竖向转动性能,代号为 GD。

④减振型固定支座。具有竖向承载、竖向转动和减振性能,代号为 JZGD。

⑤减振型单向活动支座。具有竖向承载、竖向转动、单一方向滑移和减振性能,代号为 JZDX。

(2)按适用温度范围分为：

①常温型支座。适用于 -25 ~ +60℃。

②耐寒型支座。适用于 -40 ~ +60℃。

2)型号

支座型号表示方法和含义见图 11-10。

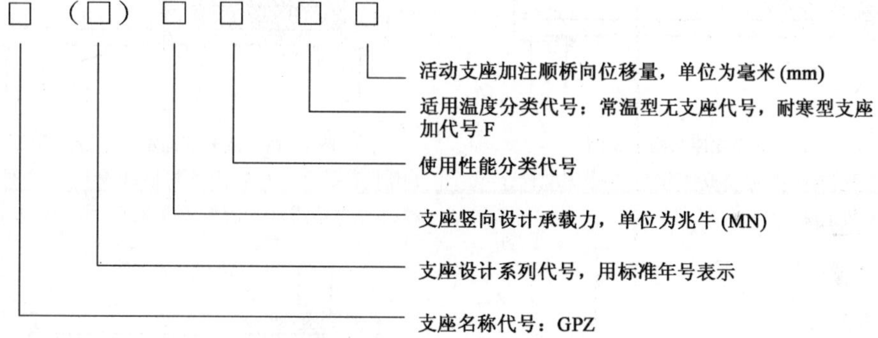

图 11-10　支座型号表示方法和含义

示例 1：××××年设计系列,设计竖向承载力为 15MN 的双向活动耐碱性寒型顺桥向位移为 ±100mm 的盆式支座,其型号表示为 GPZ(××××)15SXF ±100。

示例 2：××××年设计系列,设计竖向承载力为 35MN 的单向活动常温型顺桥向位移为 ±50mm 的盆式支座,其型号表示为 GPZ(××××)35DX ±50。

示例 3：××××年设计系列,设计竖向承载力为 50MN 的常温固定盆式支座,其型号表示为 GPZ(××××)50GD。

示例 4：××××年设计系列,设计竖向承载力为 40MN 的减振型固定盆式支座,其型号表示为 GPZ(××××)40JZGD。

示例 5：××××年设计系列,设计竖向承载力为 35MN 的减振型单向活动常温型顺桥位移为 ±150mm 的盆式支座,其型号表示为 GPZ(××××)35JZDX ±150。

3)结构形式

双向活动支座和单向活动支座由顶板、不锈钢冷轧钢板、聚四氟乙烯板、中间钢板、黄铜密封圈、橡胶板、钢盆、锚固螺栓、防尘圈和防尘围板等组成。

固定支座由顶板、黄铜密封圈、橡胶板、钢盆、锚固螺栓、防尘圈和防尘圈板等组成。

各支座结构示意图见图11-11～图11-15。图11-11～图11-15均未示出防尘围板。

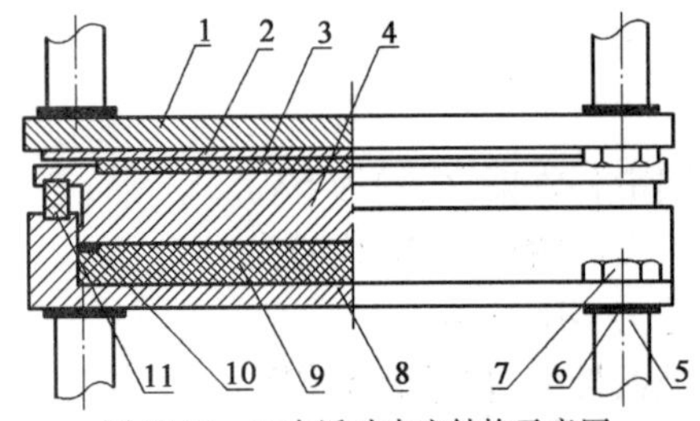

图11-11 双向活动支座结构示意图

1-顶板;2-不锈钢冷轧钢板;3-聚四氟乙烯板;4-中间钢板;5-套筒;6-垫圈;7-锚固螺栓;8-钢盆;9-橡胶板;10-黄铜密封圈;11-防尘圈

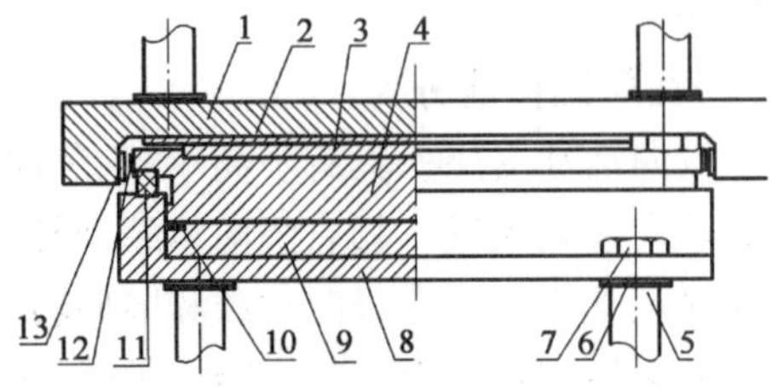

图11-12 单向活动支座结构示意图

1-顶板;2-不锈钢冷轧钢板;3-聚四氟乙烯板;4-中间钢板;5-套筒;6-垫圈;7-锚固螺栓;8-钢盆;9-橡胶板;10-黄铜密封圈;11-防尘圈;12-SF－1导向滑条;13-侧向不锈钢条

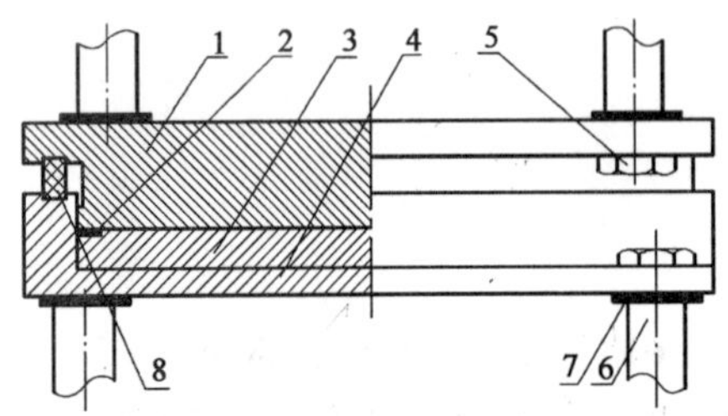

图11-13 固定支座结构示意图

1-顶板;2-黄铜密封圈;3-橡胶板;4-钢盆;5-锚固螺栓;6-套筒;7-垫圈;8-防尘圈

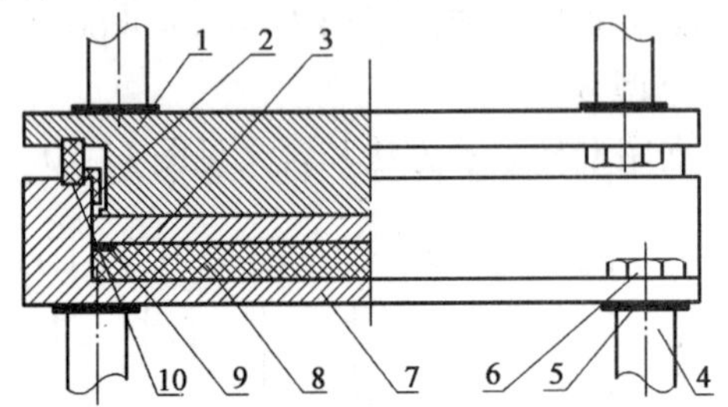

图11-14 减振型固定支座结构示意图

1-顶板;2-高阻尼橡胶;3-下衬板;4-套筒;5-垫圈;6-锚固螺栓;7-钢盆垫圈;8-橡胶板;9-黄铜密封圈;10-防尘圈

2.技术要求

1)支座性能

(1)竖向承载力:支座竖向承载力分为33级,即0.4MN、0.5MN、0.6MN、0.8MN、1MN、1.5MN、2MN、2.5MN、3MN、3.5MN、4MN、5MN、6MN、7MN、8MN、9MN、10MN、12.5MN、15MN、17.5MN、20MN、22.5MN、25MN、27.5MN、30MN、32.5MN、35MN、37.5MN、40MN、45MN、50MN、55MN、60MN。

在竖向设计承载力作用下,支座压缩变形不大于支座总高度的2%,钢盆盆环上口径向变形不大于盆环外径的0.05%。

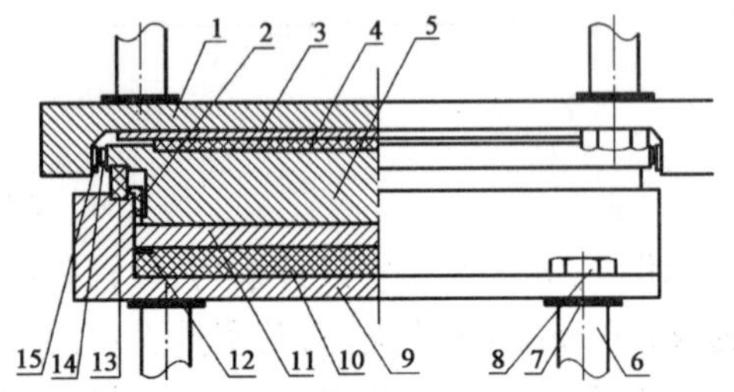

图11-15 减振型单向活动支座结构示意图

1-顶板;2-高阻尼橡胶;3-不锈钢冷轧钢板;4-聚四氟乙烯板;5-中间钢板;6-套筒;7-垫圈钢盆垫圈;8-锚固螺栓;9-钢盆;10-橡胶板;11-下衬板;12-黄铜密封圈;13-防尘圈;14-SF－1导向滑条;15-侧向不锈钢条

(2)水平承载力:固定支座和单向活动支座非滑移方向的水平承载力均不小于支座竖向承载力的10%。减振型固定支座和减振型单向活动支座非滑移方向的水平承载力均不小于支座竖向承载力的20%。

(3)转角:支座竖向转动角度不小于0.02rad。支座正常工作时,支座竖向转动角度不大于0.02rad。

(4)摩擦系数:加 5201 硅脂润滑后,常温型活动支座摩擦系数不大于 0.030。加 5201 硅脂润滑后,耐寒型活动支座摩擦系数不大于 0.060。

(5)位移:双向活动支座和单向活动支座顺桥向位移量分为五级:±50mm、±100mm、±150mm、±200mm、±250mm;双向活动支座横桥向位移量为±50mm。当有特殊需要时,可按实际需要调整位移量,调整位移级差为±50mm。

2)支座主要用材的物理机械性能

(1)橡胶:

盆式支座的橡胶板应采用氯丁橡胶、天然橡胶或三元乙丙橡胶,防尘圈使用氯丁橡胶或三元乙丙橡胶,不应使用再生橡胶或硫化废弃物,其最小含胶量不得低于重量的 55%。

常温型支座橡胶板采用氯丁橡胶,耐寒型支座橡胶采用天然橡胶或三元乙丙橡胶,常温型支座防尘圈采用氯丁橡胶,耐寒型支座防尘圈采用天然橡胶或三元乙丙橡胶。

盆式支座用胶料的物理机械性能见表 11-10。

盆式支座用胶料的物理机械性能　　表 11-10

项目		单位	橡胶板			防尘圈	
			氯丁橡胶	天然橡胶	三元乙丙橡胶	氯丁橡胶	三元乙丙橡胶
硬度		IRHD	60±5	60±5	60±5	50±5	50±5
拉伸强度		MPa	≥17.5	≥17.5	≥15.2	≥14.5	≥12.0
扯断伸长率		%	≥400	≥450	≥350	≥400	≥350
脆性温度		℃	≤-40	≤-55	≤-60	≤-40	≤-60
恒定压缩永久变形(70℃,24h)		%	≤25	≤30	≤25	≤25	≤25
耐臭氧老化(试验条件:30%伸长,40℃,96h)			$(100\pm10)\times10^{-8}$	$(25\pm5)\times10^{-8}$	$(100\pm10)\times10^{-8}$	$(100\pm10)\times10^{-8}$	$(100\pm10)\times10^{-8}$
			无龟裂	无龟裂	无龟裂	无龟裂	无龟裂
热空气老化试验	试验条件	℃,h	100,70	70,168	100,70	100,70	100,70
	硬度变化	IRHD	<+10	<±10	<+10	<+10	<+10
	拉伸强度降低率	%	<15	<15	<15	<15	<15
	扯断伸长率降低率	%	<40	<20	<40	<40	<40

(2)聚四氟乙烯板:

盆式支座用聚四氟乙烯板应由新鲜纯料模压而成,而非车削板材。加工原料不应使用回头料或掺加任何填料。聚四氟乙烯板所用原料的平均粒径不大于 50μm。模压成型压力一般情况下不宜小于 30MPa。

聚四氟乙烯板的物理机械性能应符合表 11-11 的要求。

聚四氟乙烯板的物理机械性能　　表 11-11

项　　目	单　　位	指　　标
密度	g/cm^3	2.14～2.20
拉伸强度	MPa	≥30
断裂伸长率	%	≥300
球压痕硬度(H132/60)	MPa	23～33

3. 成品支座检验

(1)盆式支座检验时,应进行橡胶板的解剖试验,试件应取自成品橡胶板芯部。试验时在一批成品支座中任取两块橡胶板,将解剖胶料磨成标准试片,测定其硬度、拉伸强度和扯断伸长率。橡胶板成品芯部胶料的物理机械性能允许比表 11-10 规定的指标有所变化,其硬度变化不大于 10%,拉伸强度下降不大于 15%,扯断伸长率下降不大于 30%。

(2)盆式支座试验时,还应进行聚四氟乙烯板的解剖试验,试验时在一批成品支座中任取一块聚四氟乙烯板的芯部,进行密度、球压痕硬度的测定,检验结果应满足表 11-11 规定的要求。

4. 检验结果判定

1)原材料

原材料质量必须符合要求。

2)成品支座

(1)试验支座的竖向压缩变形和盆环径向变形应满足规定要求,实测的荷载—竖向压缩变形曲线和荷载—盆环径向变形曲线呈线性关系,且卸载后残余变形小于支座设计荷载下相应变形的 5%,该支座的竖向承载力为合格。

(2)试验支座的转动角度满足规定要求,该支座的转动角度为合格。

(3)试验支座的摩擦系数满足规定要求,该支座的摩擦系数为合格。

(4)支座各项试验均合格,判定该支座为合格支座。试验合格的支座,试验后可继续使用。

(5)试验支座在加载中出现损坏,则支座为不合格。

四、公路桥梁伸缩装置

为使车辆平稳通过桥面并满足桥梁上部结构变形的需要,在桥梁伸缩缝处设置的由橡胶和钢材等组成的各种装置总称为桥梁伸缩装置。伸缩装置的结构设计应确保结构各部件安全、可靠、耐久。结构设计应方便排水,易于更换,便于施工。根据其结构形式不同,可分为模数式、梳齿板式、橡胶式、异型钢单缝式和波形式。

1. 伸缩装置的技术要求

伸缩装置所使用的材料、加工工艺和成品的整体性能、外观质量及解剖检验等均应符合现行标准《公路与桥梁伸缩装置》(JTJ/T 327—2004),其中主要指标见表 11-12～表 11-16。

1)整体性能要求

伸缩装置整体性能要求应符合表 11-12 的规定。

伸缩装置整体性能要求 表 11-12

序号	项目		模数式		梳齿板式		橡胶式		异型钢单缝式
							板式	组合式	
1	拉伸、压缩时最大水平摩阻力(kN/m)		≤4		≤5		≤18	≤18	—
2	拉伸、压缩时变位平均性(mm)	每单元最大偏差值	-2~2		—		—	—	—
		总变位最大偏差值	$e\leq 480$	-5~5	$e\leq 80$	±1.5	—	—	—
			$480<e\leq 800$	-10~10	$e>80$	±2.0	—	—	—
			$e>800$	-15~15	—	—	—	—	—
3	拉伸、压缩时最大竖向偏差或变形(mm)		1~2		0.3~0.5		-3~3	-2~2	—
4	相对错位后拉伸、压缩试验(满足1、2项要求前提下)	纵向错位	纵向横梁倾斜角度不小于2.5°		—		—	—	—
		竖向错位	相当顺桥向产生5%坡度		—		—	—	—
		横向错位	两支承横梁3.6m范围内两端相差80mm		—		—	—	—
5	最大荷载时中梁应力、横梁应力、应变测定、水平力(模拟制动力)		满足设计要求		—		—	—	—
6	防水性能		注满水24h无渗漏		—		—	—	注满水24h无渗漏

2)尺寸偏差要求

(1)橡胶伸缩装置的尺寸偏差应满足表 11-13 的要求。

橡胶伸缩装置的尺寸偏差(mm) 表 11-13

长度范围	偏差	宽度范围	偏差	厚度范围	偏差	螺孔中距 l_i 偏差
$l=1\,000$	-1, +2	$a\leq 80$	-2.0, +1.0	$t\leq 80$	-1.0, +1.8	<1.5
		$80<a\leq 240$	-1.5, +2.0	$t>80$	-1.5, +2.3	
		$a>240$	-2.0, +2.0	—	—	

注:宽度范围正偏差用于伸缩体顶面,负偏差用于伸缩体底面。

(2)密封橡胶带的尺寸偏差:在自然状态下,伸缩装置中使用的单元密封橡胶带尺寸(不包括锚固部分)的公差应满足表11-14的要求。

单元密封橡胶带尺寸(不包括锚固部分)的公差(mm) 表11-14

图示	宽度范围	偏差	厚度范围	偏差
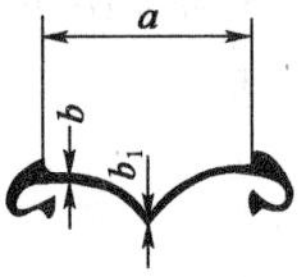	$a=80$	$^{3}_{0}$	$b\geq7$	0,+1.0
			$b_1\geq4$	0,+0.3
	$a<80$	$^{+2}_{0}$	$b\geq6$	0,+0.5
			$b_1\geq3$	0,+0.2

(3)其他偏差要求:伸缩装置中使用的钢构件应按设计图纸要求加工制造,其偏差应满足设计要求。未注公差尺寸的加工件其极限偏差应符合《一般公差线性尺寸和未注公差》(GB/T 1804—2000)的V级规定;未注形状和位置的公差应符合《形状和位置公差示注公差值》(GB/T 1184—1996)中的L级规定。

3)外观质量

(1)橡胶伸缩装置、密封橡胶带的外观质量应满足表11-15的要求。

橡胶伸缩装置、密封橡胶带的外观质量 表11-15

缺陷名称	质量标准
骨架钢板外露	不允许
钢板与黏结处开裂或剥离	不允许
喷霜、发脆、裂纹	不允许
明疤缺胶	面积不超过30mm×50mm,深度不超过2mm缺陷,每延米不超过4处
气泡、杂质	不超过成品表面面积的0.5%,且每处不大于25mm^2,深度不超过2mm
螺栓定位孔歪斜及开裂	不允许
连接榫槽开裂、闭合不准	不允许

(2)伸缩装置的异型钢、型钢、钢板等外观应光洁、平整。表面不得有大于0.3mm的凹坑、麻点、裂纹、结疤、气泡和夹杂,不得有机械损伤。上下表面应平行,端面应平整,长度大于0.5mm的毛刺应清除。

4)内在质量

板式橡胶伸缩装置解剖后,其内在质量应满足表11-16的要求。

解剖检验结果 表11-16

名称	质量要求
锯开后钢板、角钢位置	钢板、角钢位置准确,其平面位置偏差为±3mm,高度位置偏差应在-1~2mm之间
钢板与橡胶黏结	钢板与橡胶黏结应牢固且无离层现象

2.橡胶的物理机械性能

(1)橡胶式伸缩装置、模数式伸缩装置中使用的密封带的橡胶,其物理机械性能应满足表

11-17 的要求。不允许使用再生胶或粉碎的硫化橡胶。

密封带橡胶的物理机械性能要求　　表 11-17

项目		氯丁橡胶(适用于 -25 ~ 60℃地区)		天然橡胶(适用于 -40 ~ 60℃地区)		三元乙丙橡胶(适用于 -40 ~ 60℃地区)	
		密封橡胶带	橡胶伸缩装置	密封橡胶带	橡胶伸缩装置	密封橡胶带	橡胶伸缩装置
硬度 IRHD		55 ±5	60 ±5	55 ±5	60 ±5	55 ±5	60 ±5
拉伸强度(MPa)		≥15		≥16		≥14	
扯断伸长率(%)		≥400		≥400		≥350	
脆性温度(℃)		≤ -40		≤ -50		≤ -60	
恒定压缩永久变形(室温 ×24h)		≤20		≤20		≤20	
耐臭氧老化(20 ~ 50pphm) 20% 伸长(40℃ ×96h)		无龟裂		无龟裂		无龟裂	
热空气老化试验(与未老化前数值相比发生最大变化)	试验条件(℃ ×h)	70℃ ×96h		70℃ ×96h		70℃ ×96h	
	拉伸强度(%)	±15		±15		±10	
	扯断伸长率(%)	±25		±25		±20	
	硬度变化 IRHD	0 ~ +10		-5 ~ +10		0 ~ +10	
橡胶与钢板黏结剥离强度(kN/m)		>7		>7		>7	
耐盐水性(23℃ × 14d,浓度 4%)	体积变化(%)	≤ +10		≤ +10		≤ +10	
	硬度变化 IRHD	≤ +10		≤ +10		≤ +10	
耐油污性(一号标准油,23℃ ×168h)	体积变化(%)	-5 ~ +10		< +45		< +45	
	硬度变化 IRHD	-10 ~ +5		< -25		< -25	

(2)模数式伸缩装置使用的压紧支座、承压支座的橡胶,其物理机械性能应满足表 11-18 的要求。

压紧支座、承压支座橡胶的物理机械性能　　表 11-18

项目		压紧支座	承压支座
硬度 IRHD		70 ±2	62 ±2
拉伸强度(MPa)	天然胶	≥18.5	≥18.5
	氯丁胶	≥17.5	≥17.5
扯断伸长率(%)	天然胶	≥350	≥500
	氯丁胶	≥300	≥450

(3)模数式伸缩装置中使用的聚氨酯位移控制弹簧,其技术性能应满足表11-19的要求。

聚氨酯位移控制弹簧的技术性能 表11-19

<table>
<tr><th colspan="2">项　目</th><th>计量单位</th><th>指　标</th></tr>
<tr><td colspan="2">密度</td><td>kg/m^3</td><td>550±10</td></tr>
<tr><td colspan="2">拉伸强度</td><td>MPa</td><td>≥4</td></tr>
<tr><td colspan="2">扯断伸长率</td><td>%</td><td>≥350</td></tr>
<tr><td rowspan="2">恒定压缩变形(任选一项)</td><td>70℃×72h</td><td>%</td><td>≤6.5</td></tr>
<tr><td>150℃×72h</td><td>%</td><td>≤8</td></tr>
<tr><td colspan="2">抗撕裂强度</td><td>kN/m</td><td>≥120</td></tr>
<tr><td colspan="2">60%压缩模量</td><td>MPa</td><td>4.0±0.2</td></tr>
<tr><td rowspan="2">疲劳试验200万次</td><td>频率≤3</td><td>Hz</td><td rowspan="2">无裂纹</td></tr>
<tr><td>压应力=7</td><td>MPa</td></tr>
</table>

3.检测项目

(1)模数式伸缩装置应进行拉伸、压缩、纵向、竖向、横向错位试验,测定水平摩阻力、变位均匀性。应按实际受力荷载测定中梁、支承横梁及其连接部件应力、应变值,并应对试样进行振动冲击试验,对橡胶密封带进行防水试验。

(2)梳齿板式伸缩装置应进行拉伸、压缩试验,测定水平摩阻力、变位均匀性。

(3)橡胶伸缩装置应进行拉伸、压缩试验,测定水平摩阻力及垂直变形;且试验应在15~28℃温度下进行。

(4)异型钢单缝伸缩装置应进行橡胶密封带防水试验。

(5)尺寸偏差:伸缩装置的尺寸偏差,应采用标定的钢直尺、游标卡尺、平整度仪、水准仪等量测。橡胶伸缩装置平面尺寸除量测四边长度外,还应量测对角线尺寸,厚度应在四边量测8点取其平均值。模数式的梳齿板式伸缩装置应每2m取其断面量测后,取其平均值。

4.抽样检验与判定

1)外观质量

产品外观质量,应用目测方法和相应精度的量具逐步进行检测,不合格产品可进行一次修补。

2)内在质量

橡胶板式伸缩装置解剖检验应每100块取1块,沿中横向锯开进行规定项目检验。

3)判定规则

(1)生产伸缩装置用的原材料必须全部合格。

(2)检验时,若有一项指标不合格,则应从该批产品中再随机抽取双倍数目的试样,对不合格项目进行复检,若仍有一项不合格则判定该批产品不合格。

(3)整体性能试验全部项目满足表11-12中的要求为合格。若检验项目中有一项不合格,则从该批产品中再随机抽取双倍数目的试样,对不合格项目进行复检;若复检仍有一项目不合格,则判定该批产品不合格。

五、公路桥梁波形伸缩装置

1.技术要求

1)一般要求

(1)伸缩装置应按 JT/T 502—2004 标准规定的要求及有关部门审定的图纸技术文件设计、制造,其公差应满足表 11-22、表 11-23 及设计图纸的要求。标准未规定或图纸未注公差,尺寸应符合 GB/T 1804 的规定,形位公差符合 GB/T 1184、GB/T 1801 的规定。

(2)伸缩装置可适用的工作环境温度为 -45 ~ +60℃。伸缩装置应能承受桥梁结构中梁体温度变化、混凝土徐变及收缩、梁端旋转、梁的挠度等因素影响,并保证桥面与伸缩装置有良好的连接。

(3)伸缩装置的结构及外观设计应保证伸缩装置的刚度和整体稳定性,应能承受行车荷载的作用而不发生变形,且方便施工、维护,确保车辆正常行驶。

2)构件材料和性能

(1)专用密封胶:专用密封胶适用的环境温度为 -50 ~ +75℃,其技术性能应符合表 11-20 的要求。

专用密封胶技术性能　　表 11-20

<table>
<tr><th>序　号</th><th colspan="2">项　目</th><th>指 标 要 求</th></tr>
<tr><td>1</td><td colspan="2">密度(g/m³)</td><td>1.60 ~ 1.70</td></tr>
<tr><td>2</td><td colspan="2">适用期(h)</td><td>2 ~ 6</td></tr>
<tr><td>3</td><td colspan="2">表干时间(h)</td><td><24</td></tr>
<tr><td>4</td><td colspan="2">渗出性指数</td><td><4</td></tr>
<tr><td>5</td><td colspan="2">流平性</td><td>光滑平整</td></tr>
<tr><td>6</td><td colspan="2">低温柔性(℃)</td><td>-45</td></tr>
<tr><td>7</td><td colspan="2">拉伸黏结强度(MPa)</td><td>≥0.45</td></tr>
<tr><td>8</td><td colspan="2">最大伸长率(+25℃)(%)</td><td>>300</td></tr>
<tr><td>9</td><td colspan="2">恢复率(%)</td><td>>80</td></tr>
<tr><td rowspan="2">10</td><td rowspan="2">拉伸压缩循环性能</td><td>级别</td><td>不低于 8020</td></tr>
<tr><td>黏结破坏面积(%)</td><td><10</td></tr>
<tr><td>11</td><td colspan="2">加热失重(%)</td><td><10</td></tr>
<tr><td rowspan="3">12</td><td rowspan="3">热空气老化试验</td><td>试验条件(℃ × h)</td><td>70 × 96</td></tr>
<tr><td>拉伸强度降低率(%)</td><td>≤15</td></tr>
<tr><td>黏结强度降低率(%)</td><td>≤25</td></tr>
<tr><td rowspan="4">13</td><td rowspan="4">紫外线老化试验</td><td>试验条件(℃ × h)</td><td>60 × 500</td></tr>
<tr><td>外观</td><td>无龟裂</td></tr>
<tr><td>拉伸强度降低率(%)</td><td><10</td></tr>
<tr><td>黏结强度降低率(%)</td><td><10</td></tr>
<tr><td rowspan="2">14</td><td rowspan="2">耐臭氧老化(25 ~ 50pphm)(20% 伸长)</td><td>试验条件,℃ × h</td><td>40 × 96</td></tr>
<tr><td>外观</td><td>无龟裂</td></tr>
<tr><td>15</td><td colspan="2">耐油污性膨胀率(一号机油,室温 × 70h)(%)</td><td><45</td></tr>
</table>

(2)波形板:波形板材料应选用机械性能不低于 Q345B 的不等厚异型钢板材,并采用一次热轧成型工艺形成的波形板,其质量要求应符合现行 GB/T 699、GB/T 1591、GB/T 3274 的规定,抗拉强度不低于 425MPa,屈服点不低于 300MPa。

(3)U 形底槽:U 形底槽材料为强度不低于 Q235C 的普通薄钢板,其质量要求应符合 GB/T 700、GB/T 912 的规定,应与波形板成一整体,且应能保证伸缩装置的刚度和均匀变形。

(4)锚固钢筋:锚固钢筋为螺纹钢筋,其材质应符合现行 GB 1499 的规定,直径应不小于 $\phi18$,长度不小于 300mm,抗拉强度不低于 500MPa,屈服点不低于 380MPa,伸长率不低于 29%,钢筋加工后的抗拉强度不低于 300MPa。锚固钢筋采用直连、弯连两种形式,安装时交替组合。

(5)泡沫棒:采用强度适中、有一定弹性的聚乙烯材料发泡成型,其技术性能见表 11-21,置于 U 形槽内的断面形状见表 11-23。

泡沫棒技术性能 表 11-21

项　目	单　位	指标要求	测试方法
表观密度	kg/m^3	>25	GB/T 6343
撕裂强度	MPa	>2.5	GB/T 10808
23℃ ×72h 压缩回弹率(压缩 50%)	%	≥70	GB/T 6669 GB/T 17794

3)尺寸公差

(1)伸缩装置长度公差为每延米不大于 ±2mm。宽度、厚度公差应满足表 11-22 的要求。

伸缩装置宽度、厚度公差(mm) 表 11-22

宽度范围	公　差	厚度范围	公　差
≤50	+2.0 -1.0	≤100	+1.5 -1.0
>50	+2.0 -1.5	100 ~ 150	+2.0 -1.5

注:表中正公差为伸缩体顶面允许值,负偏差为伸缩体底面允许值。

(2)伸缩装置的角度为 45°,波形板加工成型后的垂直度为 0.5mm、水平度为 1.5mm,板高为 100 ~ 150mm。专用密封胶在自然状态下的尺寸公差应满足表 11-23 的要求。

专用密封胶在自然状态下的尺寸公差(mm) 表 11-23

图　示	宽度范围	公　差	宽度范围	公　差
专用密封胶 a b_1 b_2 b_3 泡沫棒 波形板	$a \leq 50$	+1.50	$b_1=6$	±1
			$b_2=21$	±1,5
			$b_3=45$	±2
	$a>50$	+20	$b_1=8$	±1
			$b_2=23$	±1,5
			$b_3=45$	±2

4)伸缩装置性能要求

(1)伸缩装置进行最大拉伸和压缩水平摩阻力、变位均匀性试验时,变位应均匀,整体结构应保持同步,变位测量值与标准值最大偏差值、最大水平摩阻力应符合表11-24的要求。

(2)伸缩装置进行竖向高度变形试验时,竖向高度变形量应符合表11-24的要求。

(3)伸缩装置进行加载疲劳试验时,波形板与密封胶之间黏结良好、连接牢固紧密,波形板黏结抗剥离性能、胶面外观应符合表11-24的规定。

(4)伸缩装置应具有可靠的防水性能,当进行防水性能试验时,防水性能应满足表11-24的规定。

(5)当进行防砂石嵌入试验时,伸缩装置应能有效地阻止砂石、脏物的嵌入,排出石子,试验后伸缩装置表面应无损坏现象。

(6)当进行伸缩装置维修方便性能试验时,密封胶应在2h后与整体固化牢固。

伸缩装置基本性能　　表11-24

序　号	项　目	指　标
1	拉伸、压缩时最大水平摩阻力(kN/m)	<4
2	拉伸、压缩时变位均匀性(每单元变位最大偏差的绝对值)(mm/m)	≤1.5
3	拉伸、压缩时竖向高度变形量的绝对值(mm)	<2
4	波形板黏结抗剥离性能(黏结破坏面积)(%)	<5
5	胶面外观	无皱折、无裂纹
6	防水性能	24h 无渗漏

5)外观质量要求

伸缩装置外观表面应光洁、平整,不允许有锈斑、油污、裂纹、毛刺等缺陷。波形板内壁上端部表面应经拉毛滚花处理成斜坡状。

2. 检验组批、抽样与判定

1)组批

伸缩装置应成批检验,一个检验批可由一个生产批组成,或由采用相同材料、工艺和设备的几个生产批组成,每批数量不超过1 000件。

2)抽样

从每批产品中随机抽取不少于3件。

3)判定规则

检验不合格时,应再取双倍试样对不合格项目进行复验,复验后仍有项目不合格,则该批产品为不合格。

六、单元式多向变位梳形板桥梁伸缩装置

单元式多向变位梳形板桥梁伸缩装置的结构设计应确保结构各部件安全、可靠、耐久,结构设计应方便排水,易于更换,便于施工。

1. 伸缩装置的整体性能要求

单元式多向变位梳形板桥梁伸缩装置的整体性能要求见表11-25。

伸缩装置的整体性能要求　　表11-25

序　号	项　目		性能要求
1	拉伸、压缩时最大水平摩阻力(kN/m)		≤5
2	拉伸、压缩时最大竖向偏差(mm)	伸缩量80～720	≤1.0
		伸缩量800～1 440	≤1.3
		伸缩量1 520～2 240	≤1.6
		伸缩量2 320～3 000	≤1.6
3	允许转角偏差(rad)	竖向	≤0.005
		水平向	≤0.005

2.外观质量要求

伸缩装置使用的钢板、齿板等外观应光洁、平整,表面不得有大于0.3mm的凹坑、麻点、裂纹、结疤、气泡和夹杂,不得有机械损伤。钢板、齿板的表面边缘均应刨成圆角,不应为直角边。齿板表面长度大于0.5mm的毛刺应清除。齿板前缘半段的纵向上表面应有大于0.2%的竖向倾角。钢板、齿板上表面应有防滑纹及防滑钉。

伸缩装置组装后,在伸缩范围内的任一位置,同一断面处两边齿板的高差:

当伸缩量为80～720mm时,应不大于1.0mm;

当伸缩量为800～1 360mm时,应不大于1.5mm;

当伸缩量为1 440～2 000mm时,应不大于2.0mm;

当伸缩量为2 080～3 000mm时,应不大于2.5mm。

3.尺寸偏差

钢板沿长度方向的平面度公差应满足不大于1.0mm/m的要求,全长平面度公差应满足不大于5mm/10m的要求;扭曲度不大于1/1 000。

4.检验、抽样与判定

1)抽样

试验应随机抽取3个完整单元件逐项检查。

每批产品宜有一道伸缩装置取2～3个单元件进行组装试验。

2)判定规则

橡胶的物理机械性能应满足JT/T 327的要求,外观质量应满足要求,组装试验应满足表11-25的要求。

试样整体项目试验的性能指标应全部满足要求为合格。若检验项目有一项不合格,则应从该批产品中再随机抽取双倍试样进行复检,若仍有一项目不合格,则判该批产品为不合格。

七、预应力筋用锚具、夹具和连接器

在给预应力混凝土结构施加预应力的过程中,无论是先张法对预应力钢筋的临时固定,还是后张法对预应力钢筋的永久性锚固,都需要有锚具和夹具。因此,锚具和夹具是保证预应力混凝土结构安全可靠的关键器具之一,它们必须满足受力安全可靠、预应力损失小、张拉锚固方便迅速等要求。

1. 产品分类、代号与标记

1）产品分类

锚具、夹具和连接器按锚固方式不同，可分为夹片式（单孔和多孔夹片锚具）、支承式（镦头锚具、螺母锚具等）、锥塞式（钢质锥形锚具等）和握裹式（挤压锚具、压花锚具等）四种基本类型。

2）代号

锚具、夹具或连接器的总代号可以分别用汉语拼音字母 M、J、L 表示；各类锚固方式的分类代号，如表 11-26 所示。

锚具、夹具和连接器的代号　　表 11-26

分类代号		锚　具	夹　具	连接器
夹片式	圆形	YJM	YJJ	YJL
	扁形	BJM		
支承式	镦头	DTM	DTJ	DTL
	螺母	LMM	LMJ	LML
锥塞式	钢质	GZM	—	—
	冷铸	LZM	—	—
	热铸	RZM	—	—
握裹式	挤压	JYM	JYJ	JYL
	压花	YHM	—	—

注：连接器的代号以续接段端部锚固方式命名。

3）标记

锚具、夹具或连接器的标记由产品代号、预应力钢材直径、预应力钢材根数三部分组成（生产企业的体系代号只在需要时加注），见图 11-16。

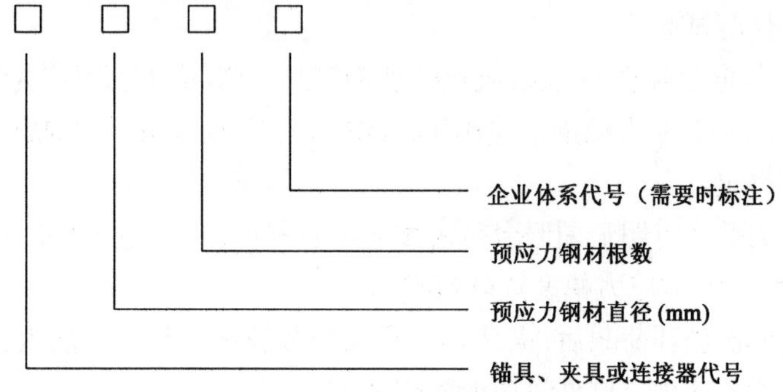

图 11-16　锚具、夹具或连接器代号和含义

示例：a. 锚固 12 根直径为 15.2mm 的预应力混凝土用钢绞线的圆形夹片式群锚锚具，标记为“YJM15-12”；

b. 预应力筋为12根直径为12.7mm的钢绞线,用于固定端的挤压式锚具,标记为"YJM13-12";需要时可续注企业体系代号;

c. 用挤压头方法连接12根直径为15.2mm的钢绞线连接器,标记为"YJL15-12"。

特殊的或有必要阐明特点的新产品,可增加文字或图样以准确表达。

2. 技术要求

预应力筋锚具、夹具和连接器应具有可靠的锚固性能、足够的承载能力和良好的适用性,能保证充分发挥预应力筋的强度,安全地实现预应力张拉作用。

1)锚具的基本性能要求

(1)静载锚固性能:用预应力筋—锚具组装件静载试验测定的锚具效率系数 η_a 和达到实测极限拉力时组装件受力长度的总应变 ε_{apu},来判定锚具的静载锚固性能是否合格。

锚具效率系数 η_a 按式(11-5)计算:

$$\eta_a = \frac{F_{apu}}{\eta_p F_{ptu}} \tag{11-5}$$

式中:F_{apu}——预应力筋—锚具组装件的实测极限拉力;

F_{ptu}——预应力筋—锚具组装件中各根预应力钢筋计算极限拉力之和;

η_p——预应力筋的效率系数。

η_p 的取用:预应力筋—锚具组装件中预应力钢材为1~5根时,$\eta_p = 1$;6~12根时,$\eta_p = 0.99$;13~19根时,$\eta_p = 0.98$;20根及以上时,$\eta_p = 0.97$。

锚具的静载锚固性能应同时满足下列两项要求:

$$\eta_a \geqslant 0.95;\xi_{apu} \geqslant 2.0\%$$

预应力筋—锚具组装件的破坏形式应是预应力钢材的断裂(逐根或多根同时断裂),锚具零件的变形不应过大或碎裂,且应按下面静载锚固性能试验中关于静载试验的规定确认锚固的可靠性。

(2)疲劳荷载性能:预应力筋—锚具组装件,除应满足静载锚性能外,尚应满足循环次数为200万次的疲劳性能试验。

当锚固的预应力筋为钢丝、钢绞线或热处理钢筋时,试验应力上限应为预应力钢材抗拉强度标准值 f_{ptk} 的65%,疲劳应力幅度不应小于80MPa。工程有特殊需要时,试验应力上限及疲劳应力幅度取值可另定。

当锚固的预应力筋为有明显屈服台阶的预应力钢材时,试验应力上限应为预应力钢材抗拉强度标准值的80%,疲劳应力幅度宜取80MPa。

试件经受200万次循环荷载后,锚具零件不应疲劳破坏。预应力筋因锚具夹持作用发生疲劳破坏的截面面积不应大于试件总截面面积的5%。

(3)周期荷载性能:在有抗震要求的结构中使用锚具,预应力筋—锚具组装件还应满足循环次数为50次的周期荷载试验。

当锚固的预应力筋为钢丝、钢绞线或热处理钢筋时,试验应力上限应为预应力筋抗拉强度标准值f_{ptk}的80%，下限应为预应力钢材抗拉强度标准值f_{ptk}的40%。

当锚固的预应力筋为有明显屈服台阶的预应力钢材时，试验应力上限应为预应力钢材抗拉强度标准值的90%，下限应为预应力钢材抗拉强度标准值的40%。

试件经50次循环荷载后，预应力筋在锚具夹持区域不应发生破断。

(4)辅助性能要求：新研制的锚具应进行本项试验。进行形式试验的产品，可选择部分或全部项目试验，并根据试验所测定的平均内缩量和锚固端预应力摩阻损失与设计规范的对比结果，对施工张拉力进行适当修正。

①锚具内缩量测定：预应力筋张拉力达到$0.8f_{ptk}$后放张，测定锚固过程中预应力筋的内缩量(以mm计)，取平均值。

②锚固端摩阻损失测定：从张拉千斤顶工具锚至喇叭形垫板收口处，预应力筋有一次或二次弯折。张拉时会产生预应力摩阻损失，并能降低自锚功能。测定张拉力达到$0.8f_{ptk} \cdot A_p$时的预应力损失(以张拉应力的百分率计)，取平均值。

(5)其他性能要求：

①锚具应满足分别张拉及补张拉预应力筋的要求。

②需要孔道灌浆的锚具或其附件上宜设置灌浆孔或排气孔，灌浆孔的孔位及孔径应符合灌浆工艺要求，且应有与灌浆管连接的构造。

③用于低应力可更换型拉索的锚具，应有防松、可更换的构造措施。

④锚具应有防腐蚀措施，且能满足工程建设的耐久性要求。

2)夹具的基本性能要求

(1)夹具的静载锚固性能。由预应力筋—夹具组装件静载锚固试验测定的夹具效率系数η_g按式(11-6)确定：

$$\eta_g = \frac{F_{gpu}}{F_{ptu}} \tag{11-6}$$

式中：F_{gpu}——预应力筋—夹具组装件的实测极限拉力；

F_{ptu}——预应力筋—夹具组装件中各根预应力钢筋计算极限拉力之和。

夹具的静载锚固性能应符合$\eta_g \geqslant 0.92$的要求。

(2)在预应力筋—夹具组装件达到实测极限拉力时，应当由预应力筋的断裂，而不应由夹具的破坏所导致；夹具的全部零件均应有重复使用的品质。夹具应有可靠的自锚性能、良好的松锚性能和重复使用性能。使用过程中，应能保证操作人员的安全。

3)连接器的基本性能要求

在先张法或后张法施工中，在张拉预应力后永久留在混凝土结构或构件中的连接器，都应符合锚具的性能要求；如在张拉后还须放张和拆卸的连接器，则应符合夹具的性能要求。

3. 静载锚固性能试验

1)试验要求

(1)试验用的预应力筋—锚具、夹具或连接器组装件由产品零件和预应力筋组装而成。

试验用的零件应是经过外观检查和硬度检验合格的产品。组装时应将锚固零件上的油污擦拭干净,不得在锚固零件上添加影响锚固性能的介质。组装件中组成预应力筋的各根钢材应等长平行、初应力均匀,其受力长度不应小于3m。

单根钢绞线的组装件试件及钢绞线母材力学性能试验用的试件,不包括夹持部位的受力长度不应小于0.8m;其他单根预应力钢材的组装件及母材试件最小长度可按照试验设备及相关标准规定。

对于预应力钢材在锚具夹持部位不弯折的组装件(全部锚筋孔均与锚板底面垂直),各根预应力钢材平行受拉,侧面不应设置有碍受拉或产生摩擦的接触点(图11-17);如预应力钢材的夹持部位与试件轴线有转向角度(锚筋孔与锚板底面倾斜安装挤压头的连接器等)时,应在设计转角处加装转向约束钢环,试件受拉力时,该约束环不应与预应力钢材产生滑动摩擦。

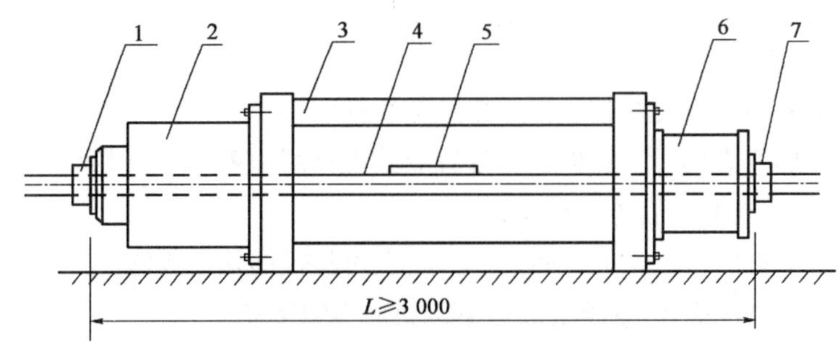

图11-17 预应力筋—锚具(夹具)组装件静载试验装置示意图

1-张拉端试验锚具或夹具;2-加荷用千斤顶;3-承力台座;4-预应力筋;5-测量总应变的装置;6-荷载传感器;7-固定端试验锚具或夹具

(2)试验用预应力钢材应有良好的匀质性,可由锚具生产厂或检验单位提供,同时还应提供该批钢材的质量合格证明书。所选用的预应力钢材,其直径公差应在受检锚具、夹具或连接器设计的匹配范围之内。试验用预应力钢材应根据抽样标准,先在有代表性的部位取至少6根试件进行母材力学性能试验,试验结果应符合国家现行标准的规定(供需双方也可协议采用其他国家的相关标准),并且,其实测抗拉强度平均值f_{ptu}在相关钢材标准中的等级应与受检锚具、夹具或连接器的设计等级相同,超过设计任务书等级时不应采用。用某一中间强度等级的预应力钢材试验合格的锚具,在实际工程中,可用于不高于该强度等级的预应力筋。已受损伤的预应力钢材不应用于组装件试验。

(3)试验用的测力系统,其不确定度不应大于2%;测量总应变的量具,其标距的不确定度不应大于标距的0.2%,指示应变的不确定度不应大于0.1%。

2)静载试验

(1)预应力筋—锚具或夹具组装件应按图11-17的装置进行静载试验,预应力筋—连接器组装件应按图11-18的装置进行静载试验;被连接段预应力筋11安装预紧时,可在试验连接器7下临时加垫对开垫片,加荷后适时撤除。锚具、夹具或连接器在试验装置上的支承条件(方式、部位、面积等),应与工程实际情况一致。

(2)各种测量仪表应在加载之前安装调试正确,各根预应力钢材的初应力调试均匀,初应力可取钢材抗拉强度标准值f_{ptk}的5%～10%。测量总应变ε_{apu}的量具标距不宜小于1m。如采用测量加荷千斤顶活塞伸长量ΔL计算ε_{apu}时,应减去承力台座的弹性压缩、缝隙,并紧量和试验锚具(夹具或连接器)的实测内缩量,而预应力筋的计算长度应为两端锚具(夹具或连接器)起夹点之间的距离。

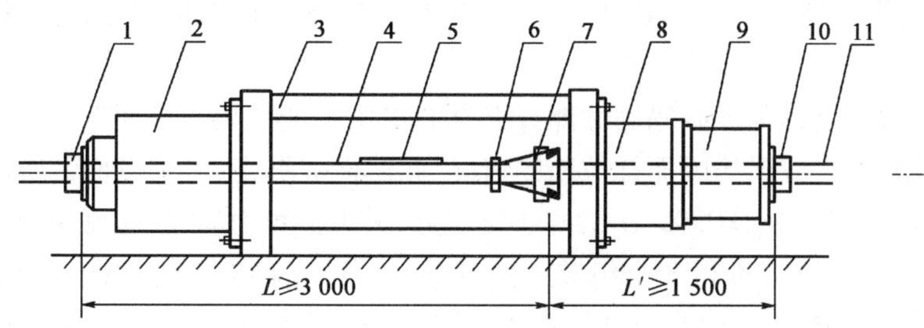

图11-18　预应力筋—连接器组装件静载试验装置示意图

1-张拉端试验锚具;2-加荷用千斤顶;3-承力台座;4-续接段预应力筋;5-测量总应变的装置;6-转向约束钢环;7-试验连接器;8-附加承力圆筒或穿心千斤顶;9-荷载传感器;10-固定端锚具;11-被接端预应力筋

(3)施加试验荷载步骤为:按预应力钢材抗拉强度标准值f_{ptk}的20%、40%、60%、80%,分4级等速加载,加载速度宜为100MPa/min左右;达到80%后,持荷1h;随后用低于100MPa/min加载速度缓慢加载至完全破坏,使荷载达到最大值F_{apu}。试验过程中应按下面(5)规定的项目进行测量和观察。对于仅要求达到"合格"标准的试件,可以在η_a、ε_{apu}、η_g满足静载锚固性能或夹具的锚固性能后停止试验。

(4)用试验机或承力台座进行单根预应力筋—锚具组装件静载试验时,加荷速度可以加快,但不超过200MPa/min;在应力达到$0.8f_{ptk}$时,持荷时间可以缩短,但不应少于10min。应力超过$0.8f_{ptk}$后,加荷速度不应超过100MPa/min。

(5)试验过程中应测量、观察的项目和对试验结果的要求(图11-19):

①选取有代表性的若干根预应力钢材,按施加荷载的前4级,逐级测量其锚具(夹具、连接器)之间的相对位移Δa。Δa应与预应力筋的受力增量成比例变化;如不成比例,应检查预应力钢材是否失锚滑动。

②选取锚具(夹具、连接器)若干有代表性的零件按施加荷载的前4级,逐级测量其间的相对位移Δb。Δb应与预应力筋的受力增量成比例变化;如不成比例,应检查相关零件(锚环、锚板等)是否发生了塑性变形。

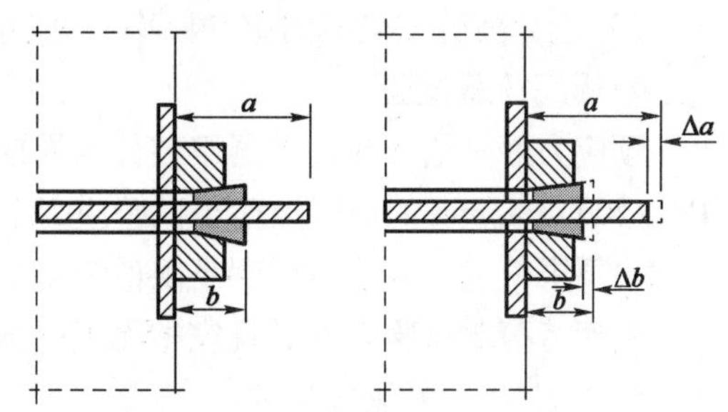

图11-19　试验期间预应力筋及锚具零件的位移示意图

a)锚固之前,预应力筋顶紧之后;b)加荷之中及锚固之后

③在预应力筋应力达到$0.8f_{ptk}$时,在持荷1h期间,Δa、Δb应保持稳定。如继续增加,不能稳定,表明已经失去可靠锚固能力。

④试件达到最大拉应力时,应记录极限拉力F_{apu}(或F_{gpu})和预应力筋自由长度的总应变

ε_{apu}。该测定值应满足静载锚固性能或夹具的锚固性能的规定。

⑤夹片式锚具的夹片在预应力筋达到 $0.8f_{ptk}$ 时不允许出现裂纹和破断；在满足静载锚固性能或夹具的锚固性能后允许出现微裂和纵向断裂，不允许横向、斜向断裂及碎断，因受预应力筋多根或整束激烈破断的冲击引起夹片的破坏或断裂属正常情况。预应力筋拉力达到极限破断时，锚板及其锥形锚孔不允许出现过大的塑性变形，锚板中心残余变形不应出现明显挠度；Δb 如比预应力筋应力为 $0.8f_{ptk}$ 时成倍增加，表明已经失去可靠的锚固能力。

⑥预应力筋在未达到静载锚固性能或夹具的锚固性能的要求之前发生破断时，如是预应力钢材存在对焊接口或损伤因而被拉断的情况，此试件应报废，另补试件重做试验。握裹式锚具的静载试验，在满足 $\eta_a \geq 0.95$、$\varepsilon_{apu} \geq 2.0\%$ 之后，失去握裹力时，属正常情况。

(6)静载试验应连续进行3个组装件的试验，全部试验结果均应做出记录。据此应进行如下计算分析和评定：按式(11-5)计算锚具(或连接器)的锚具效率系数 η_a；按式(11-6)计算夹具效率系数 η_g；按技术要求及试验过程中应测量、观察的项目和对试验结果的要求进行评定；最后对试验结果做出是否合格的结论。3个试验结果均应满足国家现行标准的规定，不得以平均值作为试验结果。检验单位应向受检单位提出完整的检验报告，其中包括破坏部位及形式的图像记录，并有准确的文字述评。

3)疲劳试验

(1)预应力筋—锚具或连接器组装件的疲劳试验应在疲劳试验机上进行。当疲劳试验机能力不够时，可以按试验结果有代表性的原则，在实际锚板上少安装预应力钢材，或用本系列中较小规格的锚具组装成试验组装件，但预应力筋根数不应少于实际根数的1/10。为了保证试验结果具有代表性，直线形及有转折(如果锚孔有斜孔时)的预应力钢材都应包括在试验用组装件中。

(2)以约100MPa/min的速度加荷至试验应力上限值，在调节应力幅度达到规定值后，开始记录循环次数。

(3)选择疲劳试验机的脉冲频率，不应超过500次/min。

4)周期荷载试验

预应力筋—锚具或连接器组装件的周期荷载试验，可以在试验机或承力台座上进行。以100～200MPa/min的速度加荷至试验应力上限值，再卸荷至试验应力下限值为第1周期，然后荷载自下限值经上限值再回到下限值为第2周期。重复50个周期。

经疲劳荷载试验合格后且完整无损的预应力筋—锚具组装件，可用于本项试验。

5)外观、尺寸及硬度检验

(1)产品外观用目测法检验；裂缝可用有刻度或无刻度放大镜检验。

(2)产品尺寸按机械制造常规方法用直尺、游标卡尺、螺旋千分尺和塞环规等量具检验。

(3)硬度检验按产品零件设计图样规定的硬度值种类，选用相应的硬度测量仪器进行检验。

6)辅助性试验

(1)锚具的内缩量试验。本项试验可用单根或小规格锚具配合预应力筋,在5~10m长的台座或构件的预应力孔道上多次张拉和放张,直接测得锚具内缩量(以mm计);张拉应力为预应力筋的$0.8f_{ptk}$。用传感器测量锚固前后预应力筋拉力差值,也可计算求得内缩量。试验用的试件每个规格不得少于3个,取平均值。

(2)锚固端摩阻损失试验。本项试验是测定张拉千斤顶工具锚下至喇叭形垫板收口处的预应力损失。它包括预应力筋在锚具中的摩阻损失及在喇叭形垫板中两次弯折所引起的拉力损失。

试验可在模拟锚固区的混凝土块体或张拉台座上进行,锚具、垫板及附件应安装齐备,两端安装千斤顶及传感器,张拉力按预应力筋的$0.8f_{ptk} \cdot A_p$取用。用传感器测出锚具前后两侧拉力差值即可算出锚固端摩阻损失,通常以张拉力的百分率计。试验用的试件可在锚具规格系列中选取3种规格,试件数量不应少于3个,取平均值。

4. 检验组批、抽样和判定

1)组批和抽样

(1)每批零件产品的数量是指同一种产品,同一批原材料,用同一种工艺一次投料生产的数量,每个抽检组批不得超过1 000件(套);连接器每个抽检组批不得超过500套组。外观检验抽取10%的锚具且不少于10套。对有硬度要求的零件应做硬度检验,按5%抽样且不少于5套。静载试验用的锚具、夹具或连接器按成套产品抽样,应在外观及硬度检验合格后的产品中抽取,每组批抽取3个组装件的用量。

(2)锚具及永久留在混凝土结构或构件中的连接器尚应为疲劳试验、周期荷载试验及辅助性试验(选项)抽取各3个组装件用的样品。

2)检验结果的判定

外观检验:受检零件的外形尺寸和外观质量应符合图样规定。全部样品不得有裂纹出现,如发现一件有裂纹,即立即对本批全部产品进行逐件检验,合格者方可使用。

硬度检验:按设计图样规定的表面位置和硬度范围检验和判定,如有1个零件不合格,则应另以双倍数量的零件重做检验;如仍有1个零件不合格,则应对本批零件逐个检验,合格者方可使用。

静载试验、疲劳荷载试验及周期荷载试验:如符合技术要求的规定,应判为合格;如有1个试件不符合要求,即判定为不合格;但允许另取双倍数量的试件重做试验,若全部试件合格,即可判定本批产品合格,如仍有1个试件不合格,则该批产品不合格。

辅助性试验为测定参数及检验工艺设备的项目,不做合格与否的判定。

第三节　桥梁支座、伸缩装置及锚夹具试验检测监理汇总表

桥梁支座的试验检测监理汇总表见表11-27。

桥梁伸缩装置、锚夹具的试验检测监理汇总表见表11-28。

桥梁支座的试验检测监理汇总表

表 11-27

支座类型	检验项目		质量标准或技术要求	允许误差	检测频率	监理程序	认可程序
盆式橡胶支座	解剖检验	橡胶板	见表 11-10	硬度变化不大于 10%，拉伸强度下降不大于 15%，拉断伸长率下降不大于 30%	随机抽取一块成品支座的橡胶板	1. 检查包装外面注明的支座名称、规格、制造日期及包装内附有的产品合格证与实际支座是否相符； 2. 施工单位在监理人员旁站情况下取样，送到有资质的试验检测中心做试验检测	施工单位上报产品说明书、合格证和检测报告，总监理工程师认可
		聚四氟乙烯板	见表 11-11	满足技术要求	随机抽取一块成品支座的聚四氟乙烯板		
	力学性能	竖向承载力	设计要求：在竖向设计承载力作用下，支座压缩变形不大于支座总高度的 2%，钢盆盆环上口径向变形不大于盆环外径的 0.05%	卸载后残余变形小于设计荷载下相应变形的 5%	随机抽取 2 个支座，其中一个支座的竖向承载力不小于 10MN，另一支座视具体情况而定		
		支座转动性能	支座竖向转动角度不小于 0.02rad。支座正常工作时，支座竖向转动角度不大于 0.02rad	支座转动试验后，要求聚四氟乙烯板和钢件无损伤；橡胶板没有被挤出，黄铜密封圈也没有明显损伤	随机抽取 2 个支座，支座的竖向承载力视具体情况而定		
		活动支座摩擦系数	加 5201 硅脂润滑后，常温型活动支座摩擦系数不大于 0.030，耐寒型活动支座摩擦系数不大于 0.060	满足技术要求	随机抽取 2 个支座，支座的竖向承载力以 2MN 宜为，或视具体情况确定		
球型支座	力学性能	整体支座竖向承载力试验	设计值	检验荷载为支座竖向设计承载力的 1.5 倍。变形取 4 个百分表读数的算术平均值，绘制荷载—竖向压缩变形曲线，要求荷载与变形呈线性关系，且支座竖向压缩变形不大于支座总高的 1%	一个支座		
		整体支座摩擦因数试验	常温（ −25 ~ 60℃）0.03； 低温（ −40 ~ −25℃）0.05	满足技术要求	一批 3 组		
		整体支座转动试验	支座设计转动力矩：$M_e = N \cdot \mu \cdot R$	试验支座的实测转动力矩为 $P_{max} \cdot L/2$。支座实测转动力矩应小于设计值	一个支座		

续上表

支座类型	检验项目		质量标准或技术要求	允许误差	检测频率	监理程序	认可程序
板式橡胶支座	外型尺寸	平面尺寸、厚度偏差	平面尺寸偏差应符合表 11-2 的规定，厚度尺寸偏差应符合表 11-3 的规定	满足设计要求	抽检 25%	1. 检查包装外面注明的支座名称、规格、制造日期及包装内附有的产品合格证与实际支座是否相符； 2. 施工单位在监理人员旁站情况下取样，送到有资质的试验检测中心做试验检测	施工单位上报产品说明书、合格证和检测报告，总监理工程师认可
	外观质量	外观缺陷	每块支座外观质量不允许有表 11-5 规定的两项以上缺陷同时存在	满足设计要求	每块支座		
	内在质量	内部缺陷、偏差	支座解剖后应满足表 11-4 的要求	满足设计要求	每 200 块取 1 块		
	力学性能	抗压、抗剪弹性模量，极限抗压强度，抗剪黏结性与抗剪老化交叉检验	支座力学性能要求见表 11-1	满足设计要求	每批产品一种(3 块)		

桥梁伸缩装置、锚夹具的试验检测监理汇总表

表 11-28

类型	检验项目		质量标准或技术要求	允许误差	检测频率	监理程序	认可程序
公路桥梁伸缩装置	模数式	1. 拉伸、压缩时最大水平摩阻力；2. 拉伸、压缩时变位均匀性；3. 拉伸、压缩时最大竖向变形；4. 相对错位后拉伸、压缩试验；5. 最大荷载时中梁应力、横梁应力、应变与水平力；6. 防水性能	见表 11-12 所有序号	见表 11-12 及设计要求	每批数量不超过 1 000件。每批产品中随机抽取不少于三件	1. 检查包装外面注明的产品名称、规格、制造日期及包装内附有的产品合格证与实际产品否相符； 2. 施工单位在监理人员旁站情况下取样，送到有资质的试验检测中心作试验检测	施工单位上报产品说明书、合格证和检测报告，驻地监理工程师认可
	梳齿板式		见表 11-12 序号 1、2、3	见表 11-12 及设计要求			
	橡胶式		见表 11-12 序号 1、3	见表 11-12			
	异刑钢单缝式		见表 11-12 序号 6	见表 11-12			

续上表

类型	检验项目	质量标准或技术要求	允许误差	检测频率	监理程序	认可程序
桥梁伸缩装置	外观质量	设计要求	伸缩装置长度公差为每延米不大于 $\pm 2mm$；宽度、厚度公差应满足表11-22要求	每批数量不超过1 000件。每批产品中随机抽取不少于3件	1. 检查包装外面注明的产品名称、规格、制造日期及包装内附有的产品合格证与实际产品是否相符； 2. 施工单位在监理旁站情况下取样，送到有资质的试验检测中心作试验检测	施工单位上报产品说明书、合格证和检测报告，驻地监理工程师认可
	解剖试验	见表11-22，表11-23，且伸缩装置外观表面应光洁、平整，不允许有锈斑、油污、裂纹、毛刺等缺陷；波形板内壁上端部表面应经拉毛滚花处理成斜拉状	满足技术要求			
	专用密封胶材料试验	见表11-20				
	伸缩装置水平摩阻力、变位均匀性试验	拉伸、压缩时最大水平摩阻力 $<4kN/m$				
	伸缩装置竖向高度变形试验	拉伸、压缩时竖向高度变形量的绝对值 $<2mm$				
	加载疲劳试验	波形板黏结抗剥离性能（黏结破坏面积）$<5\%$				
	密封胶防水性能试验	24h 无渗漏				
	防砂石嵌入试验	进行防砂石嵌入试验时，伸缩装置应能有效地阻止砂石、脏物的嵌入，排出石子，试验后伸缩装置表面应无损坏现象	符合要求			
	维修方便性能试验	进行伸缩装置维修方便性能试验时，密封胶应在2h后与整体固化牢固				

续上表

类　型	检验项目	质量标准或技术要求	允许误差	检测频率	监理程序	认可程序
单元式多向变位梳形板桥梁伸缩装置	外观质量	设计要求	符合要求	试验应随机抽取3个完整单元件逐项检查； 每批产品宜有一道伸缩装置取2～3个单元件进行组装试验	同上	同上
	尺寸偏差	设计要求	钢板沿长度方向的平面度公差应满足不大于1.0mm/m的要求，全长平面度公差应满足不大于5mm/10m的要求；扭曲度不大于1/1 000			
	整体性能	见表11-25	符合要求			
锚具	外观	设计要求	满足技术要求	每个组批不得超过1 000件（套），连接器每个组批不得超过500件（套），外观检查抽取10%的锚具且不少于10套；硬度检查抽取5%且不少于5套；静载试验用的锚具、夹具或连接器按成套产品抽样，应在外观及硬度检验合格后的产品中抽取，每组批抽取3个组装件的用量	施工单位在监理人员旁站情况下，按规定频率取样，送到有资质的试验检测中心做试验检测	施工单位上报产品说明书、合格证和检测报告，驻地监理工程师认可
	硬度	产品设计要求	满足技术要求			
	静载锚固性能	$\eta_a \geqslant 0.95$；$\xi_{apu} \geqslant 2.0\%$	满足技术要求			
夹具	外观	设计要求	满足技术要求			
	静载锚固性能	$\eta_g \geqslant 0.92$	满足技术要求			
	硬度	产品设计要求	满足技术要求			
连接器	外观	设计要求	满足技术要求			
	硬度	凡永久留在混凝土结构或构件中的连接器，应符合锚具的性能要求；如张拉后还须放张和拆卸的连接器，应符合夹具的性能要求	满足技术要求			

参 考 文 献

[1] 工程建设质量管理条例. 国务院令第 279 号,2000 年 1 月.

[2] 中华人民共和国行业标准 JTG G10—2006 公路工程施工监理规范[S]. 北京:人民交通出版社,2006.

[3] 公路工程施工监理招标文件范本[M]. 北京:人民交通出版社,2008.

[4] 公路工程施工监理招投标管理办法[M]. 北京:人民交通出版社,2006.

[5] 中国交通建设监理协会. 交通建设监理法律法规文件汇编[M]. 北京:人民交通出版社,2005.

[6] 熊广忠. 公路施工质量监理实施细则[M]. 北京:人民交通出版社,2006.

[7] 李亚杰,方坤河. 建筑材料(第六版)[M]. 北京:中国水利水电出版社,2009.

[8] 王建华,孙胜江. 桥涵工程试验检测技术[M]. 北京:人民交通出版社,2004.

[9] 中华人民共和国国家标准 GB/T 50145—2007 土的工程分类标准[S]. 北京:中国计划出版社,2007.

[10] 中华人民共和国行业标准 JTG E40—2007 公路工程土工试验规程[S]. 北京:人民交通出版社,2007.

[11] 中华人民共和国行业标准 JTG F10—2006 公路路基施工技术规范[S]. 北京:人民交通出版社,2006.

[12] 中华人民共和国行业标准 JTG F80—2004 公路工程质量检验评定标准[S]. 北京:人民交通出版社,2004.

[13] 中华人民共和国行业标准 JTJ 034—2000 公路路面基层施工技术规范[S]. 北京:人民交通出版社,2000.

[14] 中华人民共和国行业标准 JTG E51—2009 公路工程无机结合料稳定材料试验规程[S]. 北京:人民交通出版社,2009.

[15] 中华人民共和国行业标准 JTG E42—2005 公路工程集料试验规程[S]. 北京:人民交通出版社,2005.

[16] 中华人民共和国国家标准 GB 175—2007 通用硅酸盐水泥[S]. 北京:中国标准出版社,2007.

[17] 中华人民共和国行业标准 JTG E30—2005 公路工程水泥及水泥混凝土试验规程[S]. 北京:人民交通出版社,2005.

[18] 中华人民共和国行业标准 JTJ 041—2000 公路桥涵施工技术规范[S]. 北京:人民交通出版社,2000.

[19] 中华人民共和国行业标准 JTG F30—2003 公路水泥混凝土路面施工技术规范[S]. 北京:人民交通出版社,2003.

[20] 中华人民共和国国家标准 GB 8076—2008 混凝土外加剂[S]. 北京:中国标准出版社,2008.

[21] 中华人民共和国国家标准 GB 23439—2009 混凝土膨胀剂[S]. 北京:中国标准出版

社 2010.

[22] 中华人民共和国建材行业标准 JC 475—2004 混凝土防冻剂[S]. 北京:中国建材工业出版社,2004.

[23] 中华人民共和国建材行业标准 JC 473—2001 混凝土泵送剂[S]. 北京:中国建材工业出版社,2001.

[24] 中华人民共和国建材行业标准 JC 474—2008 砂浆、混凝土防水剂[S]. 北京:中国建材工业出版社,2008.

[25] 中华人民共和国国家标准 GB/T 1596—2005 用于水泥和混凝土中的粉煤灰[S]. 北京:中国标准出版社,2005.

[26] 中华人民共和国国家标准 GB/T 2847—2005 用于水泥中的火山灰质混合材料[S]. 北京:中国标准出版社,2005.

[27] 中华人民共和国国家标准 GB 18046—2008 水泥和混凝土中的粒化高炉矿渣粉[S]. 北京:中国标准出版社,2008.

[28] 中华人民共和国国家标准 GB/T 203—2008 用于水泥中的粒化高炉矿渣粉[S]. 北京:中国标准出版社,2008.

[29] 中华人民共和国国家标准 GB 50086—2001 锚杆喷射混凝土支护技术规范[S]. 北京:中国标准出版社,2001.

[30] 中华人民共和国行业标准 JTG F60—2009 公路隧道施工技术规范[S]. 北京:人民交通出版社,2009.

[31] 中华人民共和国行业标准 JTG E30—2005 公路工程水泥及水泥混凝土试验规程[S]. 北京:人民交通出版社,2005.

[32] 中华人民共和国行业标准 JT/T 589—2004 水泥混凝土路面嵌缝密封材料[S]. 北京:人民交通出版社,2004.

[33] 中华人民共和国建材行业标准 JC/T 984—2005 聚合物水泥防水砂浆[S]. 北京:中国建材工业出版社,2005.

[34] 中华人民共和国国家标准 GB/T 700—2006 碳素结构钢[S]. 北京:中国标准出版社,2006.

[35] 中华人民共和国国家标准 GB/T 1591—2008 低合金高强度结构钢[S]. 北京:中国标准出版社,2008.

[36] 中华人民共和国国家标准 GB 1499.1—2008 钢筋混凝土用热轧圆钢筋[S]. 北京:中国标准出版社,2008.

[37] 中华人民共和国国家标准 GB 1499.2—2007 钢筋混凝土用热轧钢筋[S]. 北京:中国标准出版社,2007.

[38] 中华人民共和国国家标准 GB 13788—2008 冷轧带肋钢筋[S]. 北京:中国标准出版社,2008.

[39] 中华人民共和国国家标准 GB 5223.3—2005 预应力混凝土用钢棒[S]. 北京:中国标准出版社,2005.

[40] 中华人民共和国国家标准 GB/T 5223—2002 预应力混凝土用钢丝[S]. 北京:中国标准

出版社,2002.
[41] 中华人民共和国国家标准 GB 5224—2003 预应力混凝土用钢绞线[S]. 北京:中国标准出版社,2003.
[42] 中华人民共和国国家标准 GB/T 20065—2006 预应力混凝土用螺纹钢筋[S]. 北京:中国标准出版社,2006.
[43] 中华人民共和国行业标准 JTG F40—2004 公路沥青路面施工技术规范[S]. 北京:人民交通出版社,2004.
[44] 中华人民共和国行业标 JT/T 533—2004 沥青路面用木质素纤维[S]. 北京:人民交通出版社,2004.
[45] 中华人民共和国行业标准 JT/T 534—2004 沥青路面用聚合物纤维[S]. 北京:人民交通出版社,2004.
[46] 中华人民共和国行业标准 JTJ 052—2000 沥青及沥青混合料试验规程[S]. 北京:人民交通出版社,2000.
[47] 中华人民共和国行业标准 JTG F41—2008 公路沥青路面再生技术规范[S]. 北京:人民交通出版社,2008.
[48] 中华人民共和国行业标准 JTG E41—2005 公路工程岩石试验规程[S]. 北京:人民交通出版社,2005.
[49] 中华人民共和国国家标准 GB/T 17642—2008 土工合成材料非织造布复合土工膜[S]. 北京:中国标准出版社,2008.
[50] 中华人民共和国行业标准 JT/T 513—2004 公路工程土工合成材料土工网[S]. 北京:人民交通出版社,2004.
[51] 中华人民共和国行业标准 JT/T 514—2004 公路工程土工合成材料有纺土工织物[S]. 北京:人民交通出版社,2004.
[52] 中华人民共和国行业标准 JT/T 515—2004 公路工程土工合成材料土工模袋[S]. 北京:人民交通出版社,2004.
[53] 中华人民共和国行业标准 JT/T 516—2004 公路工程土工合成材料土工格室[S]. 北京:人民交通出版社,2004.
[54] 中华人民共和国行业标准 JT/T 517—2004 公路工程土工合成材料土工加筋带[S]. 北京:人民交通出版社,2004.
[55] 中华人民共和国行业标准 JT/T 518—2004 公路工程土工合成材料土工膜[S]. 北京:人民交通出版社,2004.
[56] 中华人民共和国行业标准 JT/T 519—2004 公路工程土工合成材料长丝纺粘针刺非织造土工布[S]. 北京:人民交通出版社,2004.
[57] 中华人民共和国行业标准 JT/T 519—2004 公路工程土工合成材料短纤针刺非织造土工布[S]. 北京:人民交通出版社,2004.
[58] 中华人民共和国行业标准 JT/T 521—2004 公路工程土工合成材料塑料排水板(带)[S]. 北京:人民交通出版社,2004.
[59] 中华人民共和国行业标准 JT/T 666—2006 公路工程土工合成材料轻型硬质泡沫材料

[S]. 北京:人民交通出版社,2006.
[60] 中华人民共和国行业标准 JT/T 664—2006 公路工程土工合成材料防水材料[S]. 北京:人民交通出版社,2006.
[61] 中华人民共和国行业标准 JT/T 665—2006 公路工程土工合成材料排水材料[S]. 北京:人民交通出版社,2006.
[62] 中华人民共和国行业标准 JT/T 667—2006 公路工程土工合成材料无纺土工织物[S]. 北京:人民交通出版社,2006.
[63] 中华人民共和国行业标准 JT/T 668—2006 公路工程土工合成材料保温隔热材料[S]. 北京:人民交通出版社,2006.
[64] 中华人民共和国国家标准 GB 20688.4—2007 橡胶支座第 4 部分:普通橡胶支座[S]. 北京:中国标准出版社,2007.
[65] 中华人民共和国国家标准 GB/T 17955—2009 球型支座技术条件[S]. 北京:中国标准出版社,2009.
[66] 中华人民共和国行业标准 JT/T 391—2009 公路桥梁盆式支座[S]. 北京:人民交通出版社,2009.
[67] 中华人民共和国行业标准 JT/T 327—2004 公路桥梁伸缩装置[S]. 北京:人民交通出版社,2004.
[68] 中华人民共和国行业标准 JT/T 502—2004 桥梁波形伸缩装置[S]. 北京:人民交通出版社,2004.
[69] 中华人民共和国行业标准 JT/T 723—2008 单元式多向变位梳形板桥梁伸缩装置[S]. 北京:人民交通出版社,2008.
[70] 中华人民共和国国家标准 GB 14370—2007 预应力筋用锚具、夹具和连接器[S]. 北京:中国标准出版社,2007.
[71] 凤懋润. 交通建设监理岗位职责手册[M]. 北京:人民交通出版社,2010.